激情岁月
A Lifelong Passion for Foreign Affairs
夏永芳◎著
文匯出版社

图书在版编目(CIP)数据

激情岁月/夏永芳著. —上海:文汇出版社,
2015.3
ISBN 978-7-5496-1387-8

Ⅰ.①激… Ⅱ.①夏… Ⅲ.①外交事务—中国—文集
Ⅳ.①D821-53

中国版本图书馆CIP数据核字(2015)第036148号

激情岁月

夏永芳/著

责任编辑/甘　棠
装帧设计/刘水华

出版发行/文匯出版社
　　　　　上海市威海路755号
　　　　　(邮政编码200041)
经　　销/全国新华书店
排　　版/南京展望文化发展有限公司
印刷装订/上海雅昌艺术印刷有限公司
版　　次/2015年8月第1版
印　　次/2015年8月第1次印刷
开　　本/787×1092　1/16
字　　数/498千字(图422幅)
印　　张/23.5
印　　数/1-4000

ISBN 978-7-5496-1387-8
定　　价/48.00元

目　录

外事感悟

认知地方外事

亲历公共外交

浅谈涉外礼仪

外事纪实

凝聚人心

难忘友情

推介中国

社交魅力

礼仪形象

文化交融

异国见闻

外事素养

序　言

平凡又不一般的“外事人生”

欣接夏永芳同志近著《激情岁月》样稿，我手不释卷，看得很仔细，感到颇为受益。

记得认识夏永芳同志，我还在中国驻爱尔兰大使任上。那时，她已协助爱尔兰第一任驻沪总领事推动科克市与上海市缔结友好城市。那时她所表现出来的对国家的忠诚、高度的责任感和事业心，给我留下了极为深刻的印象。从此，我们有了一些联系，对她的了解也越来越多。

夏永芳同志长期工作在上海地方外事工作的第一线，先后担任上海市外事办公室主任助理、中国人民外交学会上海分会副会长等职。她凭着那么一股忘我的热情、激情和冲劲，为地方外事勤奋工作。她经历了改革开放30年的变迁，曾参与接待上千位外国领导人和各国贵宾，积累了丰富的外事工作经验；她十分善于沟通和协调，在联系上海外国领馆和外国媒体工作时，她把依法行政与沟通服务和人性化的交往相结合，有效增进了外方对中国和上海的了解与合作；她热爱上海，长期探索对外宣传上海这一重要课题，逐步形成了以简洁、富有个性的语言生动描述上海城市特征的介绍，受到外方的广泛欢迎和赞扬。

可能是我也曾从事过外交工作的原因，对夏永芳同志书中的许多观点深有同感。她在论述开展对外交流交往时，谈到“应特别注意改变‘以我为中心’的做法，努力寻找双方的共同点，回避分歧点”；她在总结外事接待工作时提及，“应注意‘看’、‘谈’、‘礼’、‘人’等多元方式的综合并用，能够有说服力、感染力地对外国访问者施加影响。”尤其是她深情回顾自己外事工作生涯的话语令我很是感动，她说“我是一个平凡的女性，我所做的一切是把自己铸成一颗小小的螺丝钉，努力不停歇地运转、发光、发热……”读着这些倾注了热血、情感的文字，能使人感到一种励志和升华的正能量，也许这就是本书能够引人入胜、打动读者的地方。

我常常在想，当人们的目光总是聚焦在舞台中央的时候，往往看不到舞台幕后的精彩。在我国改革开放、融入世界这一幕幕风光无限的外交、外事大戏中，夏永芳同志并不那么耀眼，但她从“幕后”的视角，点点滴滴文字间，可以让我们领略外事工作的风云变幻，同时感受她那不一般的“外事人生”，从中提纯我们的精神，启迪我们的思维，增加生命的质感。

是为序。

中共上海市委常委、统战部部长 沙海林

2014年6月26日

自序

激情五十年
弹指一挥间

20世纪50年代，身穿节日盛装，与上千名小伙伴一起挥舞鲜花彩旗，兴高采烈地向来访的外国贵宾高呼“欢迎”、“欢迎”，成为我童年时代最欢乐的时光。

60年代，毕业于中国语言文学系的我走进上海市外事办公室。从此，童年的欢乐延续为终生的事业，我开始了自己长达50年的外事人生。那是与祖国命运息息相关，与世界风云紧紧相连的激情岁月，留下了无数难忘的记忆。

70年代，在接待美国总统尼克松的重大外事活动中，我担任编写简报的工作，还参加了尼克松一行及其一批又一批先遣组人员参观访问的现场活动，了解他们的反应，并通宵达旦地整理成文。1972年2月27日，尼克松总统一行278人在周总理陪同下抵达上海访问。尼克松、周总理走到哪里，大批中外记者蜂拥围去，试图靠近他们，我年轻气盛，毫不示弱，勇往直前，采集到了大量第一手的材料，恰似一名能“抢新闻”的“外事记者”。我成为了打开中美关系大门的参与者和见证人。尼克松访华以后，

↑ 我在上海师范学院选择的专业是中国语言文学，希望毕业后成为一名教师。

↑ 上世纪60年代，我进入上海市外事办公室工作。

↑ 从事对外工作需要掌握外语。在上海市外事办公室的支持下，我第二次上大学，在上海外国语学院学习英语。

在市外事办公室的安排下，我第二次上大学，学习英语。

20世纪80年代，中国对外开放，我进入民间外交领域，在这片广阔的园地上辛勤耕耘了14年，大量开展了解世界、宣传中国、争取人心的工作。我亲眼看到许多外国民间人士通过我们的工作，增进了对中国的了解，改变了对中国的态度。有的怀揣希望而来，充满信心而去；有的疑虑重重而来，豁然开朗而去；有的满脑偏见而来，依依不舍而去；有的来时认为中国是“遥远而神秘”的土地，去时称中国为自己的“第二故乡”；有人一次访华改变一生，从一个热衷游山玩水的旅行者转变为一颗促进对华交流工作的“友谊种子”……

1989年北京发生政治风波以后，为了争取国际社会对中国的理解和同情，重新树立起中国在世界上的光辉形象，我在自己的岗位上日以继夜、分秒必争地探寻着“淡化政治色彩，深化工作效果”的对外宣传的新思路，开拓创新、扩大交流，使许多外国代表团了解了真相，争取了更多新朋友。

20世纪90年代，我参与接待了许多国家元首、政府首脑、政要高官和第一夫人。当他们亲眼目睹上海这座城市历史性的变迁，经济的持续高速发展，浦东开发的奇迹，巨大而繁荣的市场，人民生活的改善，现代都市里的民俗和风情，无不为之赞叹和动情。

1995年9月，有189个国家和地区，近五万人参加的联合国历史上乃至人类有史以来规模最大的一次国际会议——联合国第四次世界妇女大会在北京举行。我以大会观察员和非政府组织妇女论坛一员的身份参加了这次盛会。“’95怀柔妇女论坛”是20世纪全球规模最大的民间交流。中国妇女界的社会精英和基层群众在应对国际社会的问题和反华势力的攻击，正面宣传中国方面表现出色。国际舆论普遍认为，中国是这次会议最大的赢家，世妇会的成功是中国外交上的重要得分。

20世纪90年代后期，我开始从事外事管理工作。我和我的同事们对外国媒体和外国领馆在依法管理的同时，特别重视沟通、宣传、交流、服务等工作。我本人还积极参与大量社交活动，成为外国领事官员和外国记者愿意结交的朋友。这一时期世界各国来上海设立总领馆和记者站的势头猛增。常驻上海的外国记者有关中国、上海的报道基本上是客观的、积极的；各国驻沪领事馆对中国和上海的关注和热情与日俱增，不少总领事在离沪时恋恋不舍，称在他们长期的职业生涯中，上海的经历终身难忘。

与此同时，我还满怀激情地做起了另

↑ 尼克松总统访华后，我三次赴美开展民间跨文化交流，大开了眼界，影响了一生。图为在美国时朝气蓬勃的形象。

↑ 民间外交是开展跨文化交流的大舞台。上世纪80年代我与美国律师布伦及其夫人结下深厚友谊。图为我们在“丝绸之路”的旅途中合影。

↑ 上世纪90年代，我参与接待了众多高层政要和他们的夫人。图为与玻利维亚总统德洛萨达的夫人远眺黄浦江。

↑ 我的一项重要任务是对外国领馆和媒体进行管理和服务。图为2009年与德国总领事海盾夫妇合影。

↑ 世博外交在我的外事生涯中展现了全新的一页。图为与来沪参加国家馆日活动的萨摩亚总理马利埃莱额奥伊和夫人合影。

↑ 世博会期间，陪同市领导会见尼泊尔副总理兼外长苏加塔·柯伊拉腊。

↑ 2003年，上海市外事办公室与复旦大学合作创办了外事管理教学培训中心，开设外事专业和外语翻译等课程。图为中心开设有关对外宣传上海的专题课程，我在讲课后与学员交流。

一篇大文章——“让世界了解上海”。突出三大重点：一是城市的历史沧桑；二是城市的发展与变迁；三是城市的人文精神。用自己的语言准确简洁地对外介绍上海，受到欢迎。

21世纪初，中国申办2010年上海世博会给我们带来了巨大的挑战和机遇。我参与接待了国际展览局考察团，陪同市领导出访，对有关国家介绍中国申博情况，开展游说工作。2010年，我参与接待了大批来沪参加世博会的外国政要团组，见证了本世纪规模最大的一次世博会的成功、精彩和难忘。世博外交在我四十余年的外事生涯中展现了全

↑ 外事培训中心与复旦大学研究生院合作，开设了外交学硕士研究生班，七年中一百四十多名学员获硕士学位。

新的一页。184天里，在世博舞台上，一百多位外国元首、政府首脑，八百多批政要团组，十万多人次境外贵宾到访中国上海，七十多场首脑外交、双边外交、多边外交密集开展，带动经济、文化、科技、环保、人文等方方面面的交流。其国别人数之多，规模声势之大，交流互动之活，影响内涵之深，前所未有。这一切体现了政府外交和公共外交，官方外交和民间外交，总体外交与地方外事完美的结合。

2003年对我有特殊含义，因为这一年我的在职工作结束，与此同时，我的新的征程开始。此后十年中，我主要做了三件事：一是外事培训；二是涉外慈善；三是外事翻译。

新世纪初，我积极参与筹建复旦大学——上海市外事办公室外事管理教学培训中心，并被任命为中心常务副主任。2003年起，面向全市外事、涉外人员举办有关国际形势、外交政策、地方外事、英语翻译等各种主题的专业培训活动，受训者达两千多人次。国内外一流专家、学者，包括外国驻沪总领事应邀作讲演，受到学员们的热烈欢迎。几年中，培训中心还发挥上海市外事办公室拥有一批高级翻译和大量外事实践的优势，举办了六届英语交替传译强化培训班，全市外事、涉外部门144位骨干英语翻译得到培训。该项目在教材编写、课堂教学和教师选拔方面都具有独创性，获得各方高度评价。中心与复旦大学研究生院合作，为外事部门在职干部开设了外交学硕士研究生班，七年中有一百四十多名学员完成学业，获得了硕士学位，为上海地方外事人才培养开辟了新路。培训期间，我结合自己数十年外事实践，深化对地方外事工作的学习和研究，编撰了总结、论文、教材近百篇，并参与授课，做专题报告。

与此同时，我以数十年积累的涉外资源、经验和能力发动境内外国际友人，包括外国领馆、外资企业、外籍人员社区、境外慈善机构等，募集善款四千余万人民币，开展为贫困儿童施行先天性心脏病手术，为老龄化社会培训养老护理人员，为民工子弟开设英语口语培训，资助外来务工人员做上岗培训，在社区进行防治病毒性肝炎及糖尿病的群众性健康教育等一系列有社

↑ 1987年，我参与发起成立上海市外事翻译工作者协会。28年来，积极支持协会在服务外事、服务社会、服务会员方面与时俱进，持续发展。图为2011年在上海外事翻译工作者协会年会上讲话。

↑ 涉外慈善是一种综合性、高难度的对外工作。2007年起我负责上海市慈善基金会与美国百时美施贵宝基金会合作的防治乙型肝炎和糖尿病的健康公益教育项目。图为我与项目总监潘吉女士在一起。

会需求，有外方参与，有国际影响的慈善公益项目。涉外慈善工作成为我人生的另一种经历，奉献了爱心，净化了心灵。

↑ 2009年3月与上海领事夫人团合作，开展义卖活动，筹集善款16万，帮助需要帮助的妇女和儿童。图为在募捐现场与意大利总领事夫人（左一）、上海市慈善基金会副理事长万明（右一）等合影。

1987年，我参与发起成立上海市外事翻译工作者协会。28年来积极支持协会在服务社会、服务外事、服务会员方面与时俱进，持续发展。2009年起我担任第七届理事会常务副会长，在市外事办公室、协会领导和广大会员的支持下，协会连续五年在发展翻译咨询、壮大翻译队伍、开展合作交流、履行社会责任等方面均取得较好成绩，先后荣获“中国翻译协会优秀单位会员”、“上海世博工作优秀集体”、“上海市先进社会组织”等光荣称号。

↑ 2007年，在沪国际友人与社区群众合作参与恒源祥“恒爱行动”，为孤残儿童和特奥会运动员编制毛衣和围巾。图为上海市慈善基金会陈铁迪理事长与活动参与者、年近八旬的爱心人士张敏女士亲切会见。

我是一个平凡的女性，我所做的一切是把自己铸造成一颗小小的螺丝钉，它虽微不足道，但却不可缺少；虽毫不起眼，但总在不停地运转、发光、发热……如果说前四十年是“投身事业，激情奉献”，那么后十年是“超越年龄，忘我奉献”。我的外事人生漫长五十年，弹指一挥间。

2014年6月8日于上海

激情岁月

题赠夏永芳女史

陈香梅

二〇〇六年春于上海

我是一个平凡的女性，我所做的一切是把自己铸造成一颗小小的螺丝钉。它微不足道却不可缺少；它毫不起眼却发光发热。

我和哥哥

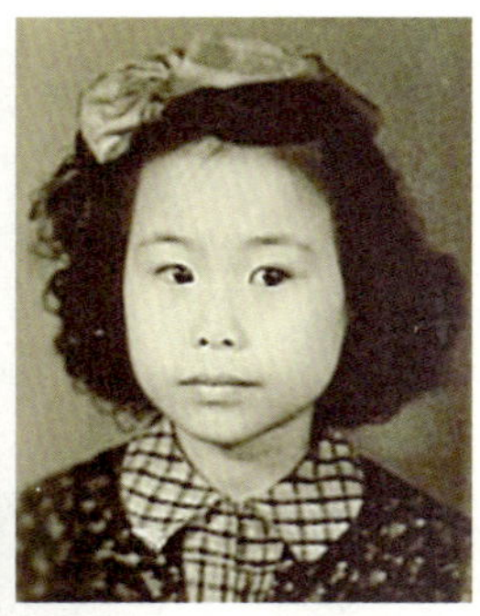

童年时代着装整齐，准备迎接外宾。

大学时代

文化大革命期间我在上海市五七干校锻炼。

进入外事领域后，面对困难，憧憬未来，开始了我长达半个世纪的外事人生。

初进外事办公室，参与接待外宾。

1988年接待美国出版界巨子马尔科姆·福布斯访沪。

上世纪90年代接待了众多外国政要。图为我与前联合国秘书长加利愉快合影。

新世纪前后我开始从事外事管理工作。图为2003年我与上海几十位外国总领事及夫人聚会合影。

2010年世博会期间，陪同上海市人民政府沙海林副秘书长（右四）会见塞浦路斯内政部长纽克里斯·西里基欧蒂斯。

1972年，我参与接待美国总统尼克松，成为打开中美关系大门的参与者和见证人。2014年在中美建交35周年之际，我与美国前总统卡特和夫人在上海西郊宾馆合影留念。

涉外慈善工作成为我外事人生的一个亮点。图为2011年与国际友人合作在慈善高尔夫公开赛上为外来务工人员职业培训募集善款。

外事感悟

认知地方外事

地方外事是以地方政府为行为主体的，以地方层面对外事务为主要内容的一种广义外交。它服从、服务于国家外交。按国家总体战略部署，地方外事参与接待外国政要，承办重大外交活动，管理外国领馆和国际媒体，与世界各国缔结友好城市关系，广泛开展民间外交和国际交流，增进中外之间的了解和友谊。

地方外事以其地方特色、直观生动、群众参与和内容丰富而凸显活力和魅力，为我国的对外工作拓展了外延，深化了内涵。

认知地方外事

从事上海地方外事五十年，接待了各国的代表团，接触了无数的外国人，思考了众多的问题，形成了丰厚的积累。所有这一切汇聚成一部生动鲜活的教科书，它从感性到理性地向我阐释了三个基本问题：

第一，什么是地方外事，它的特质、内涵、地位和作用；

第二，地方外事的主要业务及其专业要素；

第三，地方外事人员应具备的素质和能力。

一、地方外事的作用和地位

（一）地方外事直接参与实施中央的对外战略决策

四十多年前，在打开中美关系大门的历史进程中，上海在中央直接领导下，做了大量工作，扮演了重要角色，做出了积极的贡献。我有幸成为尼克松总统"破冰之旅"的参与者和见证人，虽然在中国外交的大机器中，我只是一颗小小的螺丝钉。

作为前奏，我们接待了美国作家斯诺和"小球转动大球"的"乒乓外交"中的美国一方，美国乒乓球队访问上海。此后，我们进驻锦江饭店三个月，为接待尼克松总统做方方面面的准备。1972年2月21日尼克松在上海过境，此前上海方面做了周密的安排，决定在休息室请他吃虾仁小馄饨，因为它既是中国的特色点心，鲜美可口，又便于欧美人享用。三个月中，我们接待了一批又一批的先遣组，他们中有美国的高官、总统的随行人员、记者、保镖和技术人员等等。时任美国总统国家安全事务助理亚历山大·黑格准将的年轻有为给我留下了深刻印象；"饥饿不堪"的美国记者到处猎取中国的信息，让我感到他们有点"疯狂"。有个身强力壮的美方安保人员，在参观上海华山医院的针刺麻醉手术时竟然紧张得几乎昏倒。许多随行人员对中国的文化传统充满好奇，对中国饭菜美味可口赞不绝口，对中国人的热情好客十分感动，说百闻不如一见，中国将长久地留在他们记忆之中。

2月27日，尼克松总统一行278人在周总理陪同下抵达上海访问。在参观上海工业展览会时，尼克松帮助周总理脱下大衣。在展示的机器前面，周总理请尼克松总统按动电钮。尼克松说："我按的是建设性的一钮。"当天下午五时许，基辛格在锦江小礼堂就双方会谈成果举行了记者招待会，宣布中美两国签署了《联合公报》——又称《上海公报》。在当晚举行的宴会上尼克松做了一段耐人寻味的讲话："《联合公报》只是一个开始，今后要做的更重要的事情是建造一座跨越16000英里大洋和曾经分割了我们22年的敌对情绪的桥梁。要做到这一点就需要做比公报里写的多得多的事情。"

↑ 四十多年前，在打开中美关系大门的历史进程中，上海在中央直接领导下做出了积极的贡献。图为1972年周恩来总理与来华进行中美最高级会晤的美国总统尼克松在上海的欢迎宴会上。

在此后的几十年中，上海为实施中央的外交战略做了许多工作。1996年，具有重大历史意义的"五国首脑会议"在上海召开；1999年，第五届《财富》全球论坛在上海举行；2001年，五国首脑再度聚首申城、"APEC亚太经合组织高峰会议"在

← 1993年，美国前总统尼克松参观20年前举行中美签署联合公报新闻发布会的地方——锦江小礼堂。

→ 几十年来，上海的地方外事直接参与实施中央的对外战略决策。具有重要历史意义的许多外交活动在上海举办。图为1996年中国国家主席江泽民和俄罗斯总统叶利钦、哈萨克斯坦总统纳扎尔巴耶夫、吉尔吉斯斯坦总统阿卡耶夫、塔吉克斯坦总统拉赫莫诺夫在上海共同签署五国《关于在边境地区加强军事领域信任协定》。

上海举行……

回顾历史，我们看到，在新中国成立后的各个不同时期，上海的地方外事始终紧跟国内外形势和中央的战略决策，配合我国的外交全局，卓有成效地开展了各项工作。20世纪50年代，主要是协助处理政权更迭，抗美援朝，外国侨民、外国机构等有关事务；60年代，中苏交恶，抗美援越，处理苏联专家撤退、进行援越培训；70年代，参与重大外交行动，接待美国总统尼克松、日本首相田中角荣等，成为外交全局中至关重要的环节；80年代，对外开放，民间外交活跃，友好城市、外国领馆增

→ 2014年5月20日，第四次“亚信峰会”在中国上海举行，这是与2014年11月北京APEC会议同等重要的国际会议。

多，上海的对外工作更加活跃；90年代和世纪之交，大量参与政府外交的重大活动，上海地方层面的对外交往空前丰富、活跃，影响广泛深远，充分显示了地方外事的特色和魅力；21世纪，申办和举办中国2010年上海世博会使中国和上海成为世界瞩目的中心。2014年5月，“亚洲相互协作与信任措施会议”在上海举行第四次峰会，“亚信”成为国际社会关注的一大焦点。在近半个世纪的历史进程中，我亲身感受到上海的地方外事经受了时代的洗礼，发挥了积极的作用，在总体外交中占有一席之地。

（二）地方外事是总体外交的一种延续和补充

参与官方外交，接待中央邀请的高层政要是上海地方外事的要务和特色。改革开放，特别是20世纪90年代以来，上海每年接待上百批外国的国家元首、党派领袖、政府高官，承办越来越多的国际会议和多边外交活动。上海起到了“窗口”的作用，从中，让世界看到中国改革开放的广度和深度，中国经济发展的高速和协调，中国社会主义市场经济的运作和繁荣，中国民众生活水平的提高和对中国共产党路线的认同……这一切，使中央的对外工作得到了有说服力的印证。

1994年盛夏，西班牙副首相塞拉一到上海，就冒着35度的高温酷暑，兴致勃勃地游览龙华古寺。晚上，他一再要求上街散步，看夜景。在五彩缤纷、人群熙攘的南京路上，塞拉和夫人像年轻的情侣那样挽臂而行。他们夹在人流之中，显得轻松自如，得以近距离地、面对面地看到上海和上海

← 参与官方外交，接待中央邀请的高层政要，让世界通过上海的“窗口”看到中国的崛起是上海地方外事的要务和特色。图为1994年西班牙副首相塞拉和夫人（左二、三）访问上海。

人的真面貌。塞拉对市领导说，上海是他所看到的最具活力、最有实力，也是大有希望的一个城市。1995年和1996年，英国副首相赫塞尔廷先后两次访沪。赫是英国道格兰开发区的创始人，他对上海浦东新区的发展和规划赞叹不已，说道格兰的开发比浦东早八年，可以说是先行者，但他没有料到上海如此雄心勃勃，浦东的开发真是一项了不起的壮举。

↑ 1996年，英国副首相赫塞尔廷（后排左三）出席外滩金融中心合同签字仪式。

↑ 1994年，蒋以任副市长陪同加蓬总理卡西米尔·奥耶·姆巴参观马桥镇旗忠村。

上海的市场像磁场，强烈地吸引了世界各国的政治家和企业家，生动地显现了经济在当今国际政治中的地位迅速上升。不少外国元首和高官还亲自出马，为他们的国家与上海的经济合作牵线搭桥。1994年9月来访的加蓬总理姆巴要求专门安排一档时间，会见我国经贸界人士。他亲自对加蓬的自然资源和投资环境作详尽介绍，欢迎中国企业去加蓬投资，共同开发资源，就地加工出口。1996年1月来访的乌干达总统穆塞韦尼在会见徐匡迪市长时花了很长的时间谈论乌中经济合作的有利条件。他风趣地说，要实现中乌贸易平衡，办法很简单，中国人口多，只要请中国人多喝一杯乌干达咖啡，就可解决问题。这位总统在离沪上飞机之前几分钟还在与赵启正副市长讨论合作生产咖啡的问题，其心情之迫切溢于言表。

↑ 1996年，上海市市长徐匡迪会见乌干达总统约韦里·卡古塔·穆塞韦尼。

（三）地方外事是展示中国形象，凝聚世界人心的伟大工程

在数十年的外事工作中，我体会到“让世界了解中国，为中国争取人

→ 1979年，美国旧金山市长法因斯坦通过民间渠道访问上海，洽谈有关旧金山与上海建立友好城市事宜。图为1980年1月两市结为友城后，法（右四）再次率团来访，与汪道涵市长（前排左四）合影。

心”是地方外事的重要任务和深刻内涵。

在地方外事的岗位上做凝聚世界人心的工作，犹如做“国际统战工作”。我曾亲身接触过外国的国家政要、第一夫人、领馆官员、社会名流、宗教人士、艺术家等。看到他们在访问交流后对中国的态度发生了不同程度的变化，有的可谓“立竿见影”：一次旅行以后，一位美国中产阶级的律师加入了

↑ 澳大利亚前总理惠特拉姆在任期内实现了与中国建交，卸任后作为友好人士多次来访。图为1990年惠特拉姆夫妇在豫园游览观光。

→ 1988年，美国宗教领袖葛雷厄姆与夫人访问上海，对中国的宗教政策有了更多了解。图为葛与夫人一行漫步外滩。

→ 1987年，美国著名民权运动领袖尤尼塔·布莱克威尔作为美中友好协会领导人邀请我赴美国南方访问。图为我们在她任市长的密西西比州梅耶斯维尔市合影。

美中友协，成为积极分子；一个四重奏演出团带来一批美国地方头面人物，最后促成中美两座城市建立友好关系；一位世界级的宗教领袖访华后改变了对中国宗教政策的怀疑态度；一位外国领事官员宣布回国后要做中国的

← 著名英籍女作家韩素音通过民间外交渠道多次来华访问。图为1987年，韩素音女士（左五）高兴地接受著名国画家程十发先生（左四）为她70寿辰所绘的《寿桃图》。

"宣传部长"；一个美国警察，第一次访华后与中国结下不解之缘，最后做了中国的朋友和"女婿"。

（四）地方外事为总体外交拓展了外延，深化了内涵

在中国外交取得巨大成功的形势下，上海的地方外事逐年呈现出迅猛发展的态势。每年来访的外宾中，由国家元首、政府首脑和党派领袖等组成的高层代表团有数百批，70%的国宾来访上海。2010年世博会期间，有246个国家和国际组织参会，上海接待了101位国家元首、政府首脑，来访的一千三百多个代表团中高端政要团组达八百多批。驻上海的外国总领事馆从80年代末期的11家增加到现

↓ 在中国外交取得巨大成功的形势下，上海地方外事蓬勃发展，成为总体外交的重要组成部分。图为2006年上海合作组织成员国元首理事会会议在上海举行。

↑ 上海每年接待数百批外国高层政要团组。图为1993年我参与接待以色列总理拉宾访问上海。

↑ 上海与世界上七十多个城市缔结了友好关系。图为1996年徐匡迪市长与英国伦敦城市长查尔斯特利签署上海市政府与伦敦城政府促进谅解和合作议定书。

在的74家，占全国40%以上。自1973年上海与日本横滨结成第一对友好城市以来，至今已与世界各国的75个城市缔结为友好城市或建立友好交流关系。上海每年接待的外国记者团达二三百批，常驻上海的外国媒体从80年代的6家跃升到现在的77家116人。在上海举办的国际会议从80年代的少量发展到现在每年约两百多个；在沪投资的外资企业有近四万家，世

→ 迄今，外国在上海设立的总领馆已达75家。图为2000年我与俄罗斯、瑞典、智利、埃及、爱尔兰、丹麦等六国总领事合影。

← 上海现有77家常驻的外国媒体，另外还有众多外国记者短期来访。常驻上海和短期来访的外国媒体是上海外事管理工作的重要方面。图为2008年上海市人民政府举行外国记者招待会。

界500强中三百多家在上海落户；常住上海的外籍人士，包括外国企业家、经济文教专家、外国留学生等以及他们的家属有近二十万人。

上海地方外事蓬勃发展的动力主要有：

1. 中国崛起：综合国力增强，国际地位提高。国际社会看重中国，看好上海。各国首脑政要和平民百姓都想来看一看中国和上海；各国竞相在上海设立领馆；多国媒体都派出新闻记者常驻上海；不少跨国公司把总部迁到上海；许多国际会议主办方把会议地点选在上海。

2. 外交成功：与中国交往的国家、渠道和方面急剧增多；中央把重大任务安排到上海；部分出国审批、对外邀请的权限下放；中央把2007年特奥会、2010年世博会等重大外交活动的承办任务交给上海。

↓ 中国2010年上海世博会举世瞩目，影响深远。图为2010年上海市市委书记俞正声与瑞典国王卡尔·古斯塔夫出席瑞典国家馆日活动官方仪式。

3. 对外开放：开放的意识增强，开放的机制形成，开放的领域扩大，加速上海走向世界。外事为地方的经济建设和社会发展服务的意识深入人心。友城已成为地方政府对外联系的主渠道，各行各业对口的国际交流如雨后春笋，推动城市全

↑ 上海地方外事内容丰富多彩，对外文化交流是其中之一。图为2009年11月上海戏剧大道德国文学巨匠歌德雕像落成典礼。

方位、多层次地对外开放。

4. 实力增强：自主权扩大，对外交往实力增强，上海有能力发起、主办或承办有重大影响的国际交流项目和活动。

5. 城市魅力：上海百年沧桑，焕发青春；经济腾飞，商机无限；多元文化，东西交汇；活力四射，魅力无穷。

（五）地方外事的性质和定义

1. 严格意义上的外交是指主权国家以和平的方式处理国家关系和国际事务，以达到维护国家利益，实现对外政策的目的。其行为主体是国家的正式代表和外交机构。

2. 广泛意义上的外交是指包括国家正式代表在内的官方机构和官方人员，包括议会、政党、军事、经济、文化、教育、科技、旅游、体育等机构和地方政府所进行的对外官方往来。在官方背景支持下，代表国家利益，为实现国家的外交政策而进行的国际民间交往也在此列。

3. 地方外事则是以地方政府为行为主体的，以地方层面的对外事务为主要内容的一种广义外交。它服从、服务于国家外交并以其地方特色、直观生动、群众参与和丰富多彩而独显活力和魅力，为我国的对外工作拓展了外沿，深化了内涵，是我国总体外交重要而具有独创性的组成部分。

4. 公共外交是总体外交的组成部分及开拓方向，它有别于传统的政府外交。其基本模式是政府主导，公众参与，媒体传播，具有主体多元、受众面广、规模盛大、影响深远等特点。在官方外交、民间外交和地方外事中都涵盖了大量的公共外交。

二、地方外事的内容和内涵

地方外事的主要内容包括外事接待、外事管理、对外交流、对外宣传等若干方面，十几项工作。

（一）外事接待

其内涵是：推介中国，感化外宾。主要手段是"礼"、"看"、"谈"、"人"。接待工作有六大方面，二十多个环节。政策是主导，外宣是灵魂。具有高度政策性、事务性和艺术性。

六大方面的工作是：把握政策；礼宾安排；参观活动；对外宣传；生活服务；综合简报。

二十多个环节是：了解对象；理解政策；制定计划；落实礼宾；安排日程；确定陪同；车辆调度；饭店住房；餐饮食品；迎送流程；会见会谈；宴

← 外事接待是地方外事的主要工作之一。自上世纪80年代起，我多次接待著名美籍华人陈香梅。图为1989年陪同上海市市长朱镕基接见陈香梅女士。

↑ 我向陈香梅介绍上海的新发展。

↑ 苏丹副总统塔哈在上海市城市规划展览馆谈观感。

请安排；导游宣传；基层参观；涉外典礼；市场购物；文化娱乐；礼品赠送；外宣资料；外语翻译；安全保卫；综合简报。

著名美籍华人陈香梅在上世纪80年代后期曾多次组织美国高层人士访华，1989年底，首次率24位台湾企业界人士访问大陆和上海，引起海内外广泛关注，但也承受了来自台湾当局和新闻媒体的巨大压力，因此成为一个经贸性很强、政治上很敏感、工作难度很高的代表团。

→ 1997年，陪同赵启正副市长（右二）在机场迎接科特迪瓦总统贝迪埃和夫人（左二、三）。

← 1999年，荷兰女王贝娅丽克丝陛下参观静安区张家宅，了解上海的社会发展。

根据中央指示精神，上海方面采取“多做工作”、“谨慎从事”的做法，在客观上形成了“主随客便”、“宽松自如”的效果，赢得了陈香梅和全团的好感和赞赏。他们认为我方的安排既有针对性，又有人情味，还有自由度，而且很安全。他们说：经贸活动质量高，“对胃口”；参观游览颇精彩，“感兴趣”；探亲访友时间多，“很自由”。特别对我方精心组织的“海派文化”活动，包括京剧名角表演和“海派点心”品尝，尤感亲切。他们表示想念大陆和上海四十年，如今看到上海的稳定、繁荣和开放，感受到大陆同胞的深厚情谊，留下了难忘的印象。许多人纷纷寻找关系，建立联系，为将来的交流做准备。

（二）领事工作

外国领馆是外国政府的代表机构，主要处理侨民事务、了解我方情况、促进双方的经贸交往。地方外办起到中央代理的作用，对外国领馆依法管理，对其合法的公务给予协助和方便，外国领事馆也被视为一种渠道，可为我所用。这项工作属官方外交，具有高度政策性、敏感性和专业性。

新世纪前后，上海在领事工作中与时俱进，转变观念，开创了“寓管理于服务”的工作模式，重视做好服务和宣传，对领馆官员积极开展宽松的人际交往，有效地施加影响，使上海的领事工作初步形成积极主动、有所作为的新局面。各国领馆对中国、上海的关注和热情与日俱增，在增进本国与中国及上海的关系，开展双方在经济、文化、社会等方面的交流中发挥着积极的作用。一些国家把当过多年大使的资深外交官派驻上海当总领事；不少总领事千方百计延长在上海的任期，称在他们长期的职业外交生涯中，上海的经历终生难忘。

→ 外国领馆工作是一种官方外交。上海地方外事重视在依法管理中做好服务和宣传，开展宽松的人际交流，开创了领事工作的新局面。图为2000年上海外办组织外国驻沪领事团赴西部旅行，与贵州少数民族村民一起跳舞。

→ 2006年，我在一次招待酒会上与美国、土耳其、阿根廷等国总领事合影。

（三）外国媒体

↑ 通过国际媒体的笔头和镜头，我们可以把中国的形象和声音传遍世界。图为2003年外国驻沪记者集体采访市领导。

外国记者有“无冕之王”的称号，还有“人精”之说。但是通过他们的笔头、镜头，我们可以把中国的形象和声音传遍世界，特别是西方主流社会。因此外国媒体工作的内涵是借助外力，宣传自己。这是地方外事中重要而难度最高的工作之一。西方记者有一些共同的特点：“信事实”、“讲时效”、“猎奇性”、“挖新闻”、“捕风捉影”等。对这些记者做工作要做到敢于宣传，善于宣传：去掉一个“怕”字，提倡一个“敢”字，突出一个“外”字，淡化一个“宣”字。也就是用西方记者容易接受的语言和方式来进行宣传，还要特别注意遵循“求同存异”的原则。

← 韩正市长与境外驻沪记者见面交流。

↑ 国际友好城市已成为地方层面对外交流的重要途径和平台。图为1998年徐匡迪市长与美国旧金山市长威利·布朗在陆家嘴出席“旧金山周”开幕式。

（四）友好城市

友好城市是国际上地方政府之间建立联谊与合作关系，开展国际交流的重要途径和平台，现已成为我国地方政府自主开展国际交往的主渠道。友城交流的突出特点是紧密结合经济建设和社会发展的实际需要，涉及城市、经济、文化、社会等广泛的领域。历年来，上海与世界各国友城的交流项目中就有旧房改造、浦江隧道、轨道交通、防汛工程、港口建设、饮水净化、环境保护和城市绿化等重大市政建设工程，还有经贸合作、人才培训、文化交流、青少年交流等项目。友城交流显示了政府主导、官民结合、注重实效、互惠互利、地方特色等特点，成为地方层面的对外交往中自主权、活动空间和为经济与社会发展服务力度最大的一块。

→ 2007年，圣彼得堡“上海周”在俄罗斯举行，图为“上海周”中“玫瑰婚典”的盛况。

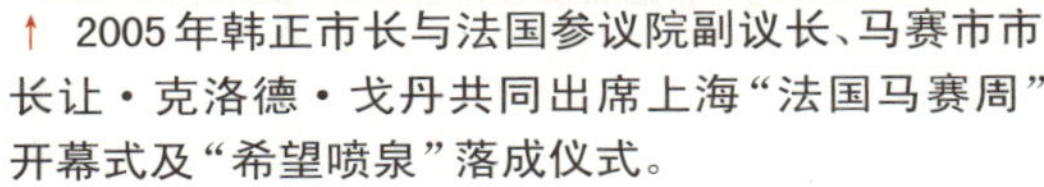
↑ 2005年韩正市长与法国参议院副议长、马赛市市长让·克洛德·戈丹共同出席上海“法国马赛周”开幕式及“希望喷泉”落成仪式。

↑ 2006年，友好城市瑞典哥德堡的“哥德堡号”仿古船驶抵上海访问。

（五）国际会议

国际会议是国际多边、双边的外交外事活动，它层次高、规模大、影响广，体现出国家的国际地位和城市的国际化程度。上世纪80年代末期，上海开始有一些国际会议，90年代逐渐增多，目前每年有两百多个。它在国内外产生的政治、经济和社会效应十分广泛和深远。1989年，在朱镕基市长倡导下，上海创办了由国际知名企业家和经济专家组成的“上海市市长

← 国际会议体现了国家的国际地位和城市的国际化程度。目前每年有二百多个国际会议在上海举办。图为2004年亚太经社会第六十届会议。

→ 2013年，第二十五次上海市市长国际企业家咨询会议。

国际企业家咨询会议”，该会议每年一次，至今已举行了25次。1993年5月，由多国前国家元首和政府首脑组成的非政府国际组织“国际行动理事会”在上海举行第十一届会议。1994年，上海举办了二战期间在上海居住的犹太难民重聚活动及“‘犹太人在上海’学术讨论会”。1996年“五国首脑会议”在上海召开。1999年第五届《财富》全球论坛、2001年亚太经合组织第九次领导人非正式会议、2002年第三届亚太地区城市信息化高级论坛和中俄总理会晤、2003年福伯斯CEO年会、2004年世界扶贫大会、2007年世界夏季特殊奥林匹克运动会等重要国际会议相继在上海举行。

（六）文化外事

文化外事指在文学、艺术、宗教、教育、科学、卫生、新闻、出版、体育、

↑ 文化类的国际交流具有超越国界、较少敏感、多姿多彩的特点，其作用和影响已远远超出文化和艺术的范畴。图为第六届中国上海国际艺术节暨第四届上海宝山国际民间艺术节开幕活动。

↑ 第四届上海宝山国际民间艺术节开幕演出。

↑ 2005年,上海“法国马赛周”开幕式活动。

↑ 2007年,“荷兰阿姆斯特丹馆藏精品展”在上海博物馆开幕。

旅游等诸多具有文化性质的领域内进行的国际交流活动。文化外事的特点是“超越国界,较少敏感,多彩动人,工作载体”。上海每年举办的许多大型国际交流活动中很多是文化类的,如国际艺术节、服装节、旅游节、电影节、电视节、音乐节、茶文化节、ATP网球大师赛等。自1999年以来,中国上海国际艺术节已经举办了十五届。这是一种规模宏大,层级较高,参与广泛的中外文化交流活动,成为上海、中国乃至世界的艺术大舞台。它的作用和影响已经远远地超出了文化和艺术的范畴。许多国际贵宾为艺术节而来,也为看看中

↑ 2007年,夏季特殊奥林匹克运动会美国段火炬接力。

↑ 1986年在上海举办的首届国际环球长跑。

国和上海而来，因此，艺术节也成为向世界展示中国的平台。一些政界人士说，通过艺术节，看到中国的对外开放和经济腾飞，找到了加强与中国交流与合作的机会。

（七）涉外事件

涉外事件指涉及外国、外国人、外国机构（包括企业）的政治、经济、外交、司法、行政、治安等方面的事件。

在历史上，上海有过较大影响的涉外事件有：1979年，“华纺”（今东华大学）发生中国学生与非洲留学生冲突，涉及15个国家几十个外国留学生；1988年3月24日，两列火车在上海市郊正面相撞，造成27名日本学生遇难；1999年1月，美国人权组织就上海儿童福利院所谓虐待和遗弃孤儿事件发表333页报告，攻击中国人权，即“儿福院事件”；1999年5月，美国轰炸我驻南斯拉夫大使馆，引发大批学生在上海、成都等地美领馆门口抗议示威，还发生纵火等暴力行为。随着国内外形势的发展变化，涉外事件更加五花八门，有外国人贩毒、中国人偷越国境、外国媒体炒作房屋动拆迁纠纷、外国人交通肇事、外国飞机失事等等。

涉外事件有一些明显的特点：1. 突发性。难以预测，甚至无预案可循。2. 政治敏感性。涉外事件不管大小，处理不当都会引发比较严重的政治后果。3. 政策性。国家对处理涉外事件的程序和原则都有明确规定。除中国法律外，还要参照国际法，如维也纳领事公约、中美双边领事条约等等。除了熟知法律法规，还要严格请示汇报制度。4. 策略性。我们在遵从原则，依法办事的同时，要注意原则性和灵活性相结合，对外交涉有理、有利、有节。

↓ 广泛开展民间外交是新中国在国际关系中的一个创举。图为1999年新西兰达尼丁市副市长伊丽莎白·汉纳参观上海市少年宫，与孩子们亲切交谈。

（八）民间外交

民间外交指在官方背景支持下代表国家利益，为实现国家外交政策而进行的国际民间友好往来。它是政府外交的补充，但又有别于政府外交：内容广泛，渠道多样，方式灵活，深入民众，持续不断；有时不受礼宾规格的约束，与国外人士广交朋友，更富人情味、灵活性。民间外交体现了我国外交工作着眼于人民，发挥着

↑ 1982年，我在美国芝加哥与房东一起包饺子。

↑ 1982年，在美国波士顿向黑人朋友了解其社会生活情况。

"以民促官"的作用，是中国外交的一大特色和创举。毛泽东同志说：外交工作着眼于人民，寄希望于人民。周恩来同志说：我们的外交路线是以国家为对象，人民为基础，通过上层外交，寄希望于人民。陈毅同志说：我们的外交是人民的外交，它是通过政府外交和人民外交两种形式来实现的，特别是广泛开展民间外交，是新中国在国际关系中的一个创造。

← 1994年，在奥地利与友人共进午餐时谈中国。

（九）常驻外宾

对常驻上海的外籍人士，包括外籍文教专家、外籍经济专家、外国留学生等，应通过管理、服务和宣传工作，调动其积极性，为我国经济建设和文教事业服务；增进其对中国的了解和友谊，或成为我们的朋友。为做好这些外籍人士的工作，自1989年起，上海设立了颁奖表彰机制，每年把"白玉兰纪念奖”、“白玉兰荣誉奖”、“上海市荣誉市民”分别授予有突出贡献的外籍人士。迄今已有909人获“白玉兰纪念奖”，269人获“白玉兰荣誉奖”，35人获“上海市荣誉市民”称号。

→ 为增进常住上海外籍人士对中国的了解和友谊，自1989年起上海设立颁奖表彰机制。图为2011年“上海市白玉兰荣誉奖”授奖仪式。

↓ 2011年，上海市“白玉兰纪念奖”授奖仪式。

（十）出国管理

出国管理是地方外事的重要内容，为各行各业开展国际交流合作、培养专业人才服务。出国审批要按中央有关规定，严格管理、严格把关、严格处理各类违法违规案件。对出国人员要加强教育和培训，主要内容包括：了解去访国的国情、习俗；双方国家关系和我们的外交政策；教育出国人员维护国家主权、民族尊严和国家形象；遵守外事纪律、做好安全保密；注意国际交往的礼仪和形象等。

（十一）对外宣传

对外宣传是指在对外工作中通过各种方式和途径与国外人士沟通交流，施以影响，帮助他们了解中国，消除疑问，同情和支持中国，或成为中国的朋友。地方外事作为“窗口”，展示中国形象，争取世界人心的作用主要是通过对外宣传来实现的。因此可以说，外宣是外交外事工作中的政治内涵，是我们工作的出发点和归宿点，也是地方外事人员的重大任务。

外宣工作在很大程度上是做人的工作，这些人是外国人，他们的文化背景、思想观念、逻辑思维与中国人差异很大，我们的外宣工作必须注意“人”，也必须注意“外”。具体来说，一是要以外国人能接受的语言和方式来做宣传引导，少用和不用政治术语，淡化宣传色彩，深化宣传效果；二是为外方人员创造宽松的环境，主随客便，放手让他们接触社会和群众，自己思考得出他们的结论；三是寓教于乐，不露痕迹地对外宾施加影响，如把宣传寓于闲聊、逛街、服务、娱乐、美食、赠礼等

← 对外宣传是外交外事人员的必修课。1985年，时任中共中央对外宣传小组组长、文化部长的朱穆之同志出席华东地区外宣工作会议，提出在外宣中争取世界人心的重要理念。图为朱穆之部长（前排右二）与上海代表合影。

← 帮助国际社会了解中国，消除疑问，增进友谊是地方外事的政治内涵和重要任务。图为1987年陪同世界市长会议代表团参观龙华寺，谈中国宗教政策。

↑ 寓教于乐，形象生动地做外宣，具有说服力和感染力，受到外籍人士的欢迎。2000年，为庆祝“三八”妇女节组织外国领馆夫人逛南京路步行街，看上海新面貌，反响热烈。图为夫人们在参观朵云轩时饶有兴趣地了解中国的文化传统。

↑ 1997年，陪同美国前国务卿舒尔茨游览豫园，讲解砖雕，传播中国文化。

各个环节之中，这种宣传往往没有政治术语，甚至没有语言和声音，但极具感染力，易为外国人接受。

2000年初，上海南京路步行街建成。为了更好地宣传上海，展示其繁华和活力，我们利用庆祝“三八”妇女节的机会，邀请各国驻上海领馆的总领事夫人、女性领馆官员和家属游览南京路步行街，进行观光、购物、休闲、美食。不少国家的男性总领事们也兴致勃勃地参加了这次活动。

在沿街数百家商店中，我们有选择地引领客人重点参观了朋街女子服装店、欧洲名品城、乘游览车、大娘水饺店（每人品尝6只水饺）、国华瓷器店、朵云轩书画店、第一医药商店营养滋补吧、新新美容城，最后到“洪长兴”品尝清真食品和火锅。客人们一路目不暇接，兴致盎然。大家走进第一医药店有点像原始人洞穴的滋补吧房里，纷纷入座秋千椅，边喝茶，边聊天，不少人满怀期望找到在店里服务的中医师，咨询自己的健康，请教适合自己饮用的滋补品。在新新美容城，许多人充满兴趣地了解中草药足底按摩和减肥的功效。最后到了“洪长兴”，大家围桌而坐，自己动手涮羊肉，吃火锅，既鲜美，又新奇，情绪达到了高潮。

下午，不少人意犹未尽，继续在步行街游览、观光、购物。领馆官员和夫人们通过视觉、听觉、味觉领略了“中华第一街”的传统特色和全新面貌，了解了上海商业的历史与发展。许多人说，这样的活动太精彩了，既有趣又有益。这是“寓教于乐”的一次生动宣传。

三、地方外事人员的素质和要求

目前，中国外交和地方外事正处在全新的发展阶段，外事工作要提升到新的水平，开创出新的局面，一个关键的因素是从事外事工作的人。因此，提高外事干部素质，加强外事队伍的建设是当前我们面临的一项极其重要的任务。

处理国家关系，捍卫国家利益有两种方式，一是战争、武力的方式，二是外交、和平的方式。周总理说，外事干部是文装的解放军。就是说，外事干部是外交战线上的战士。这里虽然没有炮火连天的场面，也不需要真刀真枪地去冲锋陷阵，但是在这条战线上，也需要斗智斗勇。我们的武器是什么呢？是国家的外交方针政策。我们的司令部在哪里呢？就是党中央。我们的纪律非常严明，就是高度的集中统一。

周总理对外事干部提出了十六个字的要求，即“站稳立场，掌握政策，熟悉业务，严守纪律”。我在长期的外事工作实践中，以上述十六个字为座右铭，重点在以下七个方面作努力。

（一）爱国敬业

国家利益高于一切；认定目标，全心奉献；立足本职，融入全局；请示汇报，严守纪律。以上是我对自己在政治素质方面提出的要求。

← 上世纪60年代，我进入外事领域，开始了我漫长、艰辛而美好的外事人生。

↑ 外事工作要求我学好外语，用好中文。1976年，我从第二个大学——上海外国语学院毕业。

↑ 2001年，我陪同市委副书记罗世谦（中）出访时，在纽约与阔别25年的3位上海外国语学院同学欣喜重聚。他们分别在联合国总部和国家外经贸部工作，事业有成，意气风发。

爱国精神是外交外事人员政治素质的核心。有了这种精神，才有坚定的立场，强大的动力和高度的事业心，从而把本职工作融入全局，使自己的人生追求和国家命运紧紧相连，息息相关。

上世纪60年代，我刚进入外事领域，紧张迷茫，不知所措。70年代，我参与了接待尼克松总统，上了“外交与外事”的第一课，内容包括：国家外交与地方外事的关系；如何理解和实施中央的对外方针政策；怎样与外国人交往，帮助他们了解中国；外国媒体工作的特点和难点，综合文字工作和外语翻译在外交工作中的重要性等等。80年代，我进入民间外交领域，在第一线锤炼接待和外宣的基本功，开展为祖国争取世界人心的工作。1989年发生政治风波以后，为争取国际社会的理解和支持，我努力探索“淡化政治色彩，深化工作效果”的外宣艺术。90年代，我从事较多官方外交、上层外交、“夫人”外交和犹太人工作，向世界宣传中国改革开放、和平崛起的伟大成就。世纪之交，我进入外事管理领域，重点做好外国领馆、国际媒体的工作和向世界推介上海这三篇大文章。新世纪来临，我参与了申办和举办中国2010年上海世博会的工作……数十年来，“让世界了解中国”、“为祖国争取人心”成为我工作和人生的目标，倾情投入，孜孜不倦，终于在外交全局中找到了自己的位置。激情半世纪，弹指一挥间。

（二）掌握政策

地方外事的职责包括：实施总体外交的有关任务，开展地方层面的对外交往，归口管理地方涉外事务，负责地方外事的基础建设等。为此，外事干部要学习的内容很多：国家的外交思想、外交理论、外交政策，国家和地区各项具体工作的政策，地方外事的政策和法规，中国外交的原则、理念和优良传统等。

掌握政策指一要正确理解、吃透精神，二要联系实际，贯彻实施。1998年接待美国总统克林顿的随行记者时，如何把握政策成为一个难点。当时一些西方记者试图通过“家访”、通电话等方式采访、拍摄“民运分子”，有的一天上门数次，有些被外国记者选为采访对象或委托牵头招徕其他人员的人聚集一处，活动频繁。当时有人主张立即上门制止其采访活动，或采取其他强硬措施，认为不这样做，就是“处理不力”。我们感到压力很大，一方面学习领会外交部制定的方针精神，一方面仔细研究上海的实际情况，取得了一些共识：

这些境外记者都具有合法身份和采访资格；其采访活动都与对象约定了具体时间和地方，有的在其家里或宾馆客房，我们直接进入民宅、客房阻止采访是不合适的，还会爆出更大的新闻；大多数被采访者都是层次较低、信息较少的人员，我们断定采访的内容没有价值，也派不上用场。

从这样的实际情况出发，我们制定了以静制动、内紧外松的对策，没有闯进去干预制止，没有惊动境外媒体，形成新闻热点，又确保了外交部有关接待外国记者方针政策的实施以及克林顿总统接待工作的顺利进行。

（三）熟悉业务

熟悉各项外事业务，就是不仅要完成上级交待的具体事项，而且还要求我们了解并掌握涵盖在各项业务工作中的政治内涵、专业知识、有关政策，并具备从事业务工作的能力。

外事干部的工作岗位可能不同，但必须掌握一些基础的知识和技能，也就是基本功，包括：对地方外事的基本认知；外交外事礼宾和国际礼仪常识；懂得和运用外语；综合分析和文字表达；对外沟通交往能力等。

1. 礼宾礼仪

外交礼宾是外交、外事工作中的礼仪规范，尤指对外交往和国家典礼中合乎礼仪的程序，不同地位和职衔官员的位次以及对这些礼仪的指导和安排。礼宾是一项外交职能，直接体现国与国之间的关系和政府的外交政策。

地方外事中的礼宾礼仪主要内容有：涉外典礼的仪式，对外活动中的礼宾程序和人员位序的安排，外交人员的特权豁免，国际交往中的礼仪礼节等。

↑ 在第一线苦练基本功。图为1997年出访澳大利亚时为上海市妇联主席章博华做翻译。

↑ 在实践中磨练提高，承担重任。图为2001年参与接待摩尔多瓦总理塔尔列夫。

2. 综合文字

综合文字工作指的是对外方的反应、动向和我对外工作成效或问题的分析研究，经对各种信息的综合提炼，写成简报、总结、调研、专报、讲稿、邀请、信函等各种类别的文字，用以下情上报，上情下达，对基层涉外工作进行指导。外事综合是外事主管部门对地方外事工作进行归口管理的重要手段，是外交外事工作中不可或缺的重要组成部分。综合文字工作也是外交外事人员深化对外事工作的认识和提高自身素质(综合分析、思维表达等)的重要途径。因此，有人说，文字是外交官的立身之本，首要的是掌握本国语言，必须能准确无误地使用本国语言写作和讲话。

对每一个地方外事干部而言，综合写作的过程是对工作进行思考和认识的过程，把实践中的感性认识提高到理性认识，从而掌握外事工作的本质特征和规律。

3. 外事翻译

外语是跨文化交流的工具和桥梁，没有外语翻译，中外方无法进行沟通和交流。因此外事翻译是外交外事工作中不可缺失的重要环节，掌握外语是对外事干部的一项基本要求。周总理和陈毅同志要求我们必须掌握一门以上的外语。对非专职翻译来说，就是要做一个懂外语的外事干部；对专职翻译来说，首先要具备外交官和外事干部的素质，成为在对外交流第一线工作的有语言专长的外事干部。翻译是一门科学，是一种技巧，也是一种艺术，要求很高，学问很深。如何做一个合格的、优秀的外事翻译是专业译员终身追求的目标。

（四）宣传交流

向国际社会做宣传中国、争取民心的工作，让世界上更多的人了解中国、接受中国、亲近中国，成为中国的朋友，是地方外事的重大任务和深刻内涵。为此，地方外事人员要积极开展对外宣传和交流，不断增强外宣意识，改善外宣语言，注重外宣艺术。

贯穿在各项外事活动中的中外沟通、交往、宣传、说服、感化等，体现了不同文化的对话、交流、交锋、交融。因此从本质上说，外交外事是一种跨文化交流，有很多学问包含其中，如：迎宾待客要“以礼相待”，与人交谈要“双向互动”，待人处事要“诚信为本”，处理问题要“内紧外松”，宣传说理要“寓教于乐”，结交朋友要“人情味和个性化”，还要注意“文化差异”、“求同存异”等等。对外宣传交流是外交外事人员必须具备的能力和必修课。

（五）知识积淀

外事人员承担了向世界宣传中国和应对国际社会对中国关注的重任。要同来自不同国家、不同阶层、具有不同观点、带着不同问题的外国人打交道，必须要有广泛的知识积累，做“通才”和“杂家”。这些知识包括：外交外事、国际国内、政治经济、历史文化等，或概括成：世情，国情，市情，区情等。有人诙谐地说，外事队伍是“3958部队”(指接触的外宾“三教九流”，遇到的问题“五花八门”)，外事干部必须“上知天文地理，下知鸡毛蒜皮”。

1995年在第四次世界妇女大会上，有一个“妇女与和平”的论坛。在讨论过程中，有一美国男子站起来说：“中国政府执行的是侵略性的政策，如搞核试验，向巴基斯坦出售导弹，侵占南沙群岛，出兵越南，在台湾海峡搞军事行动等等。我很想听听中国妇女对你们政府的这种政策有何看法？”当即，许多中国与会者举手应答，有一位说：让我们来看看美国、中国和前苏联试验核武器的情况吧。美国试验了1300多次，前苏联715次，中国迄今试验43次，并宣布不首先使用核武器。有一位说：中国在历史上从来没有侵略过别的国家，没有一兵一卒派遣在别国，恰恰是美国把军队派到了世界上许多地区和国家，包括越南。另一位说：大家刚才看到了南京大屠

↑ 1995年9月，我以大会观察员和妇女论坛成员的身份出席联合国第四次世界妇女大会，亲身体验20世纪规模最大的公共外交活动。

杀的录像，在那场屠杀中，30万同胞被杀，2万妇女被强奸，日本军人还搞杀人比赛。为什么中国人遭受如此的苦难？就是因为那时中国太弱，中国军队不能保护老百姓，这是我们的教训。我们理解我国政府核试验的政策……在平和而以理服人的气氛中，那个美国人灰溜溜地离开了会场。

（六）礼仪形象

外事干部除了在工作中能够运用外交礼宾，体现国家外交政策之外，还要懂得遵循国际交往的礼仪来塑造自己的形象。外交人员个人的形象在一定程度上体现了国家和民族的形象，我们必须十分重视自己的仪容仪表、行为举止、语言谈吐等。一位俄罗斯总领事在临别时对我说："三年前，我刚到上海时，你第一个在上海国际机场迎接我，自此以后，你成了上海的一张面孔，一张非常友好的面孔"。还有不少总领事说："你的笑脸一直温暖了我们的心，让我们觉得很轻松，感觉如在家中"，"欣赏你的优雅风度，感谢你的理解和帮助，我们从中得益匪浅，你成了当代中国的绝佳广

→ 与时俱进，开创外事管理新局面。图为与多国驻沪总领事和夫人开展友好交流。

告”……这些评论是对我的肯定，也说明礼仪形象的对外影响。我认为，外交外事人员的总体形象应该是：仪表端庄，举止文明，谈吐高雅，善于交际，诚信友善，不亢不卑，个性幽默。

（七）岗位育人

地方外事工作既有政治性，又有专业性，更具综合性。这对地方外事干部提出了很高的要求，他们应该是政治强、业务精、素质高的复合型人才。

外事人员如何培训、提高，目前较普遍的做法是高校就读和出国留学。对我这样一辈子从事地方外事工作的人来说，虽然上了大学，也去过国外进修，但得益最多的一条途径是岗位磨练。

在岗位育人的道路上，上海的外事工作可视为一所大学校；各种繁忙的工作任务可视为向第一线外事人员提供的各种课程；参与外事活动的领导、同事、群众以及众多来访或常驻上海的外国人都可视为老师；实践——总结——提高——积累既是工作，也是学习的基本模式；中文、外文是两种缺一不可的工作和沟通工具；“多干”、“多思”、“多写”是每天的必修课。我体会，“多写”的实质是“多思”，“多思”的基础是“多干”。“三多”是在实践中学习，在岗位上磨练的重要手段。长期坚持“三多”的过程是一种持续积累、提高素质的过程。

出国访问是一项重要的外事活动，也是帮助外事人员了解世界和工作对象的最好课程。上世纪80年代初我赴美交流考察，为自己设置了“房东交谈”、“参观访问”、“民间交往”、“影视课堂”、“社交对话”、“即席演讲”等多种课程。十个月内，记下八十多万字的工作笔记，写成了《美国青年的精神主宰》、《美国家庭解体和儿童的悲剧》、《文明社会里黑人的境遇》、《美国的“第三世界”见闻》、《美国人对中国的兴趣》等调研报告。对我深入了解美国社会，做美国人的工作打下扎实基础，终身受益。

↓在国外开展跨文化交流的一项重要内容是深入民众，做社会调查。图为上世纪80年代在美国中西部了解黑人青少年的生活状况。

我在上海地方外事这所大学校里勤奋实践，深入钻研，不断总结，学到了许多在书本上没有读到的知识和技能，涉及理解

↑ 我的目标是把自己塑造成高素质复合型的地方外事人员。图为在2010年上海市人民政府国庆招待会上留影。

政策、外语翻译、公关宣传、推介上海、工作调研、综合写作、演讲表达、礼仪形象……让我在外事领域里从“一张白纸”、“一无所有”到秀出“彩图”，收获“财富”。

岗位育人，边实践、边学习可以更多地调动外事人员的主观能动性。学得苦，学得累，但基础扎实，学以致用，成效显著。只是，“干中学”有时变成了“以干代学”，因此，要特别重视加强外交理论、方针政策等方面的学习，以从根本上提高外事人员的整体素质。

一生从事地方外事的深切感受是：地方外事是一个大舞台，人们可以在这个舞台上触及世界，演绎出有声有色的国际交流的活剧来；它是一所大学校，人们可以在这所学校里投入自我，创新追梦，学到最真最活的知识；它是一门大学问，礼宾接待、外事管理、中外交流、国际国内、中文外文……可以说，它既是外交学的一个组成部分，也是一门集政治性、思想性、专业性和艺术性于一体的综合性学科。

亲历公共外交

公共外交是与传统的政府外交不同的外交形式，具有政府主导、主体多元、公众参与、媒体传播、形式多样、受众面广等特点。其行为主体包括国家代表、外交部门、官方人士、新闻媒体、民间组织、专家学者、商界精英、宗教人士、基层民众等。公共外交是国家总体外交的重要组成部分。

公共外交本质上是跨文化交流，体现了不同国家民族文化间的交流和沟通，交锋和交融，它贯穿于不同历史时期地方外事的各项工作之中。

亲历公共外交

上世纪80年代，一个有三十多人的美国艺术代表团在上海访问后怀着依依惜别的心情即将结束他们的访华之行。临别的前一天晚上，其中的6位艺术家围着我说“还没谈够”，遂邀我同去喝咖啡，继续交流。我们的话题十分广泛。他们问到文化大革命的情况、中国人对改革开放的看法、对邓小平的态度、什么样的人可以加入中国共产党、中国人工作的动力是什么、中国人有无发表作品和言论的自由等。我谈了自己的见解，同时也问他们对里根政府、利比亚危机、民主自由等问题的看法。交谈持续到深夜。他们感叹说，现在是整个旅行中最兴奋的时刻，是访华的高潮。我说，这里没有盛大的场面，没有重要的官员，没有美味佳肴，有的只是自由自在的聊天和谈心，你们为什么如此激动？他们说，这是因为他们在这里终于有机会面对面地了解中国人心里想什么，也有机会向中国人表达他们心里想什么。我对这段经历印象深刻，称之为中国人和外国人之间“心灵的交流”。

在数十年的外事工作中，我经历过无数次这样的交流，对象来自不同的国家，源于不同的文化，具有不同的身份，承担着不同的使命。我们之间的交流正是体现了不同文化的沟通、交流、交锋和交融。归根结蒂，我做的工作本质上是一种跨文化交流。地方外事的许多工作在很大程度上属于公共外交的范畴。因此，几十年来我也大量参与、学习、感受了公共外交。

一、回顾历程

简要回顾自己工作的历程，我感到跨文化交流如同一条红线，贯穿在不同历史时期地方外事的各项工作之中。

（一）20世纪70年代，美国总统尼克松访华，打开了中美关系的大门，也打开了中美跨文化交流的大门，为中美两国关系在风雨和曲折中发展打下了坚实的基础。

尼克松总统访沪期间，中方接待人员与美方随行人员频繁交往。我生平第一次有机会面对面接触美国人，包括他们的先遣人员、技术人员、安保人员、媒体记者和多批美国政府高官率领的前站人员。我感到他们对中国充满“神秘感”和“饥渴感”。我注意到，几乎所有来访的美国人对中国、中国人和中国的文化传统都显示出浓厚的兴趣。他们对能来中国惊喜万分、新奇万分。好几次发生了这样的事：有人把餐桌上的筷子、卧室里的衣架、客厅里的香烟悄悄地“藏”起来，带回美国去；有的到商店购买中国瓷瓶、邮票、扯铃；还有的幽默地说，这次回美国后不准备吃饭，饿到下次来中国时可以多吃一些中国菜。这些“小事”通过我们的简报很快传递到中央。有一天，我们按中央的指示，向美方每人赠送5公斤糖果。他们手捧礼盒，高兴得跳起来，激动地说：“我们到过世界上许多国家，从未受到过像中国这样热情的接待。”不少人临别时说，耳闻不如目睹，中国将长久地留在他们的记忆中。从中我懂得了与美国人面对面交流的重要性。

在此期间，美国新闻媒体与中国普通群众也开展了对话，以此了解中

← 1972年，尼克松总统在周总理陪同下与中国群众和小朋友交流。

国的社情民意。他们到处猎取中国的信息，包括中国人的房租、工资、交税、退休、食堂、菜场、储蓄等等。到郊区，还闯进农民家的厨房，掀开锅盖看看做的是什么菜。有一批美方人员在参观工人新村时问一位老妈妈："你是否欢迎我们美国人来访问？"老妈妈笑着说："当然欢迎。解放二十多年了，现在的上海同旧社会已经大不一样了，你们是该来看看啦！"一批美国记者

↑ 美国总统尼克松访华打开了中美跨文化交流的大门。我1982年首访美国，受到众多新老朋友的欢迎，图为在明尼苏达州与美中友协朋友们合影。

↑ 1982年在美国中西部进行家访。

↑ 1987年，在田纳西州那什维尔市访问时与房东父子合影。

↑ 1987年在加利福尼亚州与老朋友杰克夫妇重逢。20世纪40年代杰克在中国西南地区当"美国兵"时曾受到毛主席、周总理接见，此后长期从事美中友好工作。

在参观一家工厂时问主人："你对这次中美会谈有何看法？"主人答道："世界形势变化了，看来美国政府对中国的政策也有些不同了。这些会谈是好事，但我们还要看美国今后怎么做！"不少美国记者说，在采访中，他们深感"中国人的信念、自尊和对政府政策的信任"。

尼克松总统访华以后，中美民间越洋交流蓬勃开展。我接待了大批美国访问团组，并在此后的若干年中，进行了三次以"了解美国，宣传中国"为主题的跨文化之旅。尼克松访华后的四十多年间，我见证并参与了大量中美跨文化交流，认识到这种交流已成为推动中美关系发展的重要基石和动力。

（二）20世纪80年代，中国对外开放，地方外事、民间外交非常活跃。通过与各国民间团体的交流，做争取世界人心的工作，让国际社会更多地了解中国，让世界上更多的人成为中国的朋友，意义重大。

我亲眼看到许多外国民间人士通过与我们的交流，增进了对中国的了解，改变了对中国的态度。

民间外交中与一些高端人物、社会名流开展跨文化交流，产生了较大的社会影响。1988年，我们接待了具有全球影响的美国基督教福音派传教士贝利·葛雷厄姆。他在上海最有名的三大教堂里为三千余名上海基督教徒布道，还接受了10家新闻机构的采访，与十几位学者座谈，先后受到三任上海市市长的接见。朱镕基同志在就任上海市市长的当天会见了葛。

← 1993年在华盛顿受到曾经访问过上海的朋友们的热情款待。

↑ 民间外交中与一些高端人物的交流产生了较大的社会影响，美国宗教领袖葛雷厄姆是其中之一。图为1988年葛雷厄姆（右一）访问上海时与前市长汪道涵同游黄浦江。

↑ 1988年，朱镕基市长接见葛雷厄姆。

一见面，朱镕基就风趣地说："今天是决定我命运的日子，下午，我还要去人代会发表演说，希望你为我祈祷。"他的幽默使在场的外宾都笑了起来。葛雷厄姆谈到，当今世界需要一种道德和精神上的力量，他认为，这种力量来自上帝。他说，上海正准备腾飞，他相信，宗教在这方面会给予上海人民有力的支持。朱镕基同志笑着说："你相信基督，我相信马列，中国大多数人也相信马列。我们要以马列主义的力量来动员人民，使上海腾飞起来。在以往的工作中，我们与美国经济界人士合作得很好，实践证明了信仰马列的与信仰基督的合作得很好。"我饶有兴趣地品味着美国宗教领袖与我们政府官员的对话，作为上海市民，我对自己的市长在对外交往中显示的积极、开放、敏锐、幽默，以及他在领导振兴上海大业中的决心和自信感到由衷的敬佩。中国基督教的繁荣和活跃给葛雷厄姆留下深刻的印象。葛对原先认为中国的基督教是"官办"教会的疑问有所澄清，说这次亲眼看到中国的教会已成为具有自己特色的教会。他说："沟通美中人民间的桥梁很多，宗教也是其中之

↓ 葛雷厄姆在清心堂布道。

一，回国以后美国人会问：中国和上海宗教信仰自由的情况如何？我会告诉他们，我去教堂布道，见到教堂里挤满了做礼拜的人。”此后的二十多年间，他每年给我寄来贺年卡，成为与我维系交往时间最长的美国人之一。

↑ 葛雷厄姆在上海接受十余家媒体采访。

↑ 葛雷厄姆及夫人与我和我的同事合影留念。

同一年，美国出版巨子福伯斯一行20人进行环太平洋航行，在上海作短暂逗留。上海市人民对外友好协会是福伯斯此访的东道主。我们在近两个月的时间里做了大量联络和准备工作。根据福伯斯的要求，为120位中外高端政治、经济界人士在他的私人游艇“海伦德号”上开展上层社交搭建平台，并陪同他们逛街、购物、跳舞、谈心。这次接待使他们对中国和上海留下第一印象。福伯斯情绪高昂地说：“现在欧洲和日本的市场都已趋向成熟饱和，而环太平洋国家的经济正在兴起，成为一个巨大的市场，特别是中国的经济正在引人注目地发展。我此行的一个重要的目的，就是要引起美国人和企业界对环太平洋这一日益繁荣的巨大市场的注意。”他说，回去以后，他的杂志要发表关于中国在世界经济大环境中所占重要地位的文章，以鼓励美国企业到中国来投资。福伯斯的儿子和朋友们相继来信说“上海之行好极了”，“感谢你们出色地向我们介绍了中国”，“上海将留在我们心中”。2003年，福伯斯全球行政总裁年会被安排在上海举行，让我深感到十几年前我们第一次接待工作意义之深远。

↑ 1988年，接待美国出版界巨子马尔科姆·福布斯访沪。福热情高涨地说，《福伯斯》杂志要发表关于中国在世界经济大环境中所占重要位置的文章，鼓励美国企业到中国来投资。

↑ 1993年，我与福布斯的儿子克里斯托弗·福布斯在纽约重逢。

（三）1989年春夏之交国内发生了政治风波，国际上掀起一股反华逆流。在中国遭受诽谤和误解的日子里，让世界听到中国的声音，了解中国的实情，重塑中国的形象，成为了地方外事压倒一切的重大任务。我们跨文化交流的主要内容是：揭露事实真相，捍卫国家利益，赢得理解同情，争取更多朋友。

1989年7月，美中友协6位老朋友来华了解“风波”真相。我们考虑到“光新路道口事件”是上海当时最重大的事件，也是海外反华宣传的“热点”，因此选择这一案例为重点，澄清事实真相。时任上海市市长的朱镕基同志亲自会见美国老朋友做工作。同时，让他们亲临现场，会见当事人，与上海市高级人民法院、上海铁路局负责人以及该案的一位辩护律师等专业人士进行长达数小时的座谈，澄清了两大问题：第一，上海并没有发生火车压死卧轨的“抗议者”的事；第二，处决3名纵火犯是依法严惩刑事罪犯，根本不是镇压“持不同政见者”。代表团成员的思想问题解决了，不再忧心忡忡，精神大振地说，来华之前听到的西方有关此事的报道，完全不是事实，今天了解了事情的真相，这是来华后的最大收获之一。他们表示回去后要理直气壮地向美国公众作解释，消除他们的疑问。

我们还充分运用上海的优势，就地取材，向外宾讲浦东开发，谈吸收外资，请他们看经济开发区，逛上海市场，生动具体地向他们展示中国稳定、

← 1989年7月美中友协6位老朋友赶到中国了解政治风波真相。图为上海市长朱镕基亲自接见代表团，与团长帕斯坦纳（左一）交谈。

发展、改革、开放的形象。美国首任驻华大使伍德科克来沪访问时，我们考虑到他的身份、影响以及过去曾从事过工会工作的背景，推荐他参观宝钢、大众汽车厂和上海飞机制造公司等中外合资及大型国营骨干企业，效果极好。伍德科克对朱镕基市长说，从这些企业井井有条、欣欣向荣的情况可以看到中国目前形势很稳定，今后大有希望。他还说，过去的10年，是中国近一百五十年来最为繁荣、进步、稳定的10年，这也符合美国的国家利益。他表示回国以后要向美国决策者进言，敦促他们尽快改善并消除两国关系在政治风波以后存在的问题。

（四）20世纪90年代，中国以全新的姿态伫立在世界舞台上，吸引了全球的目光。上海地方外事全力配合总体外交，接待高端政要，开启上海窗口，展示中国形象。

许多国家元首、政府首脑和政要高官亲眼目睹上海这座城市历史性的变迁，经济的持续高速发展，浦东开发的奇迹，巨大而繁荣的市场，人民生活的改善，现代都市里的民俗和风情，无不为之动情和赞叹。前南斯拉夫总统佐兰·利利奇在了解浦东开发建设和上海渐进式经济改革、引进外资等情况后表示，他钦佩并祝贺中国在推进社会主义市场经济体制，进行经济建设和改革开放中取得的成就。他说："我们欣赏你们奉行的由邓小平倡导的社会主义市场经济的政策。浦东的发展就是你们经济政策正确的最好证明。你们的经验向欧洲和世界表明：中国的模式是成功的。"吉尔

↑ 20世纪90年代，上海地方外事全力配合总体外交，接待高端政要，开启上海窗口，展示中国形象。图为1995年赵启正副市长陪同古巴共和国国务委员会主席兼部长会议主席菲德尔·卡斯特罗参观宝钢。

↑ 1995年，沙麟副市长陪同前南斯拉夫总统佐兰·利利奇参观中共“一大”会址。

吉斯斯坦总统阿卡耶夫说：“在上海参观访问一天的所见所闻，在心里激起一场火山爆发一般的震动。”他在浦东观光之后称上海是“最神奇的地方”，说：“多年来，我们都生活在云雾缭绕的空间里，不期现在中国已进入了一片阳光灿烂的新天地，这不得不归功于你们所选择的正确的发展战略方针，这种方针使中国创造了奇迹。”不少外国元首和高官还亲自出马，为他

↑ 1996年，孟建柱副市长在机场迎接吉尔吉斯斯坦总统阿卡耶夫（左四）和夫人（左三）。

↑ 1999年，德国总理施罗德（右二）在浦东参加中德合资上海新国际博览中心奠基仪式。

们的国家与上海的经济合作牵线搭桥。

（五）21世纪来临，中国和平崛起，吸引全球关注，中外交流蓬勃开展，涵盖内容丰富，规模宏大，参与广泛，精彩纷呈的跨文化交流，使上海地方外事成为公共外交的大舞台，对世界了解中国，中国走向世界影响深远。

2008年北京奥运会和2010年上海世博会这两场史无前例、超大规模的跨文化交流的盛会成为具有中国特色的创世纪的公共外交经典案例。

二、若干课题

外事接待、外事管理、介绍上海、应对问题是我在地方外事的跨文化交流中大量实践和潜心研究的若干重要课题。

（一）接待外宾，感化心灵

外事接待是一种跨文化交流，其对象是来访的外国人。其内涵是通过交流，宣传中国，感化外宾，使他们了解中国，或成为中国的朋友。

接待工作中交流和感化的做法和手段多种多样，最主要的：

1.“看”：事实说话，眼见为实，让外国人信服。

一位美国州长抵沪后通过三个小时的逛街漫步，感叹上海“热气腾腾的一千万人口”是“多么巨大的市场”，坚定了他促进本州与中国和上海开展经济交流的决心。四位美国上层夫人访华之前读了《苦海余生》，对中国充满疑问。在上海提出“上街走走”，“找人聊聊”，在一系列社会考察后说：“《苦海余生》写的是作者对中国的看法，但中国究竟是怎样一个国家和社会，唯有通过自己的观察和体验才能得出结论，现在我们终于得到了对中国的真实感受和美好的印象。”

2.“谈”：对话交流，增进了解，是接待中对外方做工作的最主要的途径之一。

在迎送、陪同、会见、宴请、参观、游览等各种场合，我曾与外宾谈及外国租界、城市变迁、浦东开发、住房交通、环境保护、转岗培训、司法人权、宗教信仰、计划生育、民主自由、中国烹调、民俗民风等等各种话题，增进了外国人对中国的了解和友情。有一次，一位率领代表团正在上海访问的美国老朋友来电急切地要求与我见上一面。他们来到上海市外事办公室楼下的院子里，大家站着谈了半个多小时，主要问及妇女问题：社会地位、同工同酬、离婚率、如何找对象……他们说，在中国旅行的各方面都安排得很好，但没人跟他们谈心，解答他们的各种问题，这是他们急急忙忙来找我的原因。

3.“礼”：“待之以礼，动之以情”是感化外宾的有效手段。

外事接待中的礼宾、礼遇、礼仪既体现了我们的对外政策，也是一种做工作的手段。服务工作是“礼”的重要组成部分，也是无言的宣传和感化。外事工作中的一间房，一桌菜，一出戏，一份礼常常会起到意想不到的作用。当外国元首们离开上海时获赠一本装帧精美的访沪相册、当日本外宾拿到一方刻上他们名字的中国印章、当境外华人品尝“海派点心”和观赏国粹京剧时，我亲眼看到他们惊喜异常，爱不释手，真诚地流露出对中国和上海的好感和深情。

4.“人”：让外国人见物见人，接触群众，观察社会，这被他们视为了解中国的最真实可信的途径。

一批英国记者在黄河路拍摄时，受到群众自发的热情接待，被邀请到居民家中共进晚餐，一位懂英语的老先生自愿充当翻译，餐后双方合影留念，并互留地址。记者们说，这是他们到中国后吃到的最可口的饭菜。过去，一提起中国就会想到“落后”、“贫穷”，但是他们看到的是完全不同的情况，中国人民太友好了。一向话语不多的外方导演郑重其事地说：“我相信，未来是属于中国的！”

综上所述，“看”、“谈”、“礼”、“人”等多元方式在接待中综合并用，能够有说服力、感染力地对外国访问者施加影响，使他们留下有关中国的深刻印象。

十多年前，中国开始申办2010年上海世博会。2002年3月，国际展览局派出了一个由7位成员组成的代表团来沪对上海及我们的申博工作进行考察评估。“推介上海”无疑成为这次接待的主题。他们一再强调，此行的主要目的是听陈述，其他参观活动可以减少甚至取消。我方则认定：“看，是我们的优势所在”，“参观，是最好的陈述”。据此理念，我们精心策划，把“看”、“谈”、“礼”、“人”等做法巧妙结合，把宣传上海渗透到接待工作每个环节之中。三天内在确保考察团听取16个小时的精彩陈述的同时，

← 外事接待是一种跨文化交流，具有高度思想性和艺术性。2002年3月，国际展览局考察团来沪了解上海申办世博会情况。我们的接待工作取得巨大成功。图为考察团在国际会议中心出席陈述报告会。

↑ 国际展览局考察团在浦东新国际博览中心参加植树节活动，感受上海群众对美化城市和申博的热情。

↑ 陪同国际展览局成员逛街购物，体验上海的城市脉搏。

还让他们自然、动态地看到上海的风采，感受到上海人对世博会的巨大热情。

为了让他们感性地了解上海的今昔，我们把第二天的工作午餐从其下榻的宾馆移到附近的东方明珠旋转餐厅。他们在俯瞰浦东浦西的市容时对上海的发展惊叹不已。餐后，他们被引导到楼下喝咖啡小憩，结果咖啡未喝，代表团就被上海历史陈列馆内老上海的风情深深吸引，一直看了一个多小时还不肯离去。第一天傍晚，陈述结束后，暮色苍茫，华灯初上时分，我们把代表团请到外滩和南京路步行街逗留几分钟，璀璨的夜景和熙攘的人流交融，使全团深深陶醉，流连忘返，不时感叹，想不到上海如此美丽和繁华……

为了直观、深刻地阐述"城市，让生活更美好"这个主题，我们把有关世博场馆的陈述搬到浦江游船上。在场馆选址处下船上岸，边听陈述边观景，让考察团成员们理解，中国上海申办世博会与我们城市的建设和发展、人民生活的改善息息相关。团长赛雯说，到了现场，我们才真正理解为什么上海人民对申博如此支持；看到今天的陆家嘴，我们坚信2010年上海举办世博会的规划一定会成为现实。

为了让他们了解上海广大群众对申博的热情和支持，我们放手让他们接触中国百姓和国际友人。在3月12日第一场陈述休息期间，考察团被邀请到附近植树节的现场。数千群众齐心协力，美化城市的壮观景象给他们留下了难忘的印象。进才中学在接待考察团时，全部由学生"当家作主"，在短短一小时内，考察团看得生动，谈得活跃，上海青少年对世博会的了解、渴望，获得外宾一致好评。

3月14号晚上，在新天地举办了一场别开生面的晚宴。操办、参与的全部是在沪的国外、境外的企业家。他们从各自的经历出发，用自己的语言告诉考察团对上海的感受和对申博的支持。香港瑞安集团董事长罗康瑞说，他对中国上海申博的看法基于两点，一是这里有巨大的商机；二是出于对这块土地的热爱。考察团在新天地街头漫步时，不断有外国人和中国人上前与他们打招呼和简短交谈，表达希望上海申博成功的愿望。这种情景使考察团深为感动。黎巴嫩代表胡拉维说："我们在上海所见到的没有哪个国家能做到，这里的男女老少、各行各业、中国人、外国人都是一条心地干，这样事情就办成了。我们亲眼看到中国和上海发生的一切都是真实的。"德国代表说："每天在会议室里听陈述感觉不到城市的脉搏，今天在这里看到上海人真正的生活和城市的活力！"

"礼"在这次接待中发挥了重要的作用。人性化的服务在接待工作中显示了独特的魅力。当了解到考察团对传统的中国文化、服饰、中医中药和工艺品等很有兴趣时，我们请服装师、中医专家"上门服务"，为他们量制唐装、号脉咨询，并为每个人刻制了中国印章。礼品的选择完全"个性化"了，当他们看到中国刺绣把自己的肖像勾画得如此惟妙惟肖时，每个人都拍案叫绝，兴奋之极。这些人性化的服务均在见缝插针之中无声无息地进行，但却成为上海与考察团乃至国展局亲密关系的粘合剂，同时生动地传播了中国文化，展示了上海的形象，起到了一般的宣传方式起不到的作用。

经过4天的接待，考察组不仅了解上海，认可上海，而且感受上海，热爱上海。他们称上海这座城市"充满活力，积极向上。不仅有经济实力，而且有人格魅力"。秘书长洛赛泰斯表示对上海申博持乐观态度。他说，我们会用自己的语言和方式把上海的信息向88个成员国传递，希望通过上海申办成功来振兴世博会本身。代表团评价上海的接待工作"完美无缺"。团长赛雯说，我们保证要尽最大的努力把在上海的所见所闻传达给国展局的成员国。在告别晚会上，她喊出了"上海万岁"，表达内心的激动和全团的心声。

← 国际展览局考察团在外滩感受上海的活力与繁荣。

（二）外事管理，寓于交流

外事管理中包含着大量跨文化交流，其对象是常驻上海的外国人，包括领馆官员、外国记者、外籍专家和外国企业家等。寓外事管理于跨文化交流之中，成为我在实践中探索的重要课题和上海做外国领馆、媒体工作的一大特色。

我们在做好依法管理的同时，十分重视对外方的沟通、宣传、交流、服务等工作。如：每年为各国总领事馆和常驻上海的外国媒体安排市长见面会，使他们能够与上海高层领导对话；组织有关上海经济发展、城市建设、知识产权、金融改革、社会保障、民政福利、艺术节、深水港、大学城等等他们所关心的热点问题的情况介绍会，提供具有权威性的信息；组织“上海领团西部行”，邀请他们去云贵高原、丝绸之路、甘南藏区、新疆边陲等地旅游，了解我国西部开发、宗教和民族政策以及文化遗产的保护等，受到广泛的欢迎。我积极参与大量社交活动，与领馆人员和外国记者开展宽松的人际交往，甚至交上朋友。

所有这些跨文化交流的努力成为了提高管理成效和水平的一大要素。常驻上海的外国媒体有关中国、上海的报道基本上是客观的、积极的。各国驻沪领事馆对中国和上海的关注和热情与日俱增，不少总领事在离沪时恋恋不舍，称在他们长期的职业生涯中，上海的经历终生难忘。荷兰总领事夏旭衡每次回国必谈上海，被称为“上海先生”。新西兰副总领事英格里希说，离开上海以后不仅要继续为增进新中关系而努力，还要用亲身经历向不了解中国的人介绍中国和上海，成为中国派驻海外的“宣传部长”。爱尔兰总领事基廷卸任时表达了一生追随上海的感言，他说，离开上海很遗憾，但有一点可以肯定，那就是：即使远隔千里，我也会带着兴趣和偏爱追踪上海这座城市和她的人民的故事。

↑ 寓外事管理于跨文化交流之中，成为上海外国领馆和媒体工作的一大特色。图为2008年各国驻沪记者踊跃参加上海市人民政府记者招待会。

↑ 在外国领馆管理工作中把公务合作与人文交流相结合，使各国领事官员对中国和上海的关注和热情与日俱增。图为1998年在国庆招待会上我与澳大利亚、意大利、丹麦、瑞士等国总领事及夫人合影。

↑ 2001年，我和市外经贸委张伊兴副主任与捷克总领事伊莱克在捷方举行的招待会上一起切蛋糕，庆祝捷克国庆。

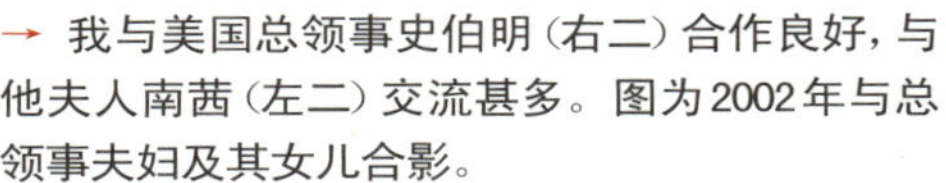

→ 我与美国总领事史伯明（右二）合作良好，与他夫人南茜（左二）交流甚多。图为2002年与总领事夫妇及其女儿合影。

→ 在奥地利总领事温伯格女士（左三）家中与古巴、日本和比利时等国总领事亲切叙谈。

（三）介绍上海，国际关注

几十年来，我与外国人交流的话题可谓成千上万。绝大多数的外国人共同感兴趣的一个题目就是上海这座城市本身。外籍人员，境外同胞，无论是政界的，还是文化界的；无论是老朋友，还是新朋友；无论是对中国有好感的，还是存在较多疑虑的，他们一到上海，经常会问：上海过去的租界在哪里？浦东的方位在哪里？上海的建设资金哪里来？上海高速发展的秘诀是什么？上海是否会取代香港的地位？……上海已成为一座吸引全世界目光的城市，也成为上海地方外事中对外宣传和交流的最重要的题目之一。

“宣传上海”的基础是“解读上海”。我发现，外国人普遍对上海有兴趣，有好感，主要集中在三个方面。

一是城市的历史沧桑。在中国近代史上，上海历尽外国列强宰割的屈辱，也闪耀着革命传统的光辉。外国“租界”、外滩金融街、中共诞生地、二战时犹太难民的聚居地……上海百年的历史印记是外国人一到上海就想看的地方，就想听的故事。他们称上海是世界上绝无仅有的西方与东方，历史和现代相结合的城市。

二是城市的发展与变迁。上海日新月异的发展变化，充满生机和活力的景象，使一些曾经到过和从未到过上海的外国人都“惊呆”了，不知自己置身于何地。相隔多年，旧地重游的人感叹上海“面貌已变，灵魂犹在”。许多人说，从未见过世界上有哪一个城市的发展像上海那样的快。有的甚至说上海的高速发展让人产生“惊心动魄”之感。

三是城市的人文精神。上海作为东西文化的交汇地，接受多元文化的影响而显现的热情、友好、开放、时尚的特点和海派文化的包容性、亲和力，成为了上海的独特魅力。不止一个外国人说，上海的城市景观、无限商机固然吸引人，但最令其着迷的是上海的“人”，来到上海，“有到家的感觉”！这些评论

↓ 在对外交流中，上海这座城市本身是国际社会关注的重要课题之一。图为2001年3月我接待古巴外长佩雷斯，向他介绍上海新发展。

→ 1994年 徐匡迪市长（左二）陪同葡萄牙总理席尔瓦（左四）参观杨浦大桥。

让我为自己的城市自豪，同时认识到上海的“实力”、“活力”和“魅力”是她如此引人关注和喜爱的原因之所在。

我对外介绍宣传上海的基本模式有三种。

第一种可称“情景式”。这种宣传总是与外宾活动的场景紧紧结合起来的。例如，客人一出机场，车子上了高架路，许多外宾对眼前四通八达的交通网络和高楼林立的广阔空间惊叹不已。这时，我就从上海的高架路体系谈起，向他们介绍十多年来上海开发浦东，改造基础设施建设，并由此谈到整个城市的巨变。我陪同外宾在外滩和南京路漫步时，向他们介绍黄浦江的历史和19世纪三四十年代上海作为远东金融中心的往事。外宾的车子驰经淮海路、衡山路、延安路等处时，我向他们介绍上海租界的历史，上海曾蒙受的屈辱和她光荣的革命传统。外宾游览城隍庙时，我着重介绍上海的“海派”风情和上海的市场、人民的生活和上海的美食等。

2001年，古巴外长佩雷斯访问上海。在机场至宾馆的路上说，他1995年来访时，印象最深的是上海有许多工地。我说，当时约有两万个工地，有人统计世界上17%的吊车都在上海。他问1995年以来上海有什么大的变化和发展。我说作为上海的本地人，我感到变化最大的有三个方面：一是通过大规模的市政建设，市容市貌大为改观，地铁、高架、桥梁、隧道等已在上海形成立体交通网络；两千六百多幢高楼拔地而起。二是住房紧张得以缓解。十多年前，市区每人平均住房面积为4—5平方米，现在已扩大到10

平方米，在近十年中，已建了8000万平方米的住房，现在，还在以每年1200万平方米的速度建造。三是大气和水质的污染得到了明显的改善。上海人民的生活已步入小康水平，去年人均GDP4180美元。他说，这个数字很高，现在古巴仅1000美元。我说，中国的发展是不平衡的，全国的平均水平为800美元。他问失业情况，我答4%左右，还有十几万人动态下岗，政府正在组织职业培训。外长对一到上海就得到有关这座城市的大量信息十分满意，认为是此次访华的一大收获。

第二种可称“借题发挥式”，即把“上海”作为交流话题和做工作的切入点。如在接待一些西方国家人权代表团和与涉台斗争有关的国家外交官时，我把介绍上海与谈人权结合起来，避免了政治敏感性，也符合自己的身份，同时具有很强的说服力。2000年12月，我在宴请泰国人权代表团时向他们描绘旧上海在西方列强入侵之下，划分成“租界”，形成“国中之国”的情况。说明当时中国人处于屈辱的地位，绝无人权可言。谈到十年来上海的市政、交通、住房、环境等涉及百姓切身利益的问题得到极大改善时，说明政府为老百姓谋利益，使人民安居乐业，不断提高生活水平，这是中国人认为的人权的重要内容。在谈到上海面临的问题时，举出两个“一百万”的例子，即一百万人从市中心搬迁，一百万工人下岗后再就业，说明解决这些问题本身就是中国政府尊重、维护人权的有力证明。这一介绍满足了外宾对了解上海的要求，也表达了我们的人权观，能为外方接受。该团团长拉萨娜占通·劳哈攀说，上海的例子很有说服力，使代表团对中国社会的发展以及人民的生活和人权状况的改善留下了深刻的印象。

↑ 1993年，我陪同捷克总理克劳斯和夫人夜游黄浦江，介绍上海的历史和新生。

↑ 1992年，赵启正副市长向荷兰外宾介绍上海。

第三种可称“简介式”。指相对全面、完整地告诉外国人上海是怎样一座城市。事实上，这是一个难题，因为外国受众的情况很不一样。有的对中国基本上一无所知，如上世纪80年代，我在美国的密西西比河畔访问，当地的黑人朋友问到上海的情况，我一时不知从何谈起，因为有些人之前从未听说过上海这个城市的名字；有的对中国的了解程度处于“ABC”阶段，曾有外国人问，到上海后去浦东是否还要乘飞机；有的没有很多时间听介绍，如在宴会上交谈时间很有限；还有一些外国人没有“耐性”，特别是美国人和新闻记者……带着这个问题，我通过各种途径进行学习和思考。

市领导会见外宾时对上海的介绍成为我重要的学习机会。上世纪90年代，时任上海市副市长的赵启正同志会见一批南美外宾，因时间有限，他用最简洁的语言向客人描绘上海的轮廓和特征：上海的面积占全国的6‰，人口占全国的1%，而其财政收入占全国的12%，起到了中国经济支柱和火车头的作用。他言简意赅的介绍给外宾留下深刻的印象，也给我很多启示。

我还从外国人对他们的国家和城市的介绍中学到很多有用的东西。荷兰鹿特丹市佩珀市长在90年代初访问上海时曾用一组数据来凸显鹿市港口的实力，令我难忘，深切感受到简洁的力量。

之后我产生了一种简介上海的思路和框架，即介绍上海的基本稿，用五句话来描绘上海：A big city (人口和移民众多的城市)、An old city (历史悠久、文化多元的城市)、A key city (经济发达、地位重要的城市)、An open city (国际化的对外开放城市)、A new city (发展面貌日新月异的城市)。每一部分视需要和时间许可，充实各种材料和数据，可以介绍得充分、详尽，也可以谈得概括、简要。

2001年7月，我出面宴请香港高级记者内地研讨团。席间，我用上述五句话为标题，发表了一篇有关上海的“微型”演说，引起记者们的极大兴趣。大家纷纷放下筷子，拿出本子作记录，还围绕这些方面提出了许多具体问题与我对话，气氛十分热烈。该团领队“香港明天更好基金”执行总裁袁金浩先生欣喜地读出五句话的第一个英文字母的谐音，拼成BOKON，称上海是座“宝港”。

这样的简介之所以受到客人的欢迎，主要原因也许在于：精准、简洁、个性化，即用自己的语言，概括上海的主要特征，篇幅短，材料实，记得住，耳目一新。

（四）应对问题，解惑释疑

应对国际社会有关中国的各种问题是外交、外事人员重要的任务和必备的“本领”。20世纪80—90年代，我进行了三次以“了解美国，宣传中国”为主题的访美之行。踏上美国的土地，进入美国公众的汪洋大海中，美国人向我提出有关中国的问题铺天盖地、五花八门，让我大为震惊，“不得安宁”。

澄清、回答外国人有关中国的各种问题是一种“说理说服”的工作，其成功的关键首先要有正确的政治立场和观点，同时还要“能言善辩”，特别要努力达到“抓住要点”、“论述充分”、“简明扼要”这三个基本要求。实践证明，有观点、有事实、有数据、有个性的谈话对外国人最有说服力。

↑ 应对国际社会有关中国的各种问题是外交、外事人员重要的任务和必备的能力。图为1982年访美期间，与美国朋友谈论有关中国的热点问题——计划生育。

自1982年我首次访美起，经常被国外公众问到的一个问题是中国的计划生育，特别是独生子女政策。综合分析，他们的主要疑问有三：一是认为我国采用强制手段推行节育措施；二是担心若干年后此政策形成严重的社会后果；三是认为这是一个侵犯人权和自由的问题。为此，我在宣传中抓住三个要点：① 以上海为例，说明人口问题在中国的紧迫性，说明计划生育得以在中国实施根本上不是靠强制，而是靠大多数中国人对此政策的理解和支持；② 说明计划生育是我们的基本国策，而一对夫妇只生一个孩子是我们为了在20世纪内把人口控制在12亿左右而实施的一项具体生育政策，它不会永久不变；③ 列举独生子女政策的若干具体规定，

↑ 1987年，与美国妇女界讨论有关中国妇女的问题。

说明其合理性、可行性。一位美国社会学家说：对中国的独生子女政策，西方人批评甚多，认为是侵犯人权的做法。我答：西方人疑问多并不奇怪。首先，他们不是生活在中国，不能体会人口问题的紧迫性。在上海，我所接触到的绝大多数人对这项政策能够接受，因为大家都亲身体验到人口过多给国家、社会和个人带来的问题。当然，迄今有些诸如“重男轻女”、“多子多福”的观念在中国，特别是在农村和边区仍很盛行。对此，我们主要靠说服，也有物质上的奖惩，但主要靠的是理解基础上的自愿，而不是强迫和处罚。第二，西方人并不了解我们的政策还有一系列的具体规定，如：独生子女残疾或有病，可生第二胎；夫妇双方都是独生子女的可生第二胎；夫妇一方系再婚，并已有子女，另一方初婚，可以生育；五十多个少数民族不实施独生子女政策等等。该社会学家对此番说明甚为认同，说很能解决她的问题。

三、必备能力

沟通对话、人际交往、涉外社交、礼宾宴请是外交外事活动中跨文化交流的主要形式。因此，外事人员必须具备对外交谈、交往、交际的能力和基本功。

（一）交谈的学问

1. 话题选择，因人而异，切忌“以自我为中心”

20世纪90年代，我在参与接待高层次外宾时，曾积极开展“夫人外交”。与这些国籍、经历、年龄、性格各不相同的夫人们交谈，话题是丰富多彩的。捷克总理克劳斯的夫人是经济学家，我们谈论的主要内容是国际政治、经济热点和捷克国内私有化、通货膨胀和失业率的问题。俄罗斯总理切尔诺梅尔金的夫人是一位多年操持家务，养育子女的“贤内助”，家庭、孩子、烹饪等自然成为我们交谈的主题。乌拉圭东岸共和国总统路易斯·拉卡列的夫人对中国文化情有独钟，我们谈的是中医中药、针灸治疗、秦兵马俑、桂林山水、长江三峡……文莱苏丹哈桑纳尔的夫人当过“空姐”，时尚新潮，我们既谈黄浦江和上海的故事，也谈珠宝玉器、中国工艺。乌干达总统穆塞韦尼的夫人关心妇女问题，我在品茶时谈到中国的“减肥茶”，她介绍了乌妇女普遍肥胖、饮食结构、生活方式等方面的问题，表示要以中国为榜样，为乌妇女摆脱贫困、改善生活、提高文明而努力。

交谈话题应选择外国人感兴趣的或与对方有关联的，切忌“以自我为中心”。有一次，上海某区领导会见一批外国总领事。由于他曾去过奥地利开展技术交流，见了奥驻沪总领事便滔滔不绝大谈在奥地利的见闻和经历，结果尽管主人谈兴很浓，场面却很冷清。原因是：① 话题多属于其个人熟悉的，没有引起别人的兴趣和参与；② “一言堂”式的谈话，令外国人没有机会发言；③ 只对少数人谈话，忽略了在场的其

← 交谈是跨文化交流的主要形式之一，含有很多学问。图为2001年在美国企业界举行的晚宴上与美国总领事夫人南茜（中）等人交谈。

他人。

2. 内容详实，话无虚词，杜绝说教

2001年10月，时任上海市委副书记的罗世谦同志出访欧洲，为中国申办2010年上海世博会做宣传。他在各种场合谈话和回答问题时都提供了大量具体的实例和数据，很有说服力。

在拜访瑞士、奥地利、丹麦等国主管世博事务和投票决策部门负责官员时，他们都提出不少问题，如上海比其他申办国家的城市有什么竞争优势，上海民众对申办世博的态度，上海对环保问题有何考虑，尚有哪些不利因素等等。

罗书记说：参观（世博会）的人数有很大优势。我国13亿人口中，上海周边共3.8亿，加上逐年增加的国外人士来上海，预计参观人数不少于7000万。此外，我们的经济实力有保证，上海发展快，潜力大，市场大。在过去10年中，为发展城市，共投入1.4万亿美元，上海的基础设施建设形成了相当的规模。关于民众的支持率，据在50个城市的调查，89.4%的人认为中国有必要申办世博会；网上民意调查显示94.4%的人拥护。目前，正在群众中普及世博知识，500万人上网学习；400个企业、社区、学校参加各项有关申办世博的活动，近期将在上海电视台举行知识竞赛及颁奖仪式；100所大学将举行万人签名活动，支持申办。当外方问及世博场馆选址时，罗说：调整后的场地在浦东黄浦江沿岸，原来是工厂、仓库和民居混杂的地段。上海市政府多年来一直希望通过举办大项目来加大旧城区改造的力

↑ 2002年，上海市委副书记罗世谦（左二）在访问西欧时以翔实的内容回答外方有关上海申博的问题，获得广泛的好评。

度，将世博会场址放在这里，可以促进这个计划的实施，对该场地在世博会后的继续利用也做出了规划。同时，我们在世博场馆建设中将对有价值的建筑予以保护。至于不利条件主要是环保、绿化等方面还需努力改善。2010年我们将投入1500亿美元用于治理环境。

这些说词内容翔实，含金量高，无虚话，有事实，有数据，有观点，切实回答了对方的问题，受到外方的高度评价。他们对中国政府为申博所做的努力表示赞赏，认为这样的讨论对他们进一步了解中国申博情况很有帮助。丹麦贸工署署长克雷兹齐莫说，他本人曾于1994年、1999年两次访华，看到上海，特别是浦东的巨变十分震惊，上海是承办世博会的好地方。

3. 提问对话，与外国人互动，不搞“一言堂”

对外交谈，除了宣传自己，还要了解别人；除了自己谈，还要让别人谈；除了回答问题，还要问别人问题。与外国人交谈时提出一些有意思的问题，能起到多方面的作用。

(1)“投石问路”，了解对方的兴趣和疑问，找到合适的话题。2001年7月，我出面宴请斯洛伐克新闻代表团。宴请一开始，我先提问：在上海活动半天后有何印象和感受？记者们谈了许多赞扬上海的话，有人表示很有兴趣了解老百姓生活的变化，也想了解妇女的情况，包括她们的生活、工作、家庭、婚姻、报酬等，团长问到有关社会福利和保障问题……他们的回答使我找到了谈话的切入点：谈上海妇女问题、民生问题，进而介绍近十年来上海经济和社会发展的总体情况。

(2) 开展互动，调动外国人参与交流的积极性，增进了解和友谊。2002年8月，我被安排出面宴请一个过境的日本外务省官员代表团。该团访华行程中未包括上海，当时由外地飞抵上海，稍事逗留后由此出境。如何吃好这顿饭似难度颇大，原因是：时间太短，仅45分钟；对象陌生；自己对日本工作经验相对较少。我采取的对策是，首先，找到双方的“关联点”，也就是客人的兴趣点。当我谈到30年前参与接待日本首相田中角荣，30年以后赴日访问的情景和感受时顿时全团兴奋起来。我在介绍自己和上海外事办公室的同时，请他们介绍各自在外务省的工作，“同行”交流，发言踊跃，气氛热烈，情绪高涨。双方的了解得以增进，一群“陌生人”变成了朋友，午餐结束时还意犹未尽，大有“相见恨晚”之意。

(3) 了解外方，宣传自己，使交谈持续深化，起到真正的交流作用。徐匡迪市长在会见外宾时经常根据外宾的情况提出一些有意义的问题，自然地形成交流的局面，既有利于做对方的工作，也有益于了解别国的情况和经验。2000年4月，他在会见瑞士航空公司董事长格茨时说：瑞航两任董事长都不是学航空出身的。您是学化学的，是有机化学博士，下一任董事长是学新闻和文学的。你们在考虑董事长人选时为什么不选一个搞航空的，或者是搞工商管理的？我很想了解这里面的"秘密"。这是一个非常有意思的问题，对方的回答也是很发人深思的。格茨说，学校的教育以及之后所受的培训在人的一生当中起到了非常重要的作用。但比这种教育更为重要的是这个人的个性和品格。也就是说，他是不是能够很好地与人沟通，开展合作，能够作为团队的一员来发挥作用。因此可以说，这是我们更加看重的标准，这比一个人所学的专业更为重要。这个回答的确道出了瑞方企业用人的"秘密"，而这种用人机制是他们成功的因素之一。这样的交谈是一种有益的交流。

↑ 1996年，我与吉尔吉斯斯坦总统阿卡耶夫的夫人在宴会上讨论中吉交流。

↑ 1999年出访俄罗斯符拉迪沃斯托克时，与市长亲切交流。

4. 倡导"个性化"交谈，避免"程式化"语言

用自己的语言，表达自己的想法，往往给人留下坦率、真诚、可信、可亲的印象。上世纪80年代第一次访美令我大开眼界，美国人常常问及："你对美国印象如何？"我说，美国最令我喜欢的东西有：四通八达的高速公路，宽敞舒适的住房和装备了各种现代化用具的厨房。我开玩笑地说，我甚至想带一个美国厨房回家，因为对我这样永远感到时间紧迫的职业妇女来说，它太诱人了。有些人问："你最不喜欢美国哪些东西？"

我告诉他们，我对美国有些现象，如：家庭解体，种族歧视，青少年吸毒、过性生活、生孩子等深感困惑……这种“中国人眼睛里的美国”引起了人们极大的兴趣，我的坦诚，博得人们的好感。许多新老朋友竞相与我交流，应其要求，我介绍了中国的公路、中国人的住房和厨房，中国人的家庭和婚姻等等。

5. 观点分歧，坚持原则，讲究策略，求同存异

1994年，时任上海市委书记的吴邦国同志接待由美国民主党参议员博伦率领的国会议员团，当宾主双方都谈到中美关系的重要性，要推动中美关系的改善和发展时，访华团内突然有人援引美国刊物所谓中国“军售”问题的报道称：如果中国向第三国转让杀伤性武器，势必会影响美国对中国的最惠国待遇，还说“如果说人权标准各国有差异，还有弹性的话，那么美国国会对于武器扩散是一定盯住不放，决不做让步的”。吴邦国同志严正指出，在军售方面，中国一向持严肃态度，是对国际社会负责任的国家。中国出售极其有限的防御性武器，完全出于接受国为维护本国独立、安全的正当防御能力的需要，有助于所在地区的和平、安全和稳定。现在美国每年军费开支3000亿美元，一直是世界上最大的武器出口国，而中国的军费开支只相当于60亿美元。正像国际舆论所指出的那样，现在在不少问题上有些人对自己所做的事情“闭着两只眼”，对有些国家所做的事情是“睁一只眼闭一只眼”，而对于另一些国家所做的事情正如你所说的，“盯住不放”，“睁大眼睛，指手画脚，说三道四”，这是国际关系中极不正常的现象！吴的反驳有理有力，使对方哑口无言。

2000年4月，美国驻华大使普吕厄专程来沪要见徐匡迪市长，他想谈的问题是希望上海在明珠线建设中使用美国US&S公司的信号系统而不要用法国公司的技术。在此之前，美方已多次与我交涉，说我方特别照顾法方，竞争不公平等等。总而言之，大有不达目的誓不罢休的味道。

徐市长对“公平”一事作了一些阐述。他说，太平洋上没有风浪是不可能的，市场上也没有“绝对”的公

↓ 1994年，上海市委书记吴邦国在招待会上会见外宾。

← 2000年4月，徐匡迪市长会见美国驻华大使普吕厄（左二），交谈有关我方轨道交通建设中使用外方技术的问题。

平。如果我们过分注重一些个别现象，将不利于双方关系的发展。如上海科技城这一项目，当时我们从招标公司了解到几家竞标公司的情况都差不多。但考虑到克林顿总统亲自支持美国公司参与这一项目的竞争，我们做了一些工作，强调了美国公司的优势。最后，这一项目给了美国公司。徐市长针对美国公司在来信中对法国公司的不客气的指责说，现在比赛还没有结束，如果最后法国公司确实无法履约，技术上确实不合格，我们会进行索赔，但现在就说他不行，是否为时过早。最后，徐市长网开一面，使对方看到希望。他说："我想US&S公司可以后发制人，因为我们后面还有十几条地铁和轻轨线要建设，机会还很多。"

（二）交往的哲理

语言交谈并非跨文化交流的唯一形式，联络沟通、工作接触、社交活动和各种情况下的"待人接物"等，同样在交流中起到正面或负面的作用。我把这些都纳入"对外交往"的范畴之内。对外交往可以说是与外国人打交道的总称。

对外交往成功与否，取决于我们是否能遵循一种可取的"交往之道"。"求同存异"这四个字告诉我们，寻找共同点，回避分歧点是对外工作的重要原则和策略，也是中外人际交往的"成功之道"。共同点、融合点在哪里？我的体会是，作为社会的人，中外人士都希望受人尊重，被人赞美，得到帮助，个性交往，生活情趣……这些就是一些明显的"融合点"。抓住这些共同点，就能融合，交流就成功。从这个意义上来说，中外人际交流中，确有一些"得人心之举"。

1. 尊重他人：交往的基础

尊重别人是人际交往的基础，对具有不同文化背景的人与人的交往尤为重要。我接触到有些外国的高官政要，平易近人，态度谦和，颇得人心。2001年4月，我接待了马尔代夫外长贾米尔，他是一位资深的政治家，在国内具有很高的地位。在从机场到宾馆的途中我向他介绍上海情况，特别是近年来的发展。他听得很认真，还提出了一些问题；我也问了随着全球气候变暖，马尔代夫地平面不断下沉以及马尔代夫人口平均寿命与生活方式的关系等问题，他同样认真地一一作答。在与市领导会见时，他称赞中国是一所从中可以学到很多东西的学校，为发展中国家做出了极佳的典范；还特别提到上海的接待工作十分出色，说从机场到饭店的路上我向他介绍了许多情况，并回答了他提出的每一个问题，简直"像一本书"。这显然是一种很得体的致谢方式。离沪时他与所有工作人员握手道别，包括为他服务的汽车司机，以此向别人表示尊重、赞赏和感谢。他的谦和、平易和教养，给人留下深刻的印象，使我对他本人和他的国家产生了好感。

2. 礼待他人：相处的要素

"礼"的内涵是体现对别人的尊重、友善和关爱。"礼"是构建良好人际关系的基本元素。在日常交往中，态度热情，招呼问候、微笑待人，赞美他人等都是"礼"的表现，不容忽视。

微笑具有"魅力"，表达了对别人的友善态度，也塑造了本人美好的形象。我接待过的不少外国代表团人员说："永远忘不了你的灿烂笑容，你的微笑外交，征服了我们的心。"许多外国总领事都说："你总是笑容可掬，让看到你的人心情愉快。"一位远在密西西比州的美国老人与我初次相遇、交谈后说："原来中国人爱美爱笑，中国人的微笑很美，我自己是缺乏笑容的人。"

赞美是指发现并赞赏别人的长处，而不是阿谀奉承。它起到了表达好意，亲近对方的作用。希望被认同，被欣赏，被赞美是人类共同的天性。恰当地赞美可拉近与对方的距离，成为人际关系的"粘合剂"。

我对英国总领事苏保罗印象颇佳。他上任伊始，大干实事，首先要求领馆人员以微笑服务树立英国的形象。他本人也显示了英国人的一种新的形象：穿着随便，工作务实，思维敏捷，有敬业精神，与我原来头脑里的"英国绅士"相去甚远。他有一种习惯与我十分相似：经常做工作笔记，记录的事以后会一件件落实。表明此人对工作的认真、踏实。我在自己的工作笔记里记下了这些看法，摘录其中一些段落交由其秘书翻译后转达给他，表达我的赞美。我发现这位总领事得知这些评论之后情绪高涨，工作更加积极，与我方合作更加默契，做了许多促进英国企业来华投资、推动中英金融交

↑ 微笑待人是一种礼貌，也是构建良好人际关系的基本元素。图为1994年我与著名美籍华人陈香梅女士重逢时展露灿烂的微笑。

↑ 赞美是指发现并赞赏别人的长处，起到表达好意、亲近对方的作用。图为我与四国总领事在一起，英国总领事苏保罗（右一）受到我的赞扬，工作积极性更高。

流、组织英国有关方面参加上海重大节庆活动等实事。

3. 服务他人：友谊的起点

接近别人，结交朋友，施加影响，树立形象，可以通过语言，也可以通过服务，这是一种无言，但最有效的手段之一。客观规律往往是“给人以帮助和服务，收获的是信任和友谊”。

2002年，新任以色列驻上海总领事马弈良碰到了一个难题。以色列外交部总司长作为领馆的客人来上海访问，以方要求市外办协助安排上海市领导会见，但此事因故未予满足，使总领事十分焦急。他给我写信，说不久前，上海市领导出访以色列，该总司长负责作出高规格的接待，现在他到了上海，竟然连一个中方的市领导都见不到……我意识到此事对中以关系和对总领事本人可能会有不利的影响，因此对他的信立即作了处理，经汇报市领导和多方协调，结果比他们原来期待的还要好。曾率团出访以色列的杨晓渡副市长不仅会见，还宴请了该总司长，席间气氛特别热烈，总司长情绪很高。总领事感动地对我说：“作为一名新任总领事，我上任以来一直得到你的帮助、理解和支持，你的好意和友情让我十分感激，牢记

↓ 服务他人，常常是友谊的起点。在我与众多外国领事官员的交往中体现了这个道理。图为2003年在以色列55周年国庆招待会上我与以色列总领事马弈良和夫人合影。

→ 我与以色列总领事康雅柏合作良好，建立了友谊。图为2001年与总领事及其夫人合影。

于心。"

4. 包容他人：融通的秘诀

"包容"体现了不同文化的尊重、共存与和谐。上世纪80年代末，我接待了美国著名基督教领袖葛雷厄姆一行并在第二年全程陪同他夫人和女儿们进行了一次私人访华旅行。由于双方政治观点、宗教信仰的不同和中美文化差异，在访问内容及行程安排等方面出现了不少难题。当时正值1989年政治风波的前夕，她们要求参加在北京街头的游行、拜访"地下教会"成员，随意改变原先安排好的活动日程，还动员我信奉基督教等等，使我面临很大压力。遵循求同存异的原则，我对她们始终持包容的态度，妥善处理具有政治敏感性的问题，耐心热情地为其服务。对劝我入基督教一事予以婉拒；对她们在旅途中的种种变动，耐心处置，尽量满足；在生活上则给予体贴入微的照料和服务。我与她们讨论了美国人喜欢哪些中国菜，不喜欢哪些中国菜。有一次午餐时，我为他们预订了春卷、水饺，外加糖醋茄汁和拔丝香蕉，临时又叫了白米饭和紫菜蛋汤，可谓是"美式中餐"，很合她们的胃口，让她们吃得有滋有味，倍受感动。1989年政治风

↓ 1989年5月，我陪同美国宗教领袖葛雷厄姆的夫人罗丝（左二）及其女儿们进行了一次不平凡的访华之旅。面对双方在政治、宗教、文化等方面的差异，我以包容他人、求同存异的精神妥善处置，使旅行取得成功。

↑ 外国领馆人员对公务活动之外的人性化交往印象深刻。挪威总领事魏博称赞我带给他们温暖如家的感觉。图为2001年与魏博在甘肃旅行中合影。

波发生后，她们从美国几次发来传真，邀请我去美国，我说明我永不离开祖国，中国形势稳定。自那时起，葛一家与我的联系维持了二十余年。

5. 人性化：深得人心

外国领馆官员很重视参加政治性、公务性的官方的活动。我发现，他们对非政治性的、非官方的、甚至私人的交往同样感兴趣，甚至很向往。我则视之为接近人、影响人的好机会，不惜费时费力，开展了大量人性化的交往。如应邀去总领事们家做客，在那里参观其家居，"点评"其家宴；农历新年，自己做东，为在上海"过年"的总领事们安排火锅聚会，邀请他们来我家"拜年"，吃我亲手做的饭菜；春暖花开，组织他们去市郊休闲度假，观景聊天……所有这些使他们兴高采烈，留下难忘的印象，甚至变成了"凝聚力工程"。意大利总领事巴隆切利分别时说："由于你的人格魅力和善解人意，使我在上海的生活充满情趣和意义，你和你的城市将作为最美好的记忆留在我心里。"挪威总领事魏博卸任后来信说："离开上海已有三年多了，但是在中国的那些日子时常萦绕在我的脑中。能有机会认识您，并了解新中国，我感到万分荣幸。在您身上我感受到了中国文化的特质，中国人的尊严和热情。您总能带给我们外国朋友温暖如家和亲切舒畅的感觉，这种方式和能力值得称道，但我知道，这不容易做到。"这一切说明，本色自然、人性人情是成功开展中外人际交往的一大要素。

6. 人格魅力，从何而来

"人格魅力"是我在"人际交往"中对自己提出和追求的一个目标。何谓"魅力"？我理解，通俗地说，"魅力"指的是给人以好感和吸引力，并由此让人产生再次与其交谈或交往的愿望。魅力何来？简而论之，礼仪、人品、学识、修养、形象等等都会成为构成"魅力"的元素。

2000年8月，新西兰移民部长德拉米尔（毛利族）访问上海。我直觉他是一颗正在上升、有远大前程的政治新星，也是一个有个人魅力的人。我仔细分析，这种魅力来自于：① 微笑常常浮现在脸上，有孩子般的真诚；② 对见到的所有人都表现出重视和尊重；③ 幽默感。他的幽默感与对中国的友好之情结合在一起。在市领导出面的宴会上，他多次提到毛利人与中国人的渊源关系，说历史的考证显示，毛利人最早是从中国起源，移至美洲和大洋洲的。他们驾着原始的独木舟，从远东的中国到了俄罗斯，穿过白令海峡到了阿拉斯加和北美，然后移居大洋洲和新西兰。因此毛利人到了中国，就像回故乡那样。他幽默地说："你们要当心，说不定，我们会圈一块地，插上旗子说：这是毛利人的领地，可能就是我对面的这幢楼！"

综上所述，我在实践中体会到：那些热情待人、展现微笑，乐于助人、提供服务，尊重他人、摒弃"自我"，包容随和、善解人意，诚实待人、言而有信、具有人情味和幽默感的人在对外交往中是广受欢迎的，也可以说是有"人格魅力"的人。

（三）交际的艺术

涉外社交是具有不同文化背景的人在宴会、招待会、庆典、家访、旅游等多种名目下聚集一起，开展交往的一种方式。在地方外事工作中，"社交"场合极多，有官方的、非官方的；较大规模的，较小范围的；中方组织的，外方主办的等等。如中外方各自举行的国庆招待会、新年招待会、各国总领馆为欢迎本国贵宾来访举行的招待会和各种经贸、文化、美食、旅游等节庆和推介活动，外国总领事们举行的家宴等等。

1. 涉外社交的作用和意义

社交是一种集交际、交谈、交往、交友于一体的跨文化交流。为我们与外方人员提供了相遇、相识、相知、相交的机会。在国外访问时，我体会到，不参与社交活动也就没有与国外公众的人际交往，也就谈不上对外宣传了。我个人对社交和宣传关系的理解是：社交就是让别人认识你，接近你；宣传就是让别人倾听你，相信你。无疑，社交也是你结识、倾听、了解别人的机会。这两者是相辅相成，密切相关的。因此，社交事实上是对外交谈、对外交往、对外宣传的极好平台。外交外事人员应该积极参与社交，学习、善于社交。社交在对外工作中起到的作用和意义不容低估。我在涉外社交场合常常忙得不亦乐乎：一是沟通交流，宣传中国；二是联络感情，结交朋友；三是讨论问题，甚至"商谈公事"。

在社交场合谈工作的情况并不少见。2001年，我与爱尔兰驻上海总领事基廷在多次社交场合酝酿，形成共识，开创了上海市外事办公室干部赴爱尔兰进修英语、开展社会考察的项目，获得很大成功。该项目开展至今，参与的人员不断增加，内容充实，并拓展到上海区县和上海周边长三角地区的地方外事干部当中；该项目还推动了上海与爱尔兰第二大城市科克结好。同一年，我在应邀对加拿大总领事贝思德进行家访时，谈成了上海外

← 涉外社交是跨文化交流的平台。图为1988年访问联邦德国时，与不少萍水相逢的“陌生人”结为朋友。

事办公室派员赴加拿大皇后大学攻读硕士学位的项目。2004年，美国、加拿大、俄罗斯、新加坡、墨西哥、爱尔兰等国代表团应邀出席上海首届国际慈善论坛。此前，对参加论坛的外国代表团的物色、推荐、邀请工作成为我和这些国家总领事们在各种社交场合交谈的重要话题。

2. 涉外社交的规律和特点

如果说，正式的外交礼宾活动具有严谨、周密、细致的特点的话，“社交”似显得宽松自如，不拘一格。人数多少，时间长短，活动方式，参与对象，交流内容等有其多样性和灵活性，甚至表现出“随意性”。有些外事活动严谨和宽松兼而有之。中外国庆招待会虽然是官方活动，程序排定，出席主宾均为官员，但是应邀出席的还有不少是企业家、文艺界和民间团体等方方面面的代表。奏国歌、主宾致辞等主要议程结束以后，活动进入“边吃边谈”的阶段，就是一场大型的社交活动。

对每一位参与者来说，“社交”意味着自己与外国人“面对面”地接触、交流，每个人都在“第一线”当“主角”；每个人都会面临较大的交流空间，也需要发挥更大的“主动性”、“积极性”和“独创性”。

社交的“宽松”、“随意”和参与者的“一对一”、“个性化”带来了另一些“难题”，一是流动性强，特别是在招待会、酒会等场合，交流时间短；二是“陌生人”多，指交流对象不固定，其中有许多人过去并不相识甚至从未见过面，在人多面广的活动中更是如此；三是交流内容常常“无主题”，或者说会涉及众多话题。

3. 涉外社交的技巧和“秘诀”

我的社交“秘诀”是：多选中性话题；运用个性语言；开展对话互动；具备人情幽默；注意仪表形象。这些“秘诀”常常体现在以下方面。

（1）介绍自己，接近对方，善于结交“陌生人”

自我介绍是让别人了解你的好机会。得体的自我介绍能消除别人对你的顾虑，精彩的自我介绍能引起别人对你的兴趣。20世纪80年代，我在美国密西西比州与一群教师座谈时，主持人请在座人员各自作自我介绍。我发现，每个人的介绍颇为个性化，不仅谈及自己的学历、工作，还介绍家庭成员和自己的兴趣爱好。根据这种情况，轮到我介绍自己时，我说，我毕业于师范大学，也曾是他们的同行，在做教师的记忆中最头痛的问题之一是学生的纪律问题（这引起他们的共鸣）。后来，我被调动从事对外工作，为了适应新的工作，我又上了一次大学，学习外语。“文化大革命”中去了农村，后来参加了尼克松总统访问上海的接待。在座有人喜欢养鸟，可称birds person，而我最宠爱的动物是猫，因此可称cat person。这一段自我介绍引起了全体教师的浓厚兴趣，使我在几分钟之内完全被这群教师接受，成为他们当中的一员和此后热烈研讨中的“主角”。

↑ 1994年，在奥地利与社会各界人士友好交流。

↑ 1994年，在奥地利与老人谈心。

（2）谈天说地，选择谈资，学会“闲聊”

一般情况下，社交场合并无固定的话题。原则是不冷场，还要在“闲聊”中多做工作。闲聊的内容可谓海阔天空，包罗万象，大都是文艺、体育、旅游、时尚、习俗等“中性话题”、“趣味话题”、“文化话题”。文化是受各种人欢迎的话题，西方人士普遍对中国文化感兴趣，甚至很崇敬，中国的饮食菜肴、历史传说、京剧国粹、民间习俗、中医中药、姓氏生肖等等都会成为涉外社交中很受欢迎的谈资。我特别注意寻找对方感兴趣的或与之有关联的话题，使交谈个性化并有针对性。

↑ 2001年，访问欧洲时与当地朋友闲聊。

↑ 2000年，陪同周慕尧副市长在我国庆招待会上与前美国总领事腾祖龙及夫人交谈。

1999年4月，法国总领事郁白为欢迎来沪视察工作的法外交部巡视员，邀请我出席在其官邸举行的晚宴。在交谈中摸清对方的身份、来沪使命和个人特点以后，我选择了上海的历史和文化、城市的建筑和管理、他曾任市长的法国城镇的风土人情等为话题，与他进行了有滋有味的“闲聊”；期间还特别对法国总领事馆在上海促进中法文化、教育交流等工作给予积极评价，使巡视员很满意，总领事很高兴。事后总领事告诉我，这位巡视员对上海之行，包括那次晚宴上的谈话和法领馆的工作印象极佳。现今，为紧缩开支，法驻外机构大多面临撤岗减员，而驻上海的法领馆非但不减人，还要增加两个岗位。

2004年6月的一天，我在外国领馆举行的两次招待会上，先后与15位外国总领事或他们的夫人交谈。我对土耳其总领事英卡亚接受我方邀请出席了此前举行的首届上海国际慈善论坛的开幕式和晚宴表示感谢。我印象中，他很合群，且善解人意，容易接近和相处，令与他交往的人感觉轻松。我把这些感觉告诉他，说作为一位外交官，他的这些素养值得我学习。他说，因为我的人品，上海领团内大家都喜欢与我交往。我提议下一次我们共同讨论一下什么样的人品受人欢迎的问题，他觉得这是个很有意思的题目。

在与俄罗斯总领事克里夫佐夫·安德烈交谈中，我说俄驻上海总领馆这座建筑很有特色，受到中外人士的赞美。总领事说，四十年前，他就在这里住过。我听了大吃一惊，有点不信地问："四十年前？"他说确实如此。原来他的父亲时任苏联驻上海的总领事，那时他还是个小男孩。当我得知他父亲现已去世时，遗憾地说，他如能活到今天，一定会为他的儿子自豪！这个动人的故事是我当晚活动中的意外收获。

（3）注意文化差异，回避个人隐私

一般涉外社交场合，文化、艺术、音乐、绘画、旅游、娱乐、天气、时尚等格调高雅或轻松活泼的内容，常成为受人欢迎的话题，而涉及对方国家内部事务的内容均不宜谈及。

在国际交往中，人们普遍讲究尊重个人隐私，注意文化差异。有些话题应予回避，如① 收入支出，包括纳税数额、银行存款等；② 年龄大小，特别是外国妇女最不希望外人了解自己的实际年龄；③ 恋爱婚姻，我们不宜在社交场合与交往不深的外国朋友谈其恋爱、婚姻及夫妻关系等话题；④ 健康状况，在国外人们在闲聊时都"讳疾忌医"，对他人的健康和疾病关注过多，问得过细会引起反感；⑤ 个人经历，初次见面时，中国人之间往往喜欢了解对方"是哪里人"，"哪一所学校毕业的"，"以前干过什么"等，这些问题对结交不深的外国人不宜详谈。

（4）了解并尊重异国文化

我个人的感受是，很投入地参与涉外社交确实不太轻松，有时甚至感到很累。在相当程度上，这些"累"与中外文化差异性有关。首先是花费的时间较长，出席一些外国人的"家宴"，开始时间晚，结束往往在晚上十点半左右，回家已是深夜，很疲劳；二是必须具备与外方交际的话题和本领；三是不习惯外方的菜肴食品等等。于是，我要求自己在社交中学习不同国家的文化，尽可能真正融入不同文化的氛围之中开展交流，以争取更好的工作效果。

↓ 1983年，在波士顿出席美国朋友为我举行的生日派对。

有一次，我应邀去芬兰总领事韩海吉家访问并出席晚宴。我以朋友的身份，怀着了解和尊重西方文化的心态进行这次家访。在总领事夫人的陪同下，我对她家的装饰布置、家人的照片等表现出很大的兴趣，边看边提出些问题，听取她的介绍，使气氛很亲切，主人很高兴。我个人原本不喜欢西餐，但在晚宴过程中细心品尝，发现其特点和东方人可以接受的东西。我感觉这次晚宴的四道菜都很精致和美味：① 蘑菇汤，清淡可口；② 奶酪鱼子，鲜洁异常；③ 牛肉烩洋葱，鲜嫩美味，外加米饭，很合中国人的口味；④ 甜点蛋糕渗透醇香的酒汁，别有一种滋味。我吃得不多，但津津有味，领略了高质量的芬兰菜肴的特色。饭后，我把这些感受一一告诉女主人，使她异常兴奋。

（5）营造生活气息，注入更多人情味

社交中，人与人之间的交往要深入开展必须要有感情交流和生活气息。与别人在接触时不应代表一种“概念”，而应该是有血有肉、有个性和感情的人，唯有这样才能引起别人与你深交的愿望，从而在社交中取得成功。

1987年访美时，我第一次见到亚特兰大市的房东鲍勃夫妇。我对他们的质朴无华和男主人头上戴的那顶雅致的帽子留下了深刻的印象。一问，果然他有收藏帽子的癖好。到他们家以后我便兴致勃勃地参观了他的收藏，试戴、评论了各种帽子。我还对他们家简洁、典雅的室内布置表示欣赏，说日本味浓。老夫妇听着乐了，认为我说到点子上，因为他们曾在日本工作过几年，还是在那里恋爱、结婚的。我说，我很想看到他们那时的模样。于是他们兴冲冲地搬出了保存三十多年的珍贵相本，我们边看边谈。我很快成为他们家庭的一员。他们说，中国人与美国人有共同的幽默感，这一点使他们感到吃惊。

（6）外事宴请既是礼宾活动，也是“寓教于乐”的社交

外事宴请是外事活动中的一个重要环节，几乎必不可少。它是礼宾活动，也是社交活动，更是对外交流的平台，做工作的一种特殊方式。纵然餐桌上有许多美味佳肴，但在我心中，最丰盛的大餐是跨文化交流，即了解对方，找到话题，互动交流，增进了解，结交朋友，施加影响。

由于宴请活动多为边吃边谈，时间有限，其最大的特点是让外国人在品尝美酒佳肴和趣味交谈中，“不知不觉”地接受我们的影响，增进对中国的了解和感情。这是

↓ 1982年至1983年出访美国期间，与众多“房东”打成一片，成为他们家庭的一员。

↑ 外事宴请既是礼宾活动，也是“寓教于乐”的社交。图为2000年在宴会上给美国女企业家介绍上海的投资政策。

↑ 2001年访问瑞士，出席东道主安排的宴会。

一种典型的“寓教于乐”的跨文化交流。

2001年11月，我出面宴请厄瓜多尔人权司司长。他是一位资深外交官，同时还多才多艺，是一位诗人和作家。

宴会全过程的谈话主线是介绍上海。话题是由司长的一个问题自然引出的。他说，他对上海留下了深刻的印象，很想知道上海发展如此之快的原因。我说这个问题应由我们的市长来回答，但作为一名普通的上海市民，我可谈一些我自己对上海的看法。我说，上海是个“老城市”，七百年前建镇，16世纪时建成工商业中心的雏形；1840年之后的一百多年中，成为对外通商口岸，被列强划分成多个“租界”，沦为半殖民地的工商业城市；1921年中国共产党在这里成立……从上海的历史点题：没有国家独立，根本谈不上人权。我又介绍上海作为一个人口众多的大城市，面临住房、交通、污染等多方面的问题，并以具体材料和数据来说明上海的发展变化，再次点题：人权对中国人民来说非常重要的内容之一，是在国家独立、行使主权的情况下，人民安居乐业，生活改善。

宴会上还涉及多样的话题，如介绍上海的“本帮菜”、锦江饭店的历史、1972年美国总统尼克松访问上海时下榻锦江饭店的花絮。因司长对唐代诗人李白有了解和兴趣，我谈到唐代另一位大诗人白居易的诗词，特别提到东方明珠电视塔有11个球体的设计构思出自于白居易的诗句“大珠小珠落玉盘”……宴会上的交谈内容丰富多彩，“工作”节奏有张有弛，气氛热烈欢快。宾主话得投机，情绪高昂，从陌生人变成了好朋友。互赠礼品成了感情交融的“添加剂”，司长主动与我拥抱告别，并对我说，希望促成厄瓜多尔的大城市瓜亚基尔市与上海结成友好城市，那样，他就有更多的机会来中国和上海了。

四、几点认知

我在从事跨文化交流的过程中，通过实践、学习和研究获取了一些认知：世界文明具有多样性，各种文化具有差异性；跨文化交流的能力和水平体现了综合国力当中的软实力；公共外交有其自身的基本模式和特点；当前对外交流中应予重视的若干问题等。

（一）认识文明的多样性和文化的差异性

2009年11月，温家宝总理在访问阿拉伯国家联盟总部时发表了题为《尊重文明的多样性》的重要演讲。他指出，文明具有多样性。当今世界，有两百多个国家和地区，两千五百多个民族，六千多种语言。不同文明之间的对话、交流、融合，形成了人类文明奔流不息的长河。这段话简洁而明确地道出了外交、外事人员通过跨文化交流推动人类文明进步这一重大任务和光荣使命。

跨文化交流的对象和受众是外国人。中外文化，差异很大。认知文化差异，了解交流对象，是成功开展跨文化交流的前提。根据中外专家有关中西文化的论述，中外文化差异有很多是看得见、感觉得到的。如穿着打扮、饮食习惯、礼仪习俗、社交方式等等；还有一些是看不见，摸不着，深层次的，其中最核心的差异就是价值观和思维方式。中国传统的儒家哲学观视“天人合一”为最高境界，指的是“人与天地万物为一体”，“人与人的和谐”，“人与自然的和谐”等。在社会政治、伦理道德和待人接物诸方面，中西文化表现出“公与私”、“合与分”、“集体与个人”、“中庸与极端”、“和谐与争斗”、“迂回与直率”等等的区别。总之，“中庸”、“包容”、“双赢”等都是中国传统文化和哲学理念的特质。当然，作为人类共同的“天性”，爱情、亲情、人情、友情、人道、幽默等也许

↓ 2003年，为外国领馆女性官员和总领事夫人举行“三八”妇女节时装表演，显示各国不同的文化传统。

↑ 1995年9月举行的联合国第四次世界妇女大会体现了文明的多样性，文化的差异性。

↑ 1987年，在美国密西西比州向黑人朋友作社会调查。

↑ 1996年应邀访问德国，与国际媒体一起了解两德统一问题。

可成为中西文化的融通点。

我们在对外工作中，只有对外国国情、文化传统和交流对象有充分的了解，才能做到知己知彼，有的放矢，使跨文化交流取得成功。上世纪80年代，我跨出国门，去美国做了近一年的社会调查。涉足各行各业，接触“三教九流”各色人等，每天面对美国人大量有关中国的问题；每天向美国人提出大量有关美国的问题。最后写出的调查报告内容涉及美国黑人的社会地位、美国的家庭婚姻问题、美国贫困地区人民的生活、美国青少年的精神主宰、美国的性解放与艾滋病、美国的社会福利制度、美国的民主自由与种族歧视等。我得出的结论是：美国的经济富足繁荣，但社会问题并不少见；美国民间人士开朗热情，但美国官方对华偏见颇深；美国具有民主自由的传统，但种族歧视根深蒂固。这是一次名副其实的跨文化交流，终身受用，让我以后从事对美工作，包括与美国人交往，无论是官方还是民间，都有了针对性和自信心。

对文明的多样性和文化的差异性要了解，更要尊重。温家宝总理在论述文明的多样性时说，文明存在差异，但没有优劣之分。各种文明都包含人类发展进步所积淀的共同理念、共同追求。在多样中求同一，在差异中求和谐，在交流中求发展，是人类社会应有的文明观。他说，21世纪是经济全球化的世纪，也是多样文明大放光彩的世纪。

我认为，在对外工作中尊重文明的多样性和文化的差异性，就是要树立求同存异、交流融通的理念，特别应注意改变“以我为中心”的做法，努力寻找双方的共同点，回避分歧点；开展对话互动，既宣传自己，也了解别人；以外国受众能接受的语言和方式与之交流和交往；淡化政治色彩，少用或不用政治术语；注意人性化的交往等等。这些是尊重不同文明和文化的具体表现，也是交流能取得成功的前提。

（二）公共外交是总体外交的组成部分

公共外交是与传统的政府外交不同的外交形式，其基本模式是政府主导，公众参与，媒体传播，具有主体多元、受众面广、影响深远的特点。公共外交的行为主体包括国家代表、外交部门、官方人士、新闻媒体、民间组织、专家学者、商界精英、宗教人士、基层群众等等。他们在重大外交活动、地方外事或涉外、公共场合，与外国政要、外国媒体、外国公众开展面对面的交流，用自己的语言和方式应对国外和境外人士有关中国的问题，介绍中国的国情，宣传中国的政策，演绎中国的文化，表达社情民意，消除外方有关中国的疑问，帮助国际社会了解中国，接受中国。

1998年6月，美国总统克林顿访问上海期间，与上海社会各界人士广泛接触，相互对话。他在上海图书馆与上海教育、文化、宗教、社会科学、法学界的8位代表举行了“圆桌讨论会”；与徐匡迪市长一起通过上海人民广播电台《市民与社会》热线电话访谈节目，与上海市民对话，讨论了中美科技、文化、教育的交流合作和城市交通与环境保护等问题。克还与上海12位民营企业家共进午餐，了解上海民营企业的发展和政府对民企的支持等情况。克林顿高兴地说，这些交流活动使他对美中双方可以进行合作

1998年6月美国总统克林顿访沪期间，与上海社会各界人士广泛接触，开展公共外交。图为克林顿夫妇在豫园绿波廊品尝中国菜肴。

克林顿夫人希拉里参观上海儿童医学中心，与孩子们亲切握手。

的领域有了更好的了解，感受到上海是充满生机和活力的地方，感受到中国人民的友善和智慧。美国总统在公共外交中也展示了美国领导人和美国的国家形象。

2009年11月15日至16日，美国总统奥巴马访问上海期间，与中国青年开展交流。8所高等院校的410名大学生参加了对话。近两百名中外记者进行了现场采访。奥巴马总统发表了15分钟的演讲，回顾了中美关系的发展历程，介绍了美国的民主制度和他个人的理想信念，受到大学生们的欢迎。

上世纪，我全程参加的规模最大的一次公共外交是1995年9月在北京举行的联合国第四次世界妇女大会。来自189个国家和地区的近五万人汇聚北京，进行有关妇女问题的讨论。“’95怀柔妇女论坛”是20世纪全球规模最大的民间交流。十天之内，三万名中外妇女在千余场论坛会议和其他各种活动中敞开心怀，陈述己见，踊跃提问，了解别人，甚至唇枪舌剑，开展辩论，谁也不愿错过这个千载难逢的世界性对话和交流的机会。中国妇女中的社会精英和基层群众在应对国际社会的问题和反华势力的攻击，正面宣传中国方面表现出色，发挥了不可替代的作用。

↑ 2009年美国总统奥巴马向上海8所高校的四百多位学生发表演讲。

↑ 奥巴马总统回答大学生们的问题，进行面对面的交流。

西藏问题是与会者关注的热点。论坛开始的第一天就有六千多人涌到中国西藏代表团的驻地参观。由五十余人组成的西藏代表团中有医生、作家、艺术家、运动员、机关干部，包括著名歌唱家才旦卓玛。这些昔日贫困牧民的后代、奴隶的女儿和新中国成立以后成长起来的藏族女青年大多阅历丰富，擅长公关，能歌善舞。她们在论坛期间累计共接待了二三万人次的与会者和外国记者，回答了各种问题，澄清了大量事实真相，成为怀柔论坛中最耀眼的明星。

↑ 1995年9月，在北京举行的联合国第四次世界妇女大会是20世纪全球最大的民间交流。

当时，有9名来自境外的藏族妇女身穿黑衣，口围黑布条，举行过一次无声的游行，表示她们没有“言论自由”。记者问：她们的目的是什么？西藏代表团成员答：她们到处游说，目的就是要闹西藏独立。早在美国独立前五百年，西藏就是中国不可分割的一部分。所谓“独立”，就是让西藏回到1959年以前的封建农奴制度去。那时，占总人口5%的少数农奴主占据了全部的土地、草场、绝大多数牲畜和农奴的劳动成果。西藏人民是不会答应的。有人问：西藏为何推行堕胎？答：西藏实行生育自主，对农牧民生育子女数从未作过硬性规定和任何限制，因此，新中国成立以来，藏族人口已由100万增加至200万。

↑ 1995年，“世妇会”怀柔妇女论坛是世界各国妇女对话和交流的平台。

采访“世妇会”的西方媒体一开始攻击中国，但在大量事实面前转变了态度，最终对国际舆论产生了积极的影响，显示了在公共外交中，新闻媒体的作用至关重要。他们说：近五万人集聚北京讨论妇女问题，这本身就创造了历史。事实表明，这是“世妇会”历史上最有成果的一次盛会。《纽约时报》说，那些用尽毕生积蓄才得以来到北京的最贫穷国家的妇女不虚此行。《今日美国》援引亚特兰大奥运会官员的话称，中国能够举办五万人参加的妇女大会，证明其有能力主办仅一万人参加的奥运会。一些媒体评称，会前舆论普遍认为，这次会议将以失败告终，致使中国政府处于难堪的境地，但中国作为东道国，既讲原则，又很灵活，会议进展出人预料地好。从各方面看，中国是这次会议最大的赢家，“世妇会”的成功是中国外交上的重要得分。

↑ 1995年9月中国西藏代表团参加“世妇会”，在应对国际社会的问题和反华势力的攻击，正面宣传中国方面表现出色。

↑ 我与“世妇会”西藏代表团成员亲切合影留念。

↑ 本世纪，我参与的规模最大的一次外交盛会和公共外交是中国2010年上海世博会。图为津巴布韦总统罗伯特·穆加贝参观津巴布韦馆。

在对外开放三十年，中国走向世界，世界关注中国的今天，中国在世界事务中的参与度和影响力越来越大，中国举办全球注目的世界性盛会的机会越来越多，如奥运会、特奥会、残奥会、世博会等等，这些盛会常常成为世界聚焦的中心，也成为公共外交的辉煌大舞台，显示了它独特的魅力和巨大的影响力。

本世纪，我参与的规模最大的一次外交盛会和公共外交是中国2010年上海世博会。在184天里，246个国家和国际组织汇聚申城；一百多位外国元首、政府首脑，八百多批政要团组，十万多人次境外来宾到访中国上海；七十多场首脑外交、双边外交、多边外交在世博舞台上密集开展，带动经济、文化、科技、环保、人文等方方面面的交流。让国际社会亲眼看到有五千年历史的中国正在焕发青春，飞速崛起，惊叹不已；让中国人不出国门，亲身感受到人类文明的多样、文化的多彩，大开眼界。世博外交国别人数之多，规模声势之大，交流互动之活，影响内涵之深，前所未有。

上海世博会在展示中国、了解世界、广交朋友、凝聚人心方面成果辉煌，影响深远。当我接触到黑山、瓦努阿图、科摩罗、巴巴多斯、萨摩亚、厄瓜多尔、安哥拉、利比里亚、哥斯达黎加、巴哈马、莱索托、密克罗尼西亚等对我而言陌生而遥远的国家时；当我在有四百余人出席的安哥拉国家馆日招待会上获悉，安驻世界各国的外交使节也被召唤专程赶到上海观摩世博，了解中国时；当我与南太平洋岛国萨摩亚总理的夫人牵手共舞，被他们的绚丽服饰、动人舞姿和真挚友情深深吸引时……我真切地感受到世博让世界变小了，距离拉近了，让不同文化背景的人面对面，手拉手，心连心，遥远、差异、陌生被相近、相融、相亲所代替。世博，让城市更美好，让友谊更坚实，让世界更和谐！

↑ 我在参观世博会丹麦馆时与“安徒生”合影。

↑ 我与萨摩亚总理马利埃莱额奥伊和夫人在馆日活动的晚宴上。

地方外事、人民外交在世博外交中发挥了重要的作用。上海的地方外事全程参与了申博和办博。世博会期间，三百多名外事干部，两百多名外事志愿者，三万多名社区群众，数百万城市志愿人员在中央和市委领导下参与这场史无前例的国际交流活动的组织协调、礼宾接待、对外宣传、对外交流等工作，使各国贵宾在会见中国领导人，进行官方外交的同时得以身临其境，耳闻目睹，领略世博风采，了解上海“传奇”，对话普通百姓，体验社情民意，面对中国企业，开展经贸互动。许多发展中国家的领导人深受感染，认真探索中国成功的秘诀，思考本国的发展之路。莱索托首相帕卡利塔·莫西西利会见市领导时激动地说，上海本身就是一座巨大的“中国馆”！

中国2010年上海世博会给我们上了当代外交外事重要的一课。它体现了政府外交和公共外交，官方外交和民间外交，总体外交与地方外事完美的结合。公共外交是政府外交的补充。在国际政治多极化，国际交往多样化的形势下，公共外交受到各国政府的重视。胡锦涛主席在2009年第十一次驻外使节会议上提出将公共外交作为总体外交的组成部分及开拓方向，努力使中国“在政治上更有影响力，经济上更有竞争力，形象上更有亲和力，道义上更有感召力”。中国2010年上海世博会就是21世纪以中国为主体，全球关注和参与的一次波澜壮阔的公共外交的伟大实践和成功典范。

（三）跨文化交流体现综合国力中的软实力

地方外事在总体外交中的独特作用在于根据中央的战略决策，以地方的视角和资源，向国际社会做宣传中国、争取民心的工作，其中蕴含着大量的中外沟通、交流、宣传、说服、感化等等，体现了不同文化的对话、交流、交锋和交融。因此，从本质上来说，地方外事是一种跨文化交流。通过这种交流，达到维护国家利益，发展国际关系，展示国家形象，争取世界人心的目的。无疑，这是地方外事服务总体外交的重大任务和深刻内涵。

在经济全球化、文化多元化的今天，跨文化交流广泛存在于外交、商务等一切交往之中，关系到国家的形象，舆论的走向和能否争取世界民心的问题，因此有人认为它体现了一个国家综合国力中除经济、军事等“硬实力”之外的一种“软实力”。也就是说，要增强综合国力，除了要“富国强兵”之外，还必须具备穿透不同文化壁垒，跨越不同文化鸿沟的能力，即跨文化交流的意识和能力。这是涉外人员和全体国民需要具备的基本素质。

（四）应予重视的几个问题

当前，地方外事中的跨文化交流尚存在一些值得重视和研究的问题，主要表现在：一是何谓跨文化交流及其重要性尚未被广泛认识；二是外事人员和普通群众对本国和异国文化及中外文化差异的学习和了解尚待加强；三是以中国式的语言和方式开展对外交流和宣传的情况还普遍存在。

1. 强化交流意识

对外宣传和交流的意识淡薄是当前地方外事中普遍存在的一个问题。有一种倾向认为外宣和与外国人交流是领导的事，外事人员只需要做具体工作；还有一种倾向是把具体工作与宣传交流割裂开，认为迎来送往，具体安排和各种事务性工作看得见、摸得着，是硬任务，而对外宣传看不见、摸不着，是软任务，可做可不做。这样，外事工作的政治内涵被忽略，甚至缺失，也就影响了外事工作的质量和水平。总之，外事人员要转变观念，把跨文化交流视为地方外事的重要任务和内涵，与自己的本职工作息相关,必须认真投入和钻研。

2. 改善语言文风

语言是跨文化交流的工具和桥梁,不同文化背景的人的思想意识、思维方式和语言表达也不尽相同,唯有以外方能接受和理解的语言和方式做交流,才能取得良好的效果。

实践证明,外方易于理解和接受的语言表达是:

(1) 切题,即紧扣话题或从外国人的问题和要求出发,决不无的放矢,开“无轨电车”,想到哪里说到哪里。切题才能吸引外宾的注意力,让他们愿听我们的谈话。

(2) 实在,即言之有物,谈话中有实例,有数据,具体生动;杜绝虚话、套话。说实话才有说服力。

(3) 简明,即篇幅短小,框架清晰,避免冗长重复,词不达意,表述含糊。简明的谈话才有吸引力,并给外宾留下深刻印象。

(4) 诚信,即对外谈话事实求是,一分为二,不夸大,不吹嘘;求同存异,不强加于人。这些是毛泽东、周恩来同志开创的新中国外交工作的优良传统的体现。“诚信”可以提高外宣的可信度。

(5) 个性,即多用自己的语言,表达个人的见解,体现自己的风格。与外宾交谈应具有人情味和幽默感。这样的谈话可淡化“宣传”味,增强感染力。

我们的言谈具有“可听性”、“说服力”和“感染力”,我们的外宣必然能受到外宾欢迎,并对其产生积极的影响。

3. 讲究交流艺术

跨文化交流的主体和受众是具有不同文化背景的人,说教式、简单化不可能做好人的工作。唯有思想性与艺术性相结合,说服力和感染力并存,多一些人性化和人情味才能成功地影响人,感化人。

地方外事的大量实践案例证明,“量体裁衣,有的放矢”,“服务入手,联络感情”,“文化先导,深化交流”,“因势利导,借题发挥”,“寓教于乐,不露痕迹”等等都是开展跨文化交流中行之有效的一些做法。

1989年春夏之交的政治风波之后不久,美国癌症代表团访问上海。当时,外国人对中国疑虑很大,国际反华势力歪曲中国的形象,说中国政权不稳,人民受压,经济停滞,终止开放,前景黯淡。美国癌症协会代表团成员个个态度矜持,神情紧张,气氛沉闷。我们根据中央的政策和当时的形势,设定了应对策略:淡化政治色彩,深化工作效果。我们的做法是:微笑以待,不谈政治,寓教于乐,不露痕迹。经研究,为他们的访问活动开出一张“菜单”:① 专家会见:当他们抵沪当晚见到中方五位在国内外享有盛名的癌症专家时,产生了第一个惊喜;② 学术交流:当他们在上海肿瘤医院和杨浦区区级癌症防治机构与我方专业人员见面交流时,找到许多共同语言,得到很多收益;

→ 1989年9月在接待美国癌症代表团时，我们淡化政治，寓教于乐，不露痕迹，施加影响，消除了他们的疑虑，增进了对中国的了解和友谊。图为该团参观基层后合影。

↓ 1984年我接待美国博物馆代表团时，引导他们从“文化的中国”进入“当代的中国”，使许多原本对中国很陌生的美国人回国后积极参与美中友好活动。图为美国代表团访问新疆，在家访时与群众交谈。

③ 参观古寺：他们在龙华寺内看到人们虔诚地烧香拜佛，十分新奇，还津津有味地品尝了佛教素斋；④ 漫步闹市：他们亲眼看到市场商品琳琅满目，供应充足；⑤ 与民共乐：在我们的安排下，他们进入社会舞厅，跳了大半夜的舞，感受到老百姓心情舒畅，生活丰富。离开上海的时候，大部分团员态度亲近，表情开朗，他们说，你们市场供应丰富，社会生活活跃，形势相当稳定，上海是我们此行中的一个高潮，今后要与上海开展更多的专业交流。

我与不少外国人的交流常常从文化着手，巧妙引导，不露痕迹，施加影响。如多年前我接待一个美国博物馆代表团时，与他们谈风景，谈历史，谈文学，谈艺术，谈家庭，学外语，教汉语……引导他们进入“文化的中国”，进而帮助他们了解“历史的中国”，最后使他们对“当代的中国”发生浓厚的兴趣，并对中国和中国人产生了感情。这些美国中产阶级人士刚来时视中国人为“陌生人”，访华结束时

与我们结为真挚的朋友；很多人原本只热衷旅游，并不关心“政治”，这次访华回国后积极参与美中友好活动，经常聚会回顾中国之行，还向周围的人传播中国的信息；有的开始与中国同行开展学术交流；有的积极参与自己城市与中国城市缔结友城的工作……显然，这些人不仅成为了中国的朋友，还成为播种中美友谊的种子。

4. 提升队伍素质

实现高质量的对外交流，关键在于要有一批高素质的外交外事人员，他们的政治立场、外宣意识、交往能力、知识积淀、礼仪形象等直接关系到交流的效果。在这些方面，许多领导同志为我们做出了榜样。徐匡迪同志任上海市市长期间，他的对外谈话广受欢迎，原因是他学识渊博，几乎有问必答；能言善辩，以理服人；对话互动，生动活泼；语言简练，无空话套话；幽默感，笑声不绝于耳；重视细节，开场白精彩，赞美得体……

群众在跨文化交流中的地位至关重要。在公共外交蓬勃开展的今天，接触普通群众是国际社会了解我们国家的政治形势、内外政策、经济发展和社情民意的一个重要途径。

1998年美国总统克林顿访沪期间，美国《环球邮报》驻京记者麦伯德在静安区走街串巷，对南京西路上一家小杂货店主随机采访，了解店主夫妇改革开放后的生活，询问退休工资多少，住房多大，对1989年政治风波的看法，对香港回归的看法，是否知道克与莱温斯基的绯闻等。老太太答：小店月收入一千余元，日子过得尚好；“风波”事件，没有当时的处理，就没有今天的好日子，过去的事让它过去吧，我们向前看；香港被英国人统治了近一百年，我们感到耻辱，现在回归祖国，我们感到扬眉吐气；克林顿的绯闻我们不太了解，也不关心，只要他能为美国人民、世界人民多做好事，我们就欢迎他。该美国记者对老太太的回答赞叹不已。

美国《新闻日报》记者宋杰夫 (Jeff Sommer) 阔别上海15年后故地重游。当他被问到对现在的上海有何印象时，他既没有谈巨变中的外滩，开发中的浦东，也没有谈南京路的繁华，而是说：“我印象最深的是你们的老百姓的观念发生了很大的变化。我在街上与人们交谈，气氛很轻松，老百姓敢讲话，很开放，全然没有宣传的味道。”他认为上海的建设发展很快，变化很大，但人的变化毕竟比物质的变化更重要，因为高楼大厦是人造的。这位外国记者的评论和感言说明群众的形象、语言以及他们向外界提供的有关中国和上海的信息令外国人感到真实、可信，使那些西方人士，特别是一向以挑剔著称的西方媒体心悦诚服、乐于接受，证明了群众在对外交往中表现出色，是当然的主角。

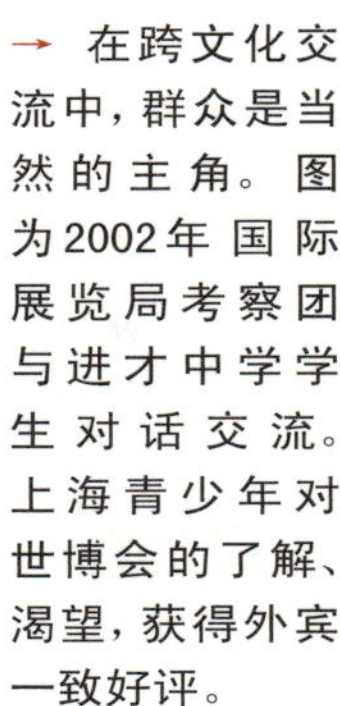
→ 在跨文化交流中，群众是当然的主角。图为2002年国际展览局考察团与进才中学学生对话交流。上海青少年对世博会的了解、渴望，获得外宾一致好评。

为提高跨文化交流的水平和能力，外事部门应重视对涉外人员的素质培训，要经常组织有关对外交流和宣传问题的专题讲课和研讨。高等院校在培养跨文化交流的人才方面应有更大的作为。在提高外语教学质量的同时可增设跨文化交流的课程，并创造更多的机会让学生参与对外交流的实践，同时，要重视提升学生的综合素质，包括爱国情怀，对中华文化的传承；外向意识，对异国文化的了解；较宽广的知识面等等。我们应该在全社会广泛、深入、持久地开展精神文明建设，包括学好涉外礼仪，普及形势教育，倡导掌握外语等，以提高上海市民的整体素质，在上海国际化进程中将跨文化交流的水平提升到一个新的高度。

浅谈涉外礼仪

涉外礼仪是国际交往的行为规范。在接待宾客、个人形象、行为举止、语言谈吐、人际交往等诸多方面都有相应的礼仪和礼规应予遵循。礼的内涵是体现对别人的尊重、友善和关爱，因此，要做有“礼”之人，首先要做有“德”之人。只有“心灵美”才能“形象美”、“语言美”、“行为美”。

在一切涉外活动中，友善和礼貌都是非常有用的财富，需要的“投资”很少，但带给我们的“收益”却很大，帮助我们赢得朋友与友情，成为我们在国际化进程中的软实力。

浅谈涉外礼仪

礼仪是一门内容丰富而深刻的学问，涉外礼仪是其中独特的一部分，值得我们下苦功夫甚至用毕生精力去学习和研究。在对外交往中，个人形象非常重要，它不仅会影响我们与外方的关系，而且常常也代表了国家形象。礼仪是塑造形象的重要元素，了解和学习礼仪可帮助我们提升个人形象，增加个人魅力。

一、礼的内涵

礼仪是人类交往的行为规范；涉外礼仪是国际交往的行为规范。“礼”体现了对别人的尊重、友善和关爱。其内涵是处理好“自我”与“他人”的关系。礼仪是塑造形象的一大元素；形象是礼仪的重要组成部分。

（一）礼的起源

礼属于上层建筑，它与社会经济基础相适应。在原始社会中，人们常常有意无意用一些象征性的动作来表示他们的意向和情感，这些动作有的后来成为社会生活的习惯。进入阶级社会以后，统治阶级对其中的某些习惯加以改变和发展，逐步形成各种正规的“礼”。以握手而言，据考证，在史前时期就已经产生和形成。那时人类的祖先以打猎为生，世界对他们来说充满着危机。因此，当不同部落的人相遇时，如果双方都怀着善意，便伸出一只手，手心朝前，向对方表示自己手中没有武器；走近之后，两人互相摸摸右手，以示友好。这一动作沿袭下来，便成为今天人们表示友好的常用见面礼了。旧的礼法是统治阶级维护其统治，巩固其内部等级关系的工具。如贵族阶级把礼节作为一种手段和对策显示其高人一等，把自己与其他中下级社会阶层分隔开来。我国宋代人吕微说：“庶民可参之以俗，士以上专用礼。”

（二）礼的定义

1. 礼貌：指在人际交往中，通过言语、动作向交往对象表示谦虚和恭敬。它侧重于人的品质和素养。

2. 礼节：指人们在交际场合，相互表示尊重、友好的惯用形式，是礼貌的具体表现方式。它与礼貌的相互关系是：没有礼节，就无所谓礼貌；有了礼貌，就必然伴有具体的礼节。

3. 礼仪：是对礼节、仪式的统称。它是指在人际交往中，自始至终地以一定的、约定俗成的程序、方式来表现的律己、敬人的完整行为。

4. 礼宾：指接待宾客的礼仪，多用于外交场合，它是一项外交职能，更带官方性质，尤指在外交活动中安排合乎礼仪的程序和不同地位官员的位次。

（三）礼仪的民族性和国际性

礼仪有鲜明的民族性。各国在历史发展过程中形成了各自特有的文化、传统、宗教、习俗和礼仪。不同礼仪，反映不同文化。涉外礼仪是我们在对外交往中的行为规范，包含两层含义。

第一，是遵守国际惯例。如对来访国家元首、政府首脑举行欢迎仪式，奏两国国歌，检阅三军仪仗队，鸣放礼炮（国家元首21响，政府首脑19响），还有东道国领导人讲话，群众欢迎队伍等。现在各国都有一些各自的固定做法：中国于当日或次日在人民大会堂东门外广场或东门内大厅由主席或总理主持正式欢迎仪式；而美国则在白宫南草坪由总统主持欢迎仪式。又如位置的排序问题，中国的传统做法是“以左为上”，但在对外交往中，我们要遵从国际上通行的做法，“以右为上”：坐汽车时，请贵宾坐后排右座；宴

↓ 耶路撒冷著名的“哭墙”是犹太人的第一圣地。

↑ 苏格兰男子穿着格子裙成为民族标志。

↑ 伊斯兰教规定女子要穿长袍、戴头巾，在公共场合男女接触限制甚严。

请时，把贵宾安排在主人的右侧第一个座位；拜会时，主客面门而坐，客方居右，主方居左；摆放中外国旗时，以国旗自身面向为准，客方国旗挂右侧，东道国国旗挂左侧。

第二，是尊重其他国家的礼仪习俗。例如伊斯兰教徒不吃猪肉，不喝酒，在公共场合男女接触限制甚严，女子要穿长袍，戴头巾，男子不得与家人之外的女士握手。犹太教徒每周五傍晚6点以后到周六傍晚6点要过"安息日"(shabat)。这段时间他们不驾车，不走长路，也不烧饭，甚至不看电视，当然也不办公务，主要是用于休息。严格的犹太教徒吃特殊的食品(kosher's food)，指不吃猪肉、不喝酒、不吃海产，牛羊鸡鹅等家畜家禽要用

↓ 韩国的民族服饰和歌舞。

特殊方式宰杀和处理。又如日本人行见面礼不喜欢触摸对方，一般用鞠躬礼。据说有一位东京银座的电梯驾驶员一天鞠躬2560次，向客人问好鞠躬15度，询问是否要服务鞠躬30度，表示道歉鞠躬45度。因此，我们要重视了解世界各国的风情礼仪。如在交往中冒犯了有关国家的民俗礼节，即使不是故意，也是一种失礼行为。曾有一位伊朗驻上海副总领事的夫人对我说，她的两个女儿在上海附近的一所国际学校读书，问题很多。最突出的问题是食品中有猪肉猪油等，为此她每周要为女儿烧好一周的饭菜带到学校，结果发现问题并没有解决，因为校方厨师在放置这些清真食品时和其他食品混杂在一起。她很苦恼，正在考虑要为女儿换学校。

二、礼的重要

（一）外交礼仪反映国与国的关系，体现国家的外交政策。

握手是国际交往中最常用的礼节，但有时也可以尖锐而微妙地反映国与国之间的关系。1938年7月，在法国政府为来访的英王和王后举行的歌剧晚会上，中国驻法国大使顾维钧拒绝同日本驻法国大使杉村握手，以抗议日本对中国的侵略。1954年，在有中、美参加的第一次印度支那问题的日内瓦会议上，美国代表团团长、国务卿杜勒斯下令美国代表团人员在见到以周恩来为团长的中国代表团人员时，不得交谈和握手。这反映了美国当政者敌视中国的政策。1972年美国总统尼克松访华。他决定专机抵京后，一定要由他先伸出手同周恩来总理握手，以表示对当年杜勒斯失礼的歉意；同时也把这次握手作为他踏上中国领土后的第一个友好行动。周总理说："这是从世界上最浩瀚的大洋彼岸伸过来的手，是经过25年的完全隔绝之后伸过来的手。"尼克松在回忆录中写道："当我们的手握在一起时，一个时代结束了，另一个时代开始了。"

↓ 握手是国际交往中最常见的礼节，但有时也尖锐而微妙地反映了国与国之间的关系。图为1972年尼克松与周恩来的历史性握手。

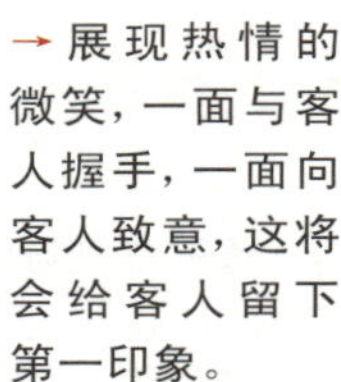

→展现热情的微笑，一面与客人握手，一面向客人致意，这将会给客人留下第一印象。

（二）涉外礼仪关系国家、城市、企业、个人形象。

1999年冬，上海男子排球队赴比利时参加一个国际邀请赛。我们的队员无论是在身高、体能，还是在球艺等方面都与参赛的欧洲强队有很大的差距。但是上海队自始至终是一支引人注目的球队。他们整洁的仪容、安详的神态、临战时勇于拼搏而又不急不躁的“大将风度”，与有些球队的急躁甚至粗野形成了强烈的反差，令比利时观众耳目一新。每当我们得球，观众总是热情鼓掌；每当我们失球，观众仍卖力地加油助威。在一次关键性的战役中，我们把东道主比利时队打败了。当汗流浃背的队员们微笑着向观众鞠躬致意时，从未经历过这种“东方式礼仪”的比利时观众情绪达到了高潮，掌声、欢呼声震耳欲聋。球赛结束，我们没有得到前三名，但却捧回了一尊由欧洲共同体颁发的金灿灿的“最佳文明队”奖杯。比利时朋友兴奋地告诉我们：“这个奖不是评委会决定的，而是由观众填表、投票评选的结果。上海队队员的微笑待人、服从裁判、礼貌谦让给人们留下的印象太深了！”在告别晚宴上，当上海队16位衣冠楚楚、帅气十足的小伙子列队走进大厅时，全场几乎所有的外国人都投来赞许、敬佩的眼光。比利时东道主说：“你们中国人就是与众不同啊！”这个实例说明涉外礼仪本身虽然不是“中国人形象”的全部，但它是塑造中国和中国人形象的重要元素。

(三)文明礼貌帮助我们赢得朋友,争取人心。

前智利驻上海总领事薄明高在一次盛大的招待会上致辞说:"上海是一座令人迷恋的城市,她有很多美好之处:她的老建筑、她摩登的城市景观、她不懈的创业精神、她数目众多的餐馆、酒吧、咖啡厅以及她所拥有的无限商机……但是,最令我着迷的是上海的人。在街上,在公园里,在城市的每个角落,上海人都用微笑和礼貌来迎接国外客人。无论是市长,还是街头小贩,当你与他们交谈时,他们都会面带微笑,凝神倾听。在这里,你并不只是与人结识,而是与人结交,成为朋友。因此,上海是一座非常有吸引力的城市。"

三、待客之礼

接待外宾的工作包括以下内容:了解外宾情况,掌握接待政策,制定接待计划,安排活动日程,迎送客人抵离,安排会见宴请,准备生活服务,陪同参观活动以及逛街购物,赠送礼品等。

礼宾礼仪在接待工作中起着重要作用。1972年,美国总统尼克松访华,中央的接待方针是"以礼相待,不卑不亢,不冷不热,不强加于人"。这一方针在很多方面是通过礼宾安排来体现的,如:在机场和沿途没有群众欢迎队伍,但是周总理亲自迎送,请尼克松检阅三军仪仗队,周总理亲自过问各项礼宾安排,包括宴会上演奏什么曲子,还去现场指挥排练。

在接待外宾的过程中,礼宾礼仪有以下重要环节:

(一)迎送

迎送中体现不同的礼宾规格,讲究"对等"和"对口"。如接待政府首脑、各级官员、专业人员、文化人士、神职人员和与中国有历史渊源的老朋友时,我们会分别请市长、副市长、市政府有关领导、文化和科技人员、宗教界人士和与客人有亲密关系的老朋友作为迎送陪同人员。

握手是世界上普遍通行的见面礼。礼仪规则是"尊者在前",即由主人、年长的、身份高的及女士先伸手。握手时要注意时间短暂,力度适当,精神集中,脱去手套,多人在场不要交叉握手。

介绍的基本原则是"尊者居后",即把身份低的、年轻的,介绍给身份高的、年长的;把男子介绍给妇女。介绍时应有礼貌地以手示意,不要用手指点,更不要用手拍打别人。自我介绍时先讲自己姓名身份,然后请教对方,同时互换名片。

递送名片时要起立,将名片正面朝上,双手递送。一般来说不宜用粉红等彩色纸张制作名片,也不宜印上自己的照片和私宅地址。接受名片时也要起立,双手接过并

↑ 2010年在机场迎接来沪参加世博会的贵宾。

仔细阅读名片持有者的姓名和职务。对他人的名片要妥善收藏，将他人名片随手置放，甚至遗弃都是非常不礼貌的。

在称呼的礼节上，各国有不同的习惯，比如：

男士称先生；女子称小姐或女士；

带职称的称呼方式有：姓名 + 职称 + 称呼（如：玛丽护士小姐）；

对政府高级官员：称呼 + 阁下（如：总理先生阁下）；

国王，王后称陛下；亲王、王子、公主称殿下；

在国外，对服务员称先生，夫人，小姐。

姓和名的排列，东西方有较大的区别。东方人：姓 + 名；西方人：名 + 姓；缅甸人：有名无姓，如"吴奈温"中的"吴"为尊称，相当于先生的意思；匈牙利人：姓 + 名；西班牙语系的人：姓在中间，如"菲德尔·卡斯特罗·鲁斯"中的"卡斯特罗"为父姓，"鲁斯"为母姓。

（二）会见

会见是一项重要的礼宾活动。其要点一是确定出面会见的主人；二是安排陪同会见的人员；三是会见地点的选择；四是宾主座次的安排；五是翻译人员的安排。

关于位置的排序问题，遵循国际上"以右为尊"的通行做法，在会见时如主客面门并排而坐，客方居右，主人居左，其他陪同和随员应分别在其上司一侧按职务高低依次就座。会谈时，如桌子在室内横放，客方人员面门而坐，主方人员背门而坐；如桌子竖放，以进门时方向为准，客方坐右侧，主方坐左侧。

并排站立，行走或者就座的时候，为了表示礼貌，主人应主动居左，而请客人居右。男士应当主动居左，而请女士居右。职位、身份较低者应当主动居左，而请职位、身份较高者居右。

在排列涉外宴会的桌位、席位时，如果只设两桌时，一般以右桌为主桌。在一张桌上以面对宴会厅正门的位置为主位，由主人就座。主宾应安排在主人的右侧。

↑ 会见是一项重要的礼宾活动。遵循国际上“以右为尊”的通行做法，主客面门而坐，客方居右，主方居左。图为2010年上海市领导会见黑山共和国总统菲利浦·武亚诺维奇的场景。

乘坐由专职司机驾驶的双排座轿车时，通常以后排右座为第一顺序座，请贵宾在此就座。第二顺序座、第三顺序座则分别为后排左座、后排中座，最后是轿车前排的副驾驶座。

并排悬挂两国国旗时，以国旗的自身面向为准，来访国国旗挂右侧，东道国国旗挂左侧。

宾主合影时，客人应位于主人的右侧。在人数较多的情况下，还应掌握“居中为上”，“前排为上”的原则。

（三）宴请

宴请的方式有宴会、招待会和酒会。宴会中又有国宴、晚宴、午宴、工作餐等。茶会也是一种很好的迎宾方式。就宴会的目的而言，可分为：一是礼仪性的，如为欢迎外国贵宾来访，为庆祝国庆、建交日和其他重要节日，为某一重要国际会议召开等；二是交谊性的，主要是为表示友好，发展友谊，如为客人接风、送行、餐叙等；三是工作性的，如工作午餐等。

宴请中的首要问题是礼宾规格问题，包括出面宴请和陪同人员的身份，宴会的规模人数，宴会的地点、布置和排场，席间有无音乐、表演助兴等。客人上的桌次及在桌上的座位等都具有一定的敏感性。主客双方参加宴会的人员比例应该要相当，否则对外影响不好。曾有一位外宾在报纸上发表文章说:"在中国赴宴入席后,会发现许多在谈业务时根本没有露面或介绍起来毫不相干的人在座。你会突然明白自己其实是为他们带来一顿吃喝而未必带来一笔生意。"

对外宴请不宜铺张。有些单位在宴请外宾时,"山珍海味"、"生猛海鲜",什么稀罕、什么值钱就吃什么,一次要上一二十道菜。而且三日一小宴,五日一大宴,以为这样才是热情待客。其实这是一种误解,而且会引发不少问题。正确的做法是,根据外事接待的礼遇和规格,确定宴会的标准;根据外宾的习俗和口味准备菜肴。正式宴请,特别是晚宴,可以丰盛一些;午餐,根据一般西方外宾的习惯可吃得简单一些;早餐,不少外宾还是喜欢西式。

确定菜单,首要的是安全卫生,第二是美味可口,第三要有中国特色,还要注意外方的饮食禁忌。动物内脏是中国人的美食,但外宾一般不吃;山珍海味很名贵,外国人却不太喜欢;蛋炒饭和糖醋咕老肉,我们认为很一般,美国人倒是情有独钟。这说明最贵的菜不一定就是最好的菜。1989年,著名美籍华人陈香梅女士率领台湾高级工商业者代表团访问中国,最后一站来到上海。代表团一路上吃了不少大鱼大肉,抵沪后,他们表现出胃口不佳、精神不振。为此,我特地赶到锦江饭店,与厨师探讨在沪举行宴会的菜单,最后商定安排了一桌别出心裁的"上海点心宴",点心中有:春饼油条、黄桥烧饼、枣泥饼、豆腐花、八宝饭、虾仁小馄饨等等。让所有的客人胃口大开,精神大振。他们说,上海点心体现了海派文化的特色和上海人民的情谊。

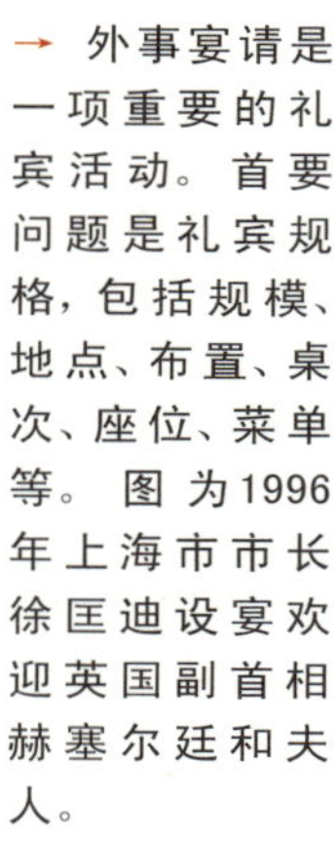

→ 外事宴请是一项重要的礼宾活动。首要问题是礼宾规格,包括规模、地点、布置、桌次、座位、菜单等。图为1996年上海市市长徐匡迪设宴欢迎英国副首相赫塞尔廷和夫人。

（四）典礼

外交礼仪的一项重要内容是安排涉外典礼，包括各种涉外展览会、交易会、运动会或各种重大涉外工程的开工、竣工，援建项目的交接，纪念物的落成等都要举行一定的仪式。中国2010年上海世博会是迄今我所了解的涉外典礼最多的一项重大活动，举行了七十多场首脑、双边、多边外交会谈和191场国家馆日活动。各项庆典和仪式的安排会涉及很多工作，包括出席者的确定，来宾的邀请和接待，环境布置，程序安排以及新闻发布，礼品发送等各项工作。还有很多细节包含其中，如主持人是谁，如何主持，致辞者是谁，什么样的致辞，谁上主席台，台上的人如何排列，哪些人剪彩揭幕。我方司仪可能会报出席者的名单，该以什么次序来报，没有在台上的贵宾有时也要报出他们的名字，应该报到哪一层为止，哪些人要佩戴胸花，哪些人在典礼之前要进贵宾室，如何安排媒体拍摄和报道等等。这些工作虽然细致，但是一旦出错会产生不良的对外影响，因此十分敏感。

中国外交的礼宾风格是严谨、规范，有些重大的涉外典礼和仪式，在掌握时间方面做到了分秒不差。如1997年6月30日午夜和7月1日凌晨，中英两国在香港会展中心举行香港回归的政权交接仪式。仪式从6月30日午夜23点38分开始。中华人民共和国国旗和香港特别行政区区旗必须在7月1日凌晨零点按时升起，中国国歌必须同时奏响。为保证这神圣时刻的安排准确无误，在此之前，英国查尔斯王子的致辞必须毫不迟延地按时结束，双方护旗手必须准时入场，而中英仪仗队必须于23点58分50秒行

← 涉外典礼涵盖大量外交礼仪，包括主持人、致辞者的确定、来宾的邀请和接待、议程的安排、环境布置、新闻发布等工作。图为2000年朱镕基总理与德国总理格哈德·施罗德出席上海磁悬浮列车通车剪彩仪式。

举枪仪式，英国国旗必须在23点59分15秒准时下降。正是在这样的严格计算和要求之下，交接仪式得以顺利进行。2001年的第九次APEC亚太经合组织领导人非正式会议期间，江泽民主席与20位经济体领导人的会见、握手，同样衔接得分秒不差。

（五）节目

指来访外宾的参观访问、游览观光、交流研讨、国际会议、文化节庆、体育赛事等内容。这些活动必须结合客人来访的目的，提出的要求和兴趣爱好，同时还要考虑到我方进行对外宣传的需要，有助于增进其对中国的了解和友谊而作相应的安排。

↑ 外事活动中的文化演出活动的对外影响和政治意义常常会超出演出本身，成为动人心弦的亮点。图为2006年上海合作组织峰会文艺晚会。

↑ 2006年，为上合组织峰会举行的焰火表演。

（六）娱乐

娱乐是一种独特的礼仪活动。有时，外事活动中的文化演出对外影响和政治意义远远超出演出本身。2001年APEC晚宴上的演出和晚会后的烟火表演令与会贵宾惊叹，令世界瞩目，给这次盛会锦上添花，传为美谈。2006年6月，上海合作组织峰会上的演出和烟火表演同样成为上海接待工作中的亮点。这说明文化娱乐活动既是一种礼宾活动，又发挥了无与伦比的政治影响。

陪同外宾看戏，听音乐会，出席文艺晚会必须衣着讲究，准时入场，保持安静，鼓掌适时。过去英国高级剧院的前排称为“盛装席”(dress circle)，要求观众穿礼服出席。演出中鼓掌的基本原则是：看戏时，每一幕结束时鼓掌；观看芭蕾舞，可在演出中间一段单人舞或双人舞之后鼓掌；听音乐会则只能在一曲终了之后鼓掌，不应在乐章之间短暂间隙时鼓掌。据说多年前，英国前首相希思在北京人民大会堂指挥演出交响乐。第一乐章奏毕以后，场内掌声大作。希思心里直犯嘀咕:“莫非我刚才的指挥出了什么纰漏?”会后,主人向他解释:“这是由于中国观众对您的热情。”希思心中的一块石头这才落了地。

(七)赠礼

赠礼是相互交往的一种礼节,可以表达祝贺、敬意、友谊、爱情、感谢、慰问、哀悼等各种感情。礼品有“粘合剂”的功能,它在传递人的感情,发展友谊方面会起到重要的作用,有时是妙不可言的。1972年,日本首相田中角荣赠中国樱花,毛泽东赠《楚辞集注》,缩短了中日之间的距离。同一年,美国总统尼克松访华时送给中国两头麝牛,周恩来回赠两只大熊猫,缩短了中美间的距离。有一年,久负盛名的东京交响乐团为其建团40周年举行访华演出。上海的东道主在欢迎晚宴上向代表团赠送了由著名书画家韩天衡先生所作的大型国画“苍松和报春鸟”,赞颂其“风雪四十年”的艰苦创业精神和光明的前景。而送到109位演奏员每人手上的是一个小锦盒,里面放着一颗色彩斑斓,装饰有趣,玲珑可爱的小石章,更重要的是,每颗小石章已刻上了各人的名字。当时全场一片欢腾,许多人热泪盈眶地说,他们永远不会忘记建团40周年的访华之行和中国人民的深情厚谊。

礼仪专家说,送礼的绝妙之处在于它的合适性,而不在于它的价值。我们在对外赠礼时要注意以下几点:

1. 有纪念意义。上世纪30年代,美国作家斯诺在陕北拍了一张毛泽东主席戴八角帽的照片。后来,毛主席便将这顶八角帽送给了斯诺留作纪念。礼物虽小,意义颇深。斯诺把这顶帽子视为珍贵的纪念品,一直带在身边。直到他去世前不久,才通过其夫人转送给我国,现已成为中美两国人民友谊的历史见证。许多来沪访问的国宾临别获赠一本记录他们在上海活动情景的精致相册时,都惊喜异常,爱不释手。

2. 有民族特色。中国的二胡、风筝、剪纸、筷子、图章、书画、茶叶、刺绣、丝绸作为礼品送到外国人手里,往往会备受青睐,身价倍增。

3. “投其所好”。日本人对中国的文房四宝、名人字画、工艺美术品有特别的爱好,他们拿到这些礼品,常常会赞不绝口。欧美人对中国的传统文化非常崇敬,我们赠送这方面的礼品很受欢迎。2001年,我陪同市领导赴欧洲为申博游

↑ 赠礼的绝妙之处在于它的合适性,而不在于它的价值。当许多来沪访问的国宾临别获赠一本记录他们活动的精致相册时,都惊喜异常,爱不释手。图为1997年5月徐匡迪市长与法国总统雅克·希拉克夫妇互赠礼品。

说。在瑞士拜访雀巢公司总部时，对方在风景如画的日内瓦湖畔举行晚宴。公司副总裁谈了许多对孔子哲学的见解，显示出他对中国传统文化的喜爱和崇敬。我方赠送了中英对照的竹简《孙子兵法》、微型线装书《论语》和刺绣《百子图》。出席晚宴的公司领导层人员来自澳大利亚、瑞典、英国和荷兰等不同国家，他们对这些礼品都欣喜观赏，珍爱万分。

4. 注意外方的禁忌。意大利、法国等欧洲国家忌讳菊花，因为人们常用黄菊花来悼念死者；据说，日本人认为荷花有不祥之意。据此，我们不宜向他们赠送菊花和带有荷花图案的贺年卡等礼品。

5. 当面拆启。在国际社会，特别是许多西方国家里，受礼人在接受礼品后，习惯当着送礼人的面立即拆开包装，认真地对礼品进行欣赏，适当对礼品赞赏几句，赠礼人也会对礼品作一些介绍，这已演化成为一种普遍接受的国际礼节。

（八）服务

↑ 陪同国际展览局考察团团长赛雯女士游览城隍庙，她对小“唐装”产生浓厚兴趣。

中国外交礼仪的特点除了严谨规范之外，还有周到细致的一面。在许多情况下，“礼”是通过服务工作来体现的，也可以说，服务是施礼的重要手段。服务包括：住房车辆、宴请餐饮、娱乐购物、观光导游、安全保卫等许多事务性的工作。外事工作中的一间房、一桌菜、一出戏、一份礼，虽然没有语言，却常常是一种“无声的宣传”，因此具有高度的政治性，马虎不得。2002年，上海在接待国展局考察团时在人性化服务方面下了很多功夫，如向每人赠送的礼品是描绘他们各自肖像的刺绣作品；邀请服装师和中医师为他们定制唐装、号脉咨询，并为每人刻制了中国印章等。使代表团成员十分惊喜和感动，对中国文化和上海形象留下深刻印象。

四、形象之礼

礼仪与形象关系密切，塑造良好形象是遵循国际礼仪的重要内容，而礼仪礼貌是塑造形象的重要元素。在涉外交往中，一个人对自我形象的重视程度显示了他对交往对象的尊重程度。对自我形象毫不修饰属失礼行为。

一位对中国非常友好的美国妇女谈到她首次访华的印象时，竟然花了不少时间来谈论她导游的形象。她说，他是个好小伙子，工作积极，为人热情，外语也不错，只是不知为何每天散着一头乱蓬蓬的像野草般的头发，衬衫皱巴巴的，领子都发黄了，真叫人感到不适和遗憾。

时下，许多外宾惊叹中国和上海正在发生巨变，他们引用的第一条根据就是老百姓的穿着打扮变了，特别是上海女性服饰优美、色彩鲜艳、充分反映了上海经济的发展、人民生活水平的改善和人的观念形态的变化。许多外宾对我国妇女穿着丝绸、蜡染服装和具有浓郁民族特色的旗袍赞不绝口，表现出他们对中国文化的敬仰之情。

以上事例告诉我们，仪容、仪表在涉外礼仪中并不是一个无足轻重的小问题，也不是一个纯粹的个人问题。我们在涉外交往中对于自己的外部形象，最基本的要做到三条：仪容整洁、服饰得体、表情怡人。

（一）仪容整洁

仪容整洁是树立良好形象的第一要素，“清洁的背后是神圣”，它指我们应对自己的衣服、头发、面容、口腔、鼻腔、手指、眼睛等方面保持清洁、整齐和卫生。衣服保持清洁，熨烫平整，这样看起来就一定是衣冠楚楚；衣领要干净；头发要理顺；胡须要刮净；鼻毛要剪短；指甲要修剪；头皮屑要去除；皮鞋要擦亮；参加外事活动前，应注意口腔卫生，不要吃葱、蒜、韭菜等辛辣食品，必要时可以含一点茶叶，以除异味。

（二）服饰得体

西方有“助你成功的服装专家”之说，可见服装在人的整体形象中占有的重要位置。在涉外场合，我们的服饰穿着要遵循TPO原则，即服装修饰要与涉外活动的时间(Time)、地点(Place)、场合(Occasion)以及我们自身的职业、身份以及年龄、体态相吻合。其中的“场合”一指公务场合，着装风格注意庄重保守；二指社交场合，着装风格较为时尚个性；三指是休闲场合，着装风格舒适自然。

男士服装：正式场合可穿中山装或西装，以深色西装、白色衬衫和黑色皮鞋的搭配为佳。西装面料力求高档，以毛料为首选，色彩首推藏蓝色，以显得庄重正统；正式场合宜穿单色、无图案的西装为宜。高层次的社交活动较标准的穿着是三件套，除了西装、衬衫、马夹，原则上不能再穿羊毛内衣之类的衣物。不穿尼龙或白色的袜子，不穿凉鞋和布鞋。皮鞋以牛皮最好，深色、单色、黑色为佳，要做到鞋内无味、鞋面无尘、鞋底无泥、尺码恰当。正式场合穿着西装需打领带，长度不超过腰间。若用领带夹子，应别在衬衫从上往下数第四和第五颗纽扣的当中。最好的领带是真丝或羊毛制成的；

正式场合佩戴的领带不宜超过三种颜色，少用浅色、艳色和简易式的领带。

女士服装：正式场合以西式裙装为佳，或穿着旗袍等传统中式礼服。公务场合，女士一般穿着西式上装和一步裙两件套。面料力求高档，以素色、冷色为主，做工精良，熨烫平整，挺括贴身，少用饰物、花边点缀，以体现典雅、端庄和稳重。女士裙装的造型大致可分为“H”型、“X”型、“A”型、“Y”型四种类型。“H”型的主要特点是上衣较为宽松，裙子亦多为“筒”式，给人以直上直下，浑然一体之感，可显示着装者的优雅、含蓄，也可为身材肥胖者遮掩；“X”型的主要特点是上衣多为紧身式，裙子多为喇叭式，突出着装者腰部的纤细，显得婀娜多姿，楚楚动人；“A”型的主要特点是上衣为紧身式，裙子则为宽松式，体现出着装者上半身的优势，遮掩其下半身的劣势，显得松紧有致，富有动感；“Y”型的特点是上衣为宽松式，裙子多为紧身式，并以“筒”式为主，令着装者显得亭亭玉立，落落大方。

↓ 国际交往须注意形象，做到仪容整洁、服饰得体、表情怡人。我们的服饰要与外事活动的时间、地点、场合以及自己的职业、身份、年龄相吻合。图为我在外事接待中的“职业装”。

另外，女性的服饰宜注意几个原则：①得体重于时髦；②个性重于流行；③民族特色魅力无穷；④总体搭配至关重要，包括发式、化妆（不宜夸张）、饰品（以少为佳，只能画龙点睛，不能画蛇添足）、手袋、披肩和鞋袜（中筒袜与低筒袜不宜与套裙一起穿）。

1995年，我出席第四次世界妇女大会时，看到各国妇女的民族装束美不胜收：非洲妇女肤色黝黑，衣裙斑斓；中东妇女头巾长袍，素雅圣洁；欧美妇女金发碧眼，现代时尚；南亚妇女纱丽裹身，婀娜多姿；中国妇女布衣蜡染，传统旗袍，楚楚动人。作为中国女性的服饰，旗袍已有三百多年的历史，它适合中国妇女的体形，采用中国绸缎织锦缝制，并绣以高雅之花卉或龙凤，可增添中国女性之美，是参加正式宴会的高雅装扮和最佳着装选择之一。旗袍的色彩和款式要大方、雅致、合体，在隆重的场合旗袍要长至脚背，两边开叉不宜过高，约在膝盖以上两寸左右为宜。

（三）表情怡人

有一种“魅力”不是从服饰、发式和肤质中来，而是从神态表情中来。其重要性也不亚于服饰，也就是说，容貌并不出众，但神态表情令人愉悦的人也能给别人以美感和好感。神态表情常常是心灵的流露，我们若能以阳光、友善的心态去看世界，看与你接触的人，往往会情不自禁地绽放微笑。它表现你接纳别人，对别人的友好、善意和热情，会引起对方的亲切感和共鸣，使你很快为对方所接受，与对方走近，使对方产生好感。因此，人们称微笑是“打动人心的无声语言”、“通向世界的护照”。有一位英国总领事，他上任以后做的第一件事就是要求英领馆签证官实施“微笑服务”，树立全新的窗口形象，改变人们头脑中英国人“冷俊”的形象。很多外国友人和领馆官员对我说：你总是兴高采烈，满脸笑容，这使看到你的人们情绪很好，永远忘不了你迷人的微笑，你的“微笑外交”征服了我们的心，甚至会让人情不自禁地跟着你走……

↑ 穿着“中西合璧”的服装参加外国领事夫人的派对。

↑ 民族服饰在中外社交场合备受瞩目。

眼睛是心灵的窗户，眼神可传情，它起到了与微笑同样的作用。通常眼神有直视型、斜视型、转换型、柔视型四种。我们与人接触交流时应采用柔视型的眼神，使人产生亲近感、亲切感，增添我们的亲和力。

谈到形象塑造，我不禁想起了很久以前发生的一件红外套的故事。1987年，我只身前往美国的密西西比州进行访问。那里的人们对中国还很不了解，认为中国没有宗教信仰自由，甚至还以为当今的中国人仍像“文化大革命”期间红卫兵那样穿军衣，系皮带。一天，我应房东之邀，一起去教堂做礼拜。我觉得这是一个展示中国人形象的好机会，于是，我穿了一件鲜艳的红外套，盛装前往。到了教堂，房东向教堂里的人介绍说：“她是我的朋友，来自红色中国。”我感觉在场所有人的视线都聚集到我和我的红色外套上。我在那里经历了宗教仪式的全过程，听教徒们做祈祷，唱福音歌。之后，我应邀作了一个即席讲话，我告诉他们我是谁，来自何方；我还告诉他们上海有几十个教堂，每逢周日教堂里做礼拜的盛况。我说：“欢迎你们来中国和上海，到那时，我一定陪同你们上教堂，会教友。”最后，祝愿他们生活在和平、博爱、幸福之中。我的形象和讲演似乎很受欢迎，礼拜结束后很多人过来与我握手、交谈。在回去的路上，房东对我说：“你真是中国派来的友好大使。”

↑ 阳光友善的心态使人情不自禁地绽放微笑。

红外套的故事给我不少启示：第一，个人形象在某种情况下的确代表了国家的形象，因此个人形象的好坏，决不是个人的私事；第二，服饰装束是塑造个人形象的重要方面，它常常会影响人的整体形象，并反映出人的文化层次、内在修养和性格特征；第三，关系到人整体形象的除了服饰以外，还有其他一些要素，包括表情、谈吐、举止等。只有提高自己的综合素质，才能提升自己的整体形象。

五、行为之礼

（一）守时守约

守时守约是国际交往中极为重要的礼节。一般地说，拜会、会见、会谈等活动应准时到达；参加招待会、宴会可准点或略迟两三分钟，正式隆重的大型宴会不可迟到；参加会议或文艺晚会等应提前到达；观剧听音乐会不可迟到；沙龙舞会较为随意，可迟到早退。

一次，欧洲某国的一位政要来上海访问。为促进他的国家与上海在某领域内的经贸往来，他提出有一个下午的时间不随团活动，在宾馆单独与我方某进出口公司的负责人进行商讨。我方接待人员根据他的要求约请我外贸公司负责人在约定时间内来宾馆与其会晤并与外方确认了此事。但是结果外贸公司负责人因故没来，也未通知接待人员向外方通报、解释和致歉，致使这位外国政要在宾馆白等了一个下午，产生了极为不良的对外影响。

信守约定的含义不仅要遵守时间，而且要兑现诺言。我们要特别注意以下三点：① 准时赴约。对自己已经认可的约定务必认真加以实施，在外国人面前树立中国人诚实守信，说话算数，办事讲究信誉的良好形象；② 不随意改约。万一由于难以抗拒的因素致使自己难以履约或单方面失约，应事先或事后向外方如实解释，郑重致谦并对由此给对方造成的某些损失主动承担责任；③ 谨慎许诺。在对外交往中，不管是答应对方所提的要求，还是自己主动向对方提出建议或许诺，都要深思熟虑，量力而行，切勿草率从事，甚至信口开河。

（二）问候致意

有一次，一位外国贵宾访问上海市郊一家农户，主人夫妇热情相迎，双方热烈交谈。当贵宾被引进主人家的书房参观时，只见一位少年端坐书桌旁，既不起立也不问好，继续独自看书，使客人颇为意外和尴尬。原来他是主人的儿子，因不知如何迎客，十分拘谨。这次接待总体很成功，但这位少年的举止令所有中外贵宾感到遗憾。

迎接远道而来的外国朋友时，问候致意是见面礼节的一部分，表示欢迎。通常情况是，一面与客人握手，一面向客人致意。此时主人应面带发自内心的微笑，神态大方地正视对方的双眼，以清晰爽朗的声音表示欢迎和问候，通常可以说："欢迎你"、"很高兴见到你"、"希望你这次访问愉快"等；对老朋友还可以问"好久不见，你好吗？""夫人（丈夫）好吗？孩子们都好吗？"对新朋友可以问"你是第一次来中国（上海）吗？"

在日常生活中，遇到已经见过面的外国友人时，不打招呼，视同路人是极不礼貌的。向已经认识的外国友人问候致意是向对方表示关切与友好的一种方式。问候的内容一般为"你好"，"上午好"，"下午好"，"晚上好"，也可作一些简单的寒暄："这里的气候你习惯吗？""对宾馆的服务和设施满意吗？""你对我们城市有何印象？"等等。中国人之间打招呼时常问的"你吃过饭了吗？""身体怎么样？""你到哪里去了？""正在忙什么？"等，这些对外宾是不合适的。

与外国客人握手不过分用力，也不"蜻蜓点水"，不戴手套，把握时间。需与多人握手时，注意不要交叉。握手时双目注视对方并微笑致意，不要看着第三方。

（三）用餐文明

有一次，某外国机构举行冷餐招待会，六百多名中外来宾欢聚一堂，盛况喜人。令人费解的是招待会开始不久，台上主人还在致词，台下的许多中国客人竟然已经按捺不住，"丰衣足食"起来，取菜时蜂拥而上，"抢先插队"者有之；一次取菜，"堆积如山"者有之；对准佳肴，"风卷残云"者有之……在这里，文明不见了，礼貌不见了，令外方大为尴尬。以上实例说明用餐中的文明礼貌是涉外礼仪中的重要内容。

用西餐时还要注意以下环节：① 餐巾，可铺在双腿上或放在食盘下面。不要将餐巾别在领口或背心上，也不要在手中乱揉。可以用餐巾的一角擦去嘴上或手上的脏物或油渍，但不能用它来擦刀叉或碗碟。② 刀叉，如果用餐未完，中途放下刀叉，应将刀叉呈八字形分开放在盘子上；用餐完毕，则将刀叉平行并拢，放在盘子里。③ 喝汤，用放在盘子右边的大汤匙。不要错用放在盘子前方那把较小的匙，那可能是甜食匙。喝

↑ 1999年9月，第五届《财富》全球论坛在上海举办。图为迎宾的盛大宴会。

↑ 用餐文明是涉外礼仪的重要内容。不同国家的餐饮和宴请反映了不同国家和民族的文化习俗，我们应了解和尊重。图为1999年在阿联酋出席外方的宴会。

汤时，可用汤匙朝外侧将汤从盘子中徐徐舀起，也可用左手将盘子稍稍抬起。喝汤时不要发出“呼噜”之声。④ 吃面包，不用刀切，可用手掰着吃。⑤ 吃水果，要用刀切开、削皮，不要整只啃。⑥ 喝咖啡，如需加牛奶或白糖，可自取。喝时用右手拿杯把，左手端小碟。如在餐桌上，也可不端小碟。小匙只用来搅拌，不能舀咖啡。⑦ 洗手碗，里面的清水上放几片玫瑰花瓣或是一些柠檬片，只能用于进食鱼腥菜肴后洗手，不能喝。

在涉外宴会上，我们对饮酒和劝酒要谨慎节制。可以敬酒，但不劝酒，尤其不能劝女宾干杯。涉外场合过度饮酒导致醉酒是违反外事礼规的行为，会损害个人和国家形象。因此，在涉外宴席上，我们自己要节制饮酒。几乎所有的涉外宴请中都有“祝酒”这一项礼节。祝酒时宾主发表的讲话一般比较短，主要表达良好的愿望和真挚的祝福，意在增进双方的友好关系。当主人和主宾致祝酒词时，我们应该暂停进餐和交谈，要注意倾听，更不要借机抽烟、吃菜、喝酒。

此外，还要避免以下一些“非礼之举”：如用自己的餐具为外宾夹菜、舀汤；乱挑、翻拣菜肴及其他食物；毫无遮掩地当众剔牙；随口乱吐口中不宜下咽之物；在用餐过程中补妆；当别人等着上菜时，你就开始吃；宴会过程中自顾自吃而不与邻座交谈；结束时，一走了之而不向主人致谢，这些行为都是不礼貌的。

↑ 东西方在用餐礼仪礼节方面差异甚多。图为西餐餐具酒具摆法。

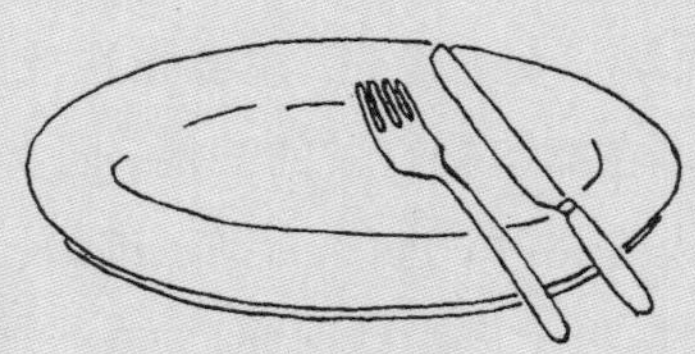

↑ 刀叉的摆放：上图为用餐未完毕，刀叉呈八字形分开放在盘上；下图为用餐完毕刀叉平行并拢放在盘里。

↑ 喝汤时，用汤匙朝外侧将汤从盘子徐徐舀起，也可用左手将盘子稍稍抬起。

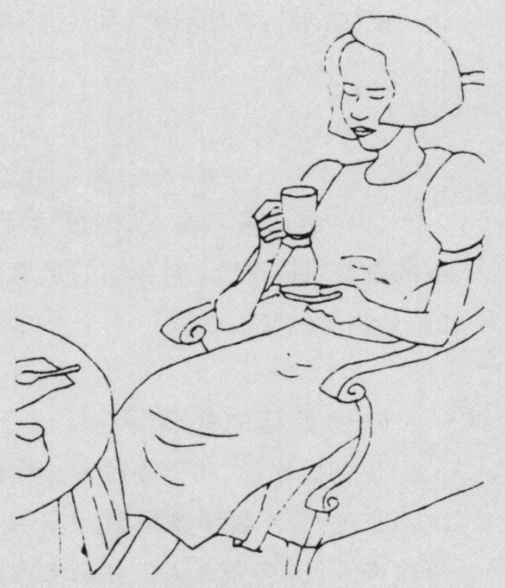

↑ 喝咖啡时右手拿杯把，左手端小蝶，也可不端小蝶。小勺用于搅拌，不能舀咖啡。

↑ 吃面包，不用刀切，可用手掰着吃。

★ 上述图示引自李天民、张敬如著《现代国际礼仪知识问答》。

（四）公众行为

在公共场合，国际通用的社交礼仪之一是“女士优先”。我们在涉外场合常常会遇到这样的情况：汽车到达一个目的地时，有一位男外宾先下车，站在车门旁边搀扶照料所有的女宾下车；女宾进入宴会厅，走到自己的座位处，邻座的男外宾会站起来帮助女宾脱大衣交给服务员，然后把座椅移出一点让女宾就座。这些男士之所以如此殷勤照料女宾，并不是因为他们认识这些女士，而是因为他们遵循了国际上公认的一条社交礼仪原则：“女士优先”。

“女士优先”主要指在社交场合，男子应该对妇女予以尊重和照顾。步行时，男子走在靠车辆行驶的一侧；同女子打招呼，男子应该起立；见到男女主人时，应先同女主人打招呼；进门、上车、进餐、入座时，男士应让女士先行；下车、下楼、进餐厅、进剧场时，男士应走到前面，为女士服务。受到男士照顾的女士应向男士致谢。

“女士优先”的原则虽然适用于国际交往，在西方国家尤其通行，但是在信奉伊斯兰教的阿拉伯国家、东南亚，以及日本、韩国、朝鲜、蒙古、印度等国，女性受到的限制较大。在沙特等国，外国男子不能与当地妇女握手。当然，更不宜向女士问候身体和赠送饰品等礼物。此外，在公务场合，人们强调的是“男女平等”，或者是“忽略性别”，而不是“女士优先”。

在公众场合要遵守公共秩序，保持人与人的适当间距；不要大声喧哗；会议或演出期间手机应关闭或调至静音；不要随处吸烟；应照顾老人、妇女和儿童；多用礼貌用语，如“谢谢”、“对不起”和“请”等。

六、言谈之礼

才学出众可以使人成为受人喜爱和尊敬因而具有魅力的人。口才和文才是才学美的重要组成部分，对我们的形象会产生很大的作用。恩格斯说：“语言是人类最重要的，最高级的交流手段。一个人的教养和人品的好坏，在交谈中会自然地流露出来。”

（一）谈话的礼节

说话要律己，听话要敬人。在自律方面，我们要注意说话时可适当做些手势，但幅度不宜过大，不要手舞足蹈，也不要用手指人，更不要唾沫四溅；说话的音量要适中，不可粗声大气，旁若无人。在敬人方面，别人谈话时要注意聆听，目光注视对方，不左顾右盼，心不在焉，或注视别处，显出不耐烦的样子，或作出频频看手表、伸懒腰、玩手机等漫不经心的动作。

（二）谈话的内容

话题应有所选择，宜选别人感兴趣的，或与交谈对象有关联的内容。一般情况下，应避免政治性的敏感话题，拟选中性话题为宜；不用政治术语，多用自己的语言为宜。对外交谈，应特别注意中外文化差异，如交谈对象，特别是女性，一般都不愿谈及自己的年龄。在国际交往中，人们普遍讲究尊重个人隐私。有这样一些通俗而幽默的说法：欣赏物品，莫问价值；情同手足，莫问工资；尊老敬贤，莫问年龄；与人为友，莫问婚姻；社交闲聊，讳疾忌医；个人经历，不宜详谈。当然，以上说法并非绝对，应视交谈场合和对象而定。

（三）谈话的艺术

1. 善于倾听。与人交谈取得成功的重要秘诀之一就是多听，而不一定是多讲。宋代词人黄升曾写道："风流不在谈锋胜，袖手无言味最长。"人的魅力除了来自其容貌、服饰、风度之外，还来自关注别人。最使你有好感的人，就是那些注意聆听你讲话的人。原因很简单，这些人注意你，聆听你，就是对你的尊重。古今中外，那些关注别人、欣赏别人、尊重别人、善解人意的人，无一不具动人的魅力。

2. 话题有别，即选择合适的话题。1987年，我应邀去一位美国黑人教师家度周末。两天中，我选择了各种不同的话题与他们家所有的成员都进行了一番稍有深度的接触。我发现他们家17岁的女儿特瓦莎对中国有美好的感情，但了解得极少。于是我用浅近易懂的语言给她讲解了中国近代史上发生的大事，还聊到她从医的理想。女主人克里斯汀是个教育学博士，又是个贤妻良母。我们探讨了"作为一个职业妇女，该如何处理好家庭和事业的关系"的话题，发现了我们之间的许多共同见解。克里斯汀的丈夫弗兰克林对政治很感兴趣，业余时间热衷打猎。我们从打猎谈到我如何学英语，并借此发挥下去，谈到中国在20世纪60年代中期以后所经历的巨大曲折和变化，引起他的极大兴趣。我针对他的疑问，解释了中国正在走具有中国特色的社会主义道路。我们的谈话直到深夜，弗兰克林连称：这样的谈话太有益了。我与弗兰克林的妹妹

↑ 对外交谈时要律己敬人，注意聆听，回避隐私。图为1990年美国福音派传教士葛雷厄姆的儿子访问我家，就宗教问题进行亲切交谈。

↑ 与人交谈应注意话题有别，即选择对方感兴趣的或与之有关联的内容；少用政治术语，多用自己的语言为宜。图为1987年在美国南方黑人房东家度周末，与其17岁的女儿特瓦莎聊人生理想，成为"忘年交"。

玛丽几乎是一见如故，谈得投机，因为我选择了两个与玛丽密切相关的话题。一是她所从事的对精神有缺陷的青少年的特殊教育；二是她有过痛苦经历的离婚话题。我在这一家度周末的时间是短暂的，但好些推心置腹的谈话使我们很快成了一家人。

3. 双向交流，不搞“一言堂”。自己讲，也请别人讲；回答别人的问题，也向别人提问、请教。

4. 留有余地。不自我吹嘘，而是一分为二，既谈成绩，也不回避存在的问题。这样的交谈往往给人以好感，有可信度。

5. 改善语言。倡导说短话，避免冗长；说实话，避免虚话；说有个性的话，不说套话；说留有余地的话，避免满话。

七、交往之礼

中外人际交往的指导原则应该是热情友好，以礼相待，不卑不亢，求同存异。今天，来中国和上海访问和工作的国际友人与日俱增，我们应该如何与这些来自不同社会制度的国家，具有不同文化背景的外国人交往相处呢？求同存异既是我们国家，也是我们个人对外交往的重要原则。首先，对他们的文化传统、生活习俗、宗教信仰、政治见解要了解、尊重。第二，在交谈交往中，寻找共同点，回避分歧点。选择共同感兴趣的话题进行交流，增进他们对中国的了解，达到发展友谊的目的。友谊的窍门是共同点和不同点的高度结合。第三，交往中发现不同观点，一般不争论，更不应该把我们的观点强加于人。

在中外人际交往中，“礼”具有至关重要的作用。那些尊重他人、态度热情、注意礼仪、诚信可靠、乐于助人、宽容随和、善解人意、有人情味的人是受人欢迎的；反之，“自我第一”、“功利主义”、“冷漠无情”、“傲慢无礼”、“言而无信”、“强加于人”的表现都会遭人嫌弃，从而失去友谊、信任和朋友。

对外交往中，“服务”既体现了“礼”，又超越了“礼”，常常是建立信任和友谊的开始。我在与外国领事官员的交往中，首先做到在公务方面向他们提供方便与合作。同时，对他们求助解决的其他问题尽可能地提供帮助和服务，诸如帮助外国总领事落实住房，帮助领事夫人做慈善工作，对外国领馆人员看病找医生，为其来沪探亲的家属申报临时户口等杂事提供咨询。结果外办领事处似成了他们的“110”，我也成为广受各国领事官员欢迎的人，被他们亲切地称为“上海的一张非常友好的面孔”、“当代中国的绝佳广告”。有的总领事刚到任，却对我“一见如故”，说：“我的前任告诉我，若碰到问题可以去找外事办公室的Kitty Xia！”

“包容”是维系良好人际关系的秘诀。美国基督教领袖格雷厄姆一家与中国有特殊情缘。他的夫人露丝是一名美国传教士之女，早年在中国苏北淮阴出生，生活到17

岁时才回美国。1989年应其要求，我陪同露丝夫人和她的三个女儿，在中国进行了一次私人的旅行。当时正值政治风波前夕，她们要求参加北京街头的游行、拜访基督教“地下教会”的成员；每到一地，发表有宗教内容的演说，还动员我信奉基督教；一路上任意改动原先安排好的活动行程，使我承受巨大压力。我以包容的态度，遵循求同存异的原则，妥善处理具有政治敏感性的问题，耐心热情地为她们服务，坦率诚恳地与她们交流，确保旅行圆满并使双方保持友好融通的关系。当年政治风波发生后，他们从美国几次发来传真，邀请我去美国，我说明我永不离开祖国，中国形势稳定。自那时起，葛一家与我的联系维持二十余年。

↑ 在中外人际交往中，那些尊重他人、诚实可信、乐于助人、包容随和、有人情味的人是受人欢迎的。图为1994年以色列-中国友好协会主席考夫曼的夫人在宴会上向我讲述她一家过去旅居上海，今日重访旧居的感受。我们都很动情。

↑ 1989年，陪同葛雷厄姆夫人罗丝及其三位女儿进行访华之旅。虽然双方在政治、宗教、文化等方面差异甚大，我待以耐心包容、求同存异，双方保持友好融通的关系。图为在三峡游船上我与罗丝母女合影。

在涉外交往中，态度热情、招呼问候、微笑待人、赞美他人等都是“礼”的表现，不容忽视。对别人的来信、邀约应予及时回复，置之不理是非常失礼的行为，也是对别人的一种不尊重甚至伤害，从而使自己失去友谊和朋友。2001年初，市领导会见了来华开展文化交流的美国安可公司全球执行副总裁、前美国众议员马特・萨尔门等三人。之后我代表上海市外事办公室宴请代表团。席间宾主交谈甚欢，热烈的气氛增进了他们对中国的了解和友谊，激发了他们对华交流的强烈愿望。事后，他们中的两位先后给我来信，其中安可公司上海代表处的董事总经理傅凌霄再访上海时还诚邀我一同去观赏昆剧。当时，由于公务繁忙未能同去，也未予正式回复，事后也未及时补救，就此失去了联系。我估计我的无“礼”，一定会使对方感到失望和不解，也成为我自己终身的遗憾。

八、礼仪之源

礼貌礼仪看得见、摸得着，似乎是一种外在的表现。实际上它是一种内在素质的

↑ 形象美、语言美、行为美、心灵美是我在数十年的外交外事工作中不断追求的目标。

反映。礼的内涵是体现对别人尊重、友善和关爱，核心之道是处理好“自我”与“他人”的关系。

疏于礼仪，有时被人们认为是“小节”问题，但实际上恰恰反映出对别人的忽视和不敬。我曾经历过这样一件小事。在我从事涉外慈善工作时，曾与一知名跨国企业合作开展公益救助活动。该企业项目联系人在从未商讨的情况下要求我某日去北京该企业总部参加一个企业内部的小型会议，并发表演讲。尽管面临日程、费用等许多困难，但为了加强双方的合作，我还是排除困难赴京参会。但抵京后，无人接机，无人陪同，无领导会见，无日程安排，我成了一个“招之即来，挥之即去”的人物。我理解，这一无“礼”状况的出现，主要可能是因为这位联络人缺乏办事经验。但从根本上说，她最大的问题是缺乏尊重他人，为别人着想的素质，一切以自我为中心。显然，这位缺乏“礼仪”观念的联系人是不可能长久地与别人建立良好的合作关系的。

英国著名哲学家弗兰西斯·培根说：“行为举止是心灵的外衣。”只有“心灵美”，才能“语言美”、“行为美”、“形象美”。也就是说，要做有“礼”之人，必须先做有“德”之人。要学好涉外礼仪，首先要提高道德素养，特别要做到：热爱祖国，发扬中华民族礼仪之邦的优良传统；了解外国，尊重异国文化习俗；学习积累，实现知识多元结构；修身养性，培育良好道德品质；外向意识，提高对外交往能力。

↓ 因为热爱工作、友善待人，使我赢得众多中外朋友。

在一切涉外活动和人际交往中，友善和礼貌都是非常有用的财富，需要的“投资”很少，但带给我们的收益却很大，是我们在国际化进程中的软实力。让我们努力学习和实践，做一个学礼、懂礼、有礼之人，以道德高尚，仪表端庄，举止文明，谈吐高雅，善于交际，不卑不亢的形象出现在国际交往的舞台上。

外事纪实

凝聚人心

外事接待是服务国家外交的重要环节。在外事接待中通过礼宾、会见、宴请、参观、交谈、游览、娱乐等各项活动与外宾交流互动，有利于增进他们对中国、上海的了解和友谊，为中国在世界上赢得人心和更多朋友，促进中外交往与合作。

对尼克松总统访问上海的记忆

1972年2月，美国总统尼克松进行了震惊世界的访华破冰之旅。四十多年过去了，尼克松访问上海的情景依然历历在目。

准备工作全面周详，工程浩大。客人来访之前，接待班子进驻上海锦江饭店达三个月之久，布置、协调、检查、汇总方方面面的准备工作，包括市容市貌、环境布置、机场联检、安全保卫、通讯联络、宣传报导、基层准备、宾馆设施、生活接待、文艺节目、群众教育……我天天跟着老同志深入基层，了解情况，汇总信息，整理成文，常常通宵达旦赶写简报向中央汇报。

我参加接待了一批又一批先遣组人员，发现他们对中国又拘谨又好奇，对中国文化尤感兴趣，还讲了很多友好话语。有的说："中国人民是一个有古老文化的民族，在美国，大家都希望和中国友好，现在已成为占压倒优势的舆论。"还有的说："上次随同基辛格来访的两个女速记员回国后穿起了中国服装，成了时髦人物，每天都有记者去探访。"又说："在上海的第一顿午餐非常丰富，中国菜非常鲜美，最后一道菜是用鸭子烧的汤，更漂亮的是盛汤用的碗竟然是用南瓜做的。"他们到处采购中国商品，主要有木雕、瓷器、手绣台布、邮票，还有明信片等，说"回国时如不带点中国东西不好办"，有的在机场就用明信片给家人写了几十封信。有一天，按中央指示，我方向美方每人赠送十斤糖果，许多人手捧礼盒高兴得跳起来说："到过世界上许多国家，从来没有受到像中国这样热情的照料！"

我们的各项服务工作准备充分，实施顺利，效率很高。上海民航前后承担了51架次的美方专机的飞行导航，保证美机顺利起降。客人抵沪后，入境手续均在十几分钟内完成。电讯部门确保上海与美国之间的全部通讯线路畅通。接待办公室调集了英语翻译到宾馆总机间工作，国际电话在2至3分钟之内即可接通。首次在上海兴建的通讯卫星移动地面站，从土建、安装到开通不到二十天。美方人士对此留下了深刻的印象。基辛格博士曾说："中国人办事好像毫不费力。"

↑ 1972年尼克松总统和夫人与周总理谈笑风生。

↑ 1993年尼克松再访上海在襄阳公园与市民亲切交流。

美国记者二十多年与中国隔绝，有一种对信息的"饥渴感"。他们采集新闻近乎疯狂，遇到每一个人都会采访，从中国人的生活、房租、交税、饭菜、工资、退休、食堂、菜场、储蓄等，问到对中美关系和尼克松访华的看法。在参观市郊人民公社时，还闯入农户的厨房，掀开人家的锅盖，看看里面有些什么菜。我们的群众了解了中央的政策，表现得不卑不亢，坦然应对，友好而自尊，令记者们信服。如美方记者在参观工人新村时问一位老妈妈："你是否欢迎我们美国人来访问？"老妈妈笑着说："当然欢迎。解放二十多年了，现在的上海同旧社会已经大不一样了，你们是该来看看啦！"在参观一家工厂时问主人："你对这次中美会谈有何看法？"主人答道："世界形势变化了，看来美国政府对中国的政策也有些不同了。这些会谈是好事，但我们还要看美国今后怎么做！"美国记者们说，他们在与中国人接触中，"深深感觉到人们的信念、自尊和对政府政策的信任"。

尼克松作为勇敢踏上破冰之旅的政治家当然最受瞩目。2月21日，美方专机从上海过境去北京，尼克松一行在机场做短暂逗留。我们看到总统走下舷梯时笑容满面，他旁边的第一夫人南希穿着鲜红的外衣，据说是因为美方认为中国人特别喜欢红色。他们在机场休息时，尼克松总统对候机厅墙上悬挂的按毛主席手迹放大的巨幅七言律诗《长征》仔细端详，备加赞赏。中方主人为尼克松总统准备的点心"虾仁小馄饨"，鲜美可口，具有中国特色，又便于西方人食用，备受客人赞赏。

2月27日，尼克松一行278人在周总理亲自陪同下，由京抵沪。尼克松在参观活动中显得特别活跃，因为这是他在记者和公众面前树立形象的好机会。在参观上海工业展览会时，尼克松帮助周总理脱下大衣。在展示的机器前面，周总理请尼克松总统按动电钮。尼克松说："我按的是建设性的一钮。"尼克松、周总理走到哪里，大批外国记者蜂拥围去，试图靠近他们。我年轻气盛，也毫不示弱，勇往直前，终于采集到大量第一手材料。在这些激动人心的日子里，我完全进入角色，成了一名能"抢新闻"，能作快速报道的"外事记者"。

当天下午5时许，基辛格在锦江小礼堂就中美双方会谈的成果举行记者招待会，宣布中美两国签署了《联合公报》——又称《上海公报》。标志着两国关系正常化过程的开始。在当天的晚宴上，尼克松祝酒时说："联合公报只是一个开始，今后所要做的更重要的事情，是建造一座跨越16000英里大洋和曾分隔我们22年的敌对情绪的桥梁。而要做到这一点，就需要做比公报里所写的多得多的事情。"

当晚宴会上还有一个小插曲，我桌上的客人全部是美国记者，他们无心就餐，急于采访发稿，我也是他们采访的对象之一。因为我是读中文出身，英文不太流利，他们有点失望，带着遗憾的口吻对我说："希望下次见面时，你的英语能说得好一点！"

尼克松访华对中美关系、世界格局产生了重大的影响。对我个人而言，这是进入外事系统后所上的有关外交外事的第一堂课。使我懂得地方外事与总体外交的关系；外交礼宾、各种细节对体现中央政策的重要性；亲身感受到中文、外文是外交外事人员的两项基本功。尼克松访华不仅打开了中美关系的大门，也打开了中美人民交流的大门。此后，我在组织的支持和安排下，再上了一次大学，学的是英语专业，并赴美国进行社会考察，进修英语，为我的外事人生打下了坚实的基础。

“夫人外交”的趣闻和启迪

上世纪90年代，我参与了不少外国元首和政要的接待工作，陪同其随访的夫人们。这是一个靓丽多姿、身份特殊的妇女群体，尽管在政治和外交中的位置与她们的丈夫不同，但做好她们的工作同样重要。于是我对这些夫人的政治倾向、工作领域、思想哲理和兴趣爱好做了认真了解和思索，展开了一种集官方外交和民间外交于一体的夫人外交，留下了许多美好而难忘的记忆。

↑ 1993年，陪同乌拉圭总统拉卡列的夫人游览豫园。

她被这片日新月异的土地所吸引

乌拉圭东岸共和国总统拉卡列的夫人玛丽亚是一位久居巴黎，长期接受西方文化熏陶的高层妇女。她一到上海，坐进汽车就对我打开了话匣子，中心话题是对中国古老文化传统的兴趣和敬佩。她说，她在国内每周两次接受中国古老的针灸治疗，吃三种中草药，对睡眠和皮肤过敏等问题疗效显著。她说，她十分喜爱中国菜，因此用筷子是不成问题的。当汽车驰往高楼林立的开发区、车水马龙的闹市区时我向她说起了上海的新发展，玛丽亚显得非常新奇和兴奋。她说，中国是一块日新月异的土地，在这块土地上没有什么事不可能发生。为这次访华之行，她和总统阅读了大量有关中国的报道，但由于访问时间短暂，日程紧凑，所见所闻，目不暇接，她盼望今后能再来中国，看一看举世闻名的西安兵马俑、无与伦比的桂林山水和听说以后将会看不到的长江三峡……

一位颇具政治头脑的现代女性

文莱苏丹哈桑纳尔的夫人玛丽娅姆殿下走出机舱，出现在人们眼前的是一位按伊斯兰习俗身着长裙、头裹纱巾、深受皇家法规约束的王妃形象。几分钟以后，我们在汽车里进行了一番热烈的交谈，从中我知道她曾做过7年空中小姐，她那一对闪烁着好奇之光的明亮大眼睛和一口流利英语的轻快谈吐，使我很快意识到，这是一位颇有政治头脑的“新潮”女性。她透过车窗，观赏上海街景，说：“上海与北京风格完全不同，南京路真像香港！”当车队向杨浦大桥方向驶去时，我一面向她介绍浦东开发的情况，一面心里在犯愁：她爱听这些吗？不料，她反应极快，说小时候读书时就听到过“黄浦江”的故事，这次一定要亲眼看一看这条著名的河流。接着，她发表了一通颇具政治家风采的高论：“当今世界上有许多国家经济正在衰退，唯独亚洲，特别是中国，却在蓬勃发展，这说明现在是中国发展经济的大好时机。上海一定能恢复她旧时的地位和繁荣，而且肯定会远远地超过过去。”在观光杨浦和南浦两座大桥以后，她说，上海有巨大的发展潜力，确实是外国人投资的好地方！

这位文莱王族贵妇酷爱珠宝玉器，而且还是个行家。在对其下榻的新锦江大酒店商场和上海玉石雕刻厂的行情作了一番了解以后，她又发了一通议论说，中国的一些商店对外国人，特别是富有的外国人往往有开高价“宰客”的现象。玉雕厂一颗好玉开价10万美元，玛丽娅姆杀价至1.4万美元，说多一分钱也不买，使厂方非常失望。她私下对我说，中国市场上好东西很多，但这次不想匆匆忙忙买贵重饰品。希望下一次能来中国作私人访问，到那时，请陪同人员带她到处走走，细细看看，好好挑挑，在那样的情况下一定能买到价格公道、质量上乘的好东西。

↑ 1994年，陪同文莱苏丹哈桑纳尔的夫人出席晚宴。

心系本国妇女命运的总统夫人

1996年初访问上海的乌干达总统穆塞韦尼的夫人珍妮特是一位热心救助妇女和

儿童的知名社会活动家。在品茶闲聊时我介绍了中国的各种名茶和时下在上海走红的“减肥茶”，引起夫人很大的兴趣。她说，乌干达妇女普遍肥胖，原因是土地肥沃，物产丰富，人们在饮食方面毫无节制。我说，夫人是否可以对合理的食品结构和饮食习惯作一些倡导。她说，人们的饮食结构和生活习惯根本上与国家和人民的经济状况有关。改善了贫困的状况，人们的文化和文明水平也会随之而提高，其饮食卫生和生活方式也会随之改善。因此，目前，她在乌干达农村妇女中展开传授先进农业技术和选播良种的工作，以期提高产量，从而使作为主要劳动力的乌干达农村妇女增加收入，改善生活。她说，中国发展很快，她希望能得到有关中国农村变化、发展的录像带或电影纪录片，带回去放映给乌干达老百姓特别是农村妇女看，让她们相信：世界上存在着这样奇迹般的变化，中国是个榜样，她们会受到鼓舞，有个奔头。

一位醉心于中国文化的外长夫人

丹麦外交大臣彼得森的夫人克里丝蒂娜是小儿科医生，她四十开外，一头短发，不施脂粉，思维敏捷，快人快语，是一位典型的职业妇女，还有一种民间外交家的风度。逛街时她与我津津乐道地谈论有关中国的气功、太极、民乐、烹调。走进豫园，她被“松鹤长寿”、“八仙过海”、“双龙戏珠”等古老的传说深深地吸引。在“绿波廊”，她边品尝“眉毛酥”、“枣泥饼”、“小粽子”、“糯米糕”，边与我讨论中国的端午节、元宵节、灶君节……克里丝蒂娜进入了中国文化氛围，如痴如醉。来到湖心亭、九曲桥畔，挤在熙熙攘攘的游人中间，克里丝蒂娜兴奋不已，流连忘返。不远处，几位女游客陪同着一位老年农妇正好奇地看着我们这群“外国人”，我发现克里丝蒂娜也同样好奇地盯着她们看。当她们转身离去时，克里丝蒂娜急切地说，真想为那位农妇照个相。我被她那份真情所感动，竟不假思索，莽莽撞撞地追赶过去，把她

↑ 1996年，与乌干达总统穆塞韦尼的夫人珍妮特交流两国妇女情况。

↑ 1995年，陪同赞比亚副总统米扬达的夫人参观南浦大桥。

↑ 1994年，陪同葡萄牙总理席尔瓦的夫人（右一）在玉佛寺与住持交谈中国民众对佛教的信仰问题。

们找了回来，说明原委，并让克里丝蒂娜站在那农妇身旁合影留念。农妇五十开外，一头白发，一身土布衣裤，黑黝黝的脸上起了皱纹，但她端正、善良、质朴——这是一个中国劳动妇女的形象！我真为克里丝蒂娜敏锐的眼光和对中国人的真情而感动。想到刚才我们把人家追回来的举动，我觉得有点好笑，也真有点"疯"，克里丝蒂娜承认她有点"疯"，她得意洋洋地说，我们该成立一个"疯女士俱乐部"，说着大家放声大笑起来。

我们随同丹麦外交大臣一行来到金桥开发区参加中丹合资的国际英特尔营养乳品公司揭幕仪式。我把出席仪式的谢丽娟副市长（其本人是医生）介绍给外长夫人和丹麦驻华大使夫人（也是医生）。这三位女医生碰到一起，谈得投机，分外亲切。谢副市长思想十分活跃，当即提出一个问题：现在儿童乳制品很丰富，但老年人由于生理机能的变化，饮用一般的牛奶会腹泻。她告诉丹麦朋友，现在上海已进入老龄社会，老年人口210万，占全市人口总数的16%，老人的营养乳品成了一大问题。克里丝蒂娜听到这里，立刻把丹方董事长尼尔森先生叫过来，介绍给谢副市长。丹方感谢我市领导提出了一个极其重要而具有良好前景的新项目。一个月以后，他们开始启动这一新项目的开发。在上海短暂的逗留结束后，克里丝蒂娜以"中丹'疯'女士俱乐部创始人"的名义写信向作为上海陪同的我致谢，她满怀真情地表示在有生之年还要实现两个梦想，一是访问孔子的故乡曲阜，二是感受丝绸之路的魅力，并希望1995年她以丹麦妇女代表团一员的身份在北京与我再相会。

↑ 1995年，陪同以色列工党总书记兹维里的夫人（右一）参观宝钢。

↑ 1996年，在宴会上与意大利外长兰贝托·迪尼夫人亲切交谈。

接待墨西哥女外长格林

2000年8月5日上午，徐匡迪市长会见了墨西哥外长罗萨利奥·格林。徐市长显然对格林等拉美里约集团“三驾马车”外长访华材料经过认真研究。他对格林的谈话内容与以往对其他外宾的谈话内容完全不同，重点不是介绍上海的经济建设和社会发展情况，而是着重谈了建立公平合理的国际经济新秩序的问题。

徐市长说，现在的国际经济秩序是不合理的。信息和金融都被发达国家垄断，由于技术方面的差距，富国和穷国之间的差异会越来越大。发达国家说，让我们大家彻底开放信息市场、资本市场，你们也可以到我们的市场来。但我们船小，开不过太平洋。金融危机说明资本市场的开放多么危险。

徐市长说，经济全球化对发展中国家来说面临着机遇，即劳动力和资源方面有优势。但发达国家有高新的技术高附加值产品，他们不肯转让。因特网是开放的，任何人都可以上网。但事实上55%的用户在美国，35%在欧洲，其他地方，包括日本仅占10%。所以信息社会是不平衡的。

徐市长说，很高兴拉美里约集团“三驾马车”外长来访，我们可以交换意见开展合作，找到世界经济发展的新规则和新秩序。

格林说，此次访华受到高规格、高礼遇的接待，她将努力推动墨中政治、经济、文化、教育等多方面的合作。希望在不久的将来，墨中签署中国入世谈判。墨在国际论坛上坚持一个中国的立场。她说，回去以后要与墨工商界交谈，请他们到上海来，上海对墨西哥有着特殊的意义。她还说，上海是个美丽的城市，2001年还要举办APEC会议，墨2002年也要举办。现在我们之间的友好关系处于关键时期。

徐市长说，我们有关APEC的准备工作对墨西哥是公开的，你们可以随时派人员来此交流。上海的企业家也很高兴去墨投资。徐市长还说，人类学家有关基因工程

↑ 2000年8月，徐匡迪市长会见墨西哥女外长罗萨里奥·格林。

↑ 陪同格林外长在上海博物馆购买青铜器。

↑ 格林外长参观东方明珠。

(DNA)的研究表明，中国人和印第安人97%以上是相同的基因。因此我们把墨西哥外长看作是好朋友，也是远亲。

市长会见后，我陪同格林外长参观访问。上车后，她继续和我谈了一些政治方面的事务，并且告诉我她已与当选总统福克斯谈了约两个小时，向他建议今后加强两方面的工作，第一是拉美工作，这个地区是与墨西哥关系最为密切的地区；第二是亚洲，特别是中国。总统表示赞同，也希望能尽早实现访华。

格林既是一位资深外交家，也是一位有魅力的墨西哥女性。她身材修长，面容秀丽，金黄头发，喜欢穿咖啡色的衣服，其风度、气质属于典型的上流社会的官场人士。但其个性极为活跃，谈话中，对上海赞不绝口，说她喜欢上海；对艺术文物兴趣极浓。1998年她访问过上海，参观过上海博物馆，此次抵沪后又去参观了四个馆，说她是上海博物馆的崇拜者，特别喜欢青铜器，还买了5000美元的青铜仿制品。

外长虽是政界人士，但女性特征鲜明，好谈论服饰、裁缝等。在"真丝大王"，她很有眼力地挑了几段绸，有的是为已有的裙子配套而选。有一段略带花纹的金黄绸缎看来很华丽，比试后，她说："我穿上这一块绸，整个人都变成‘黄人’了。”看看镜子里的她，想想有点道理。在销售优质重磅丝绸柜台，我看到一块鲜红的绸缎，感觉既华贵又庄重，配上金黄的头发和修长的身材，可制成相当令人注目的礼服。她起先没有买。离开这家店几分钟以后，我在汽车内与她重提红绸，说得她心动起来，终于决定回去再买。但她又叮嘱不要告诉其他人，只说她把东西忘记在店里。我说，让店里给她打折扣，她很听得进，说要给个好价钱。结果打了八折，买了六米，共花去七百多元。这一切都显示了女性的特征。

我注意到格林向人赠礼很有讲究，准备充分、细致。最重要的特点是送礼看对象。赠徐市长是一本墨西哥的精美图册，比较庄重高雅，有分量；赠上海博物馆和北京全程陪同的是墨西哥的音乐CD片；赠我一个墨西哥的工艺首饰盒，很精美，有民族特色，表达了对我的谢意，这对女性朋友很合适。徐市长会见后向她赠送了一个青铜酒杯，她爱不释手，我说此件可加入到她的青铜器收藏品之中，她显然非常兴奋。

热爱上海的丹麦州长

2000年6月，我在上海接待了丹麦奥胡斯州州长约翰内斯·严森一行，他们来沪的目的是探索该州与上海缔结友好关系的可能性。结果非常积极，他们对上海留下了极深的印象，认为奥州与上海有许多共同点，同时也有很强的互补性。在经过了一周的参观访问以后，州长与我方会谈时提到希望在九个方面与上海开展合作，包括：孵化器机制，扶持新企业；医疗合作，特别在心脏和神经科方面；残疾人康复中心，为老弱残障人士服务；文化教育方面开展学生、表演团体互访；环保交流，引进奥州先进技术；商贸合作，农副产品加工；高科技、因特网信息和软件交流；港口集装箱作业等。

严森州长多次表示，对上海留下极深极好的印象，很希望能够与上海结好，并从现在就开展交流。他说，此次回去以后将尽快寄来有关会谈的备忘录材料。他还提出邀请上海周慕尧副市长率团于明年年中访问丹麦，以便使上海对奥州有更好的了解。

在他们离沪前一天的晚宴上，我祝酒时说，奥州代表团来到上海，我们交上了朋友，增进了了解，为今后两地结成友好关系打下了良好的基础，奥州人士给我留下最深的印象是真诚、可信，总领事先生和州长先生就是极好的代表。我感到上海和奥州的合作交流前景广阔，因为我们有多处共同点，也有互补的领域。今天，我们为上海与奥州的友好交流播下了种子，希望在不久的将来能够开花、结果。

州长致答辞说，奥州人口较上海少得多，这方面双方存在很大差距，但我们之间也有很多共同点。这次，我们找到了可以合作的领域，上海的印象不时缭绕脑际。我们之间的合作现在刚刚开始，像一只幼稚的丑小鸭，但是相信在我们的共同努力下，这只丑小鸭一定会变成美丽的天鹅。

2001年，我陪同市委罗世谦副书记访问丹麦，在奥胡斯州受到盛情接待。10月7日晚，严森州长宴请代表团。除了食品的精美、饭店的气派之外，宴会上的交流十分有益，成为我们丹麦之旅的一个高潮。

州长的晚宴属西方社交中最高档次，在当地最有名的餐馆举行。晚宴的菜肴特别讲究和精致，请最有名的主厨亲自作介绍。第一道菜是白脱和鱼，第二道是牛尾，之后上了一道冰淇淋果汁，主人解释说，这不是甜点，而是为了更好品尝下一道菜而用来清洁口腔的。之后来了一道牛肉和蘑菇。根据不同菜肴，分别以红白两种葡萄酒相配。最后是甜点。

↑ 2000年，我在上海接待丹麦奥胡斯州州长约翰内斯·弗兰斯泰德·严森。

州长发表欢迎讲话，他说，去年访问上海时过得非常愉快，今天的晚宴是对上海朋友的一种答谢。席间的谈话主题还是上海。州长表示，对上海的发展速度和雄心留下了深刻的印象。他说，从未见过世界上有哪一个城市的发展像上海那样快，真可以说令人惊呆了（他用了breath taking一词）！他问怎么能够做到这一点？罗书记从邓小平1978年提出改革开放谈到之后大规模吸收外资、在改革中保持社会稳定、产业结构调整，帮助下岗工人培训转岗等等。州长问到上海港口发展的近况，罗书记介绍说上海正在建造深水港和跨海大桥。州长又问，最近上海市区和浦东有何新的发展？如何说服西部地区的人不涌到上海这样的东部大城市来？罗书记说：中国人有个传统：故土难离。举例说，三峡地区有两千多位移民到上海落户，其中也有些人因不习惯东部的生活要求回去。解决内地、农村人口涌入城市问题的主要措施是采取各种办法促进当地经济社会的发展，改善当地的环境；同时也倡导东西部地区结成对子，相互促进。州长问，上海这样的东部大城市发展很快，西部也在发展吗？罗谈到邓小平关于一部分地区和人先富起来，走共同富裕的道路的主张，说现在国家在税收政策等方面都向西部倾斜，今后内地的发展速度一定大大加速。

↑ 2001年上海市代表团访问丹麦，严森州长设宴款待，席间进行了有意义的交谈。

宴会上的对话交流渐入佳境。州长提问：你到了丹麦以后在什么方面最感意外？罗说：丹麦是一个工业和经济高度发展的国家，但令我意外的是在这里的所见所闻给人印象却是如此朴质无华，谦虚不张扬，说明丹麦人民内在素质之高。我们应当向你们学习，重视提高人民的总体素质，脚踏实地地把工作做好。州长也谈到了他访问中国时产生的“意外”的感觉。他说，丹中两国文化差异很大，但是没有料到与你们的交往这样容易，从价值观方面找到了共同点，还有幽默感。上海除了摩天大楼和经济高速发展以外，还有中外方人与人之间的交流，使人惊喜。此时，我接“意外”的话题，以幽默的形式对主人表示赞美，说去年6月在上海接待州长先生率领的代表团，留下最深的印象是丹麦奥胡斯人的淳朴、真诚。今晚令我“意外”的是质朴无华的丹麦人竟把晚宴准备得如此“豪华”！州长说，并非天天如此。我说，当然，我只是想表达对州长先生盛情款待的感谢！

→ 2003年11月，上海市与丹麦奥胡斯州签署结为友好市州关系协议书。

这天晚上，主人和客人都非常兴奋，沉醉在东西方文化交融之中和人与人之间真诚的感情交流之中。我的感受是具有不同文化背景的人际交流和交融是世上最美好和有意义的事情！

犹太人难忘中国故乡情

上海人民在第二次世界大战中曾慷慨救助遭受希特勒法西斯疯狂迫害的犹太难民。作为历史的回顾与纪念，1994年4月，上海市人民政府外事办公室、虹口区人民政府、上海市对外友好协会和市犹太研究中心联合发起了“1994年犹太人重聚上海”活动。来自美国、以色列、英国、法国、奥地利及香港等国家和地区的六十多位犹太朋友相聚在上海。他们寻访故里，抚今追昔，留下了许多动人的故事和难忘的镜头。

↑ 与来沪参加团聚活动的以色列中国友协主席考夫曼交谈。

纪念碑前诉衷情

虹口区霍山路上有座小小的霍山公园。1994年4月19日，小园开天辟地来了一群中外客人，其中有六十多位来自世界各地的犹太朋友。一个重要的仪式将在这里举行。一块镶嵌在灰色花岗岩中的黑色大理石纪念碑，用中文、英文、希伯莱文三种文字镌刻着如下的说明词：“第二次世界大战期间，数万犹太人为逃避法西斯迫害来到上海。日本侵华当局以犹太难民‘无国籍’为由设立隔离区，对他们的行动加以限制。此区域西起公平路，东至通北路，南起惠民路，北至周家嘴路。”

↑ 1994年4月上海举办新中国首次犹太人团聚活动。4月19日，在虹口区霍山公园为二战期间犹太难民区树纪念碑举行仪式。

↑ 美国著名犹太人领袖施奈尔夫妇和以色列驻华使馆武官马龙先生(左一)在纪念碑前留影。

这寥寥几行字却记述着一段惊心动魄的历史：从1938年至1945年，有2万多名身处绝境、走投无路的犹太难民聚居于此，受到正遭受日寇铁蹄蹂躏的上海人民的人道主义接纳和帮助。中犹人民在苦难之中互助互爱，结下了患难之情。如今的霍山公园，当年曾是犹太居民的休憩之地，历史的纪念碑因而设在这里。

站在这石碑前，美国知名犹太人领袖、“唤起良知基金会”主席施奈尔心潮难平。他说：“1938年11月9日那可怕的‘水晶之夜’后，无数犹太教堂被付之一炬，欧洲上万犹太人被送进死亡集中营，还有大批犹太人被迫离乡背井，漂流四方。上海成为犹太人可以投奔的地方，我们永远不会忘记上海人民的人道主义壮举！”

“老居民”旧地抒亲情

犹太朋友们在上海期间，怀着特殊的感情先后走访了虹口和其他地区犹太人的活动旧址，包括陕西北路500号原犹太人西摩会堂、汾阳路原犹太人医院(今五官科医院)、原犹太人俱乐部(今上海音乐学院)等处。数十位当年居住上海虹口和其他地区的犹太“老居民”在旧地重游中成为最活跃最引人注目的人物。

美国大洋企业集团公司总裁菲什夫在参观虹口区长阳路62号摩西会堂的陈列室时，突然发现自己当年在犹太难民区使用的身份证影印件赫然挂在墙上，“身份证”上有日本人盖的印章和自己的照片。他激动万分，当即把此次一起来沪的妻子、儿子、女儿找到一起，以照片为背景，合影留念。他说，当时他只有19岁，他的3个姐姐、2个兄弟和父亲均在欧洲死于纳粹的迫害。由于他在上海受到庇护，得以生存，日后建立了家庭，生了5个孩子，现已有了23个孙子、孙女。他说：“是上海人民，中国人民救了我和成千上万犹太人的生命和家庭。”

“老居民”甘杰一到唐山路818弄，就离开众人，熟门熟路地往前走去，走到“25号”门口停住说，这就是他过去的家。接着他动情地向周围的中外人士说起了过去的生活。由于这一历史的渊源，几十年来，他一直心系上海。由他担任执行总裁的亚美公司多年前就与上海建立了经贸合作关系，创办了合资工厂。他说，上海是他的家，在上海投资办企业即使多花点钱也乐意。

以色列中国友好协会主席考夫曼的夫人在茂名路淮海路附近找到了自己原来的家。敲门后，有一位老人出来开门，如今住在这所房子里的是一个五口之家。令她吃惊和感动的是，在这些与她素不相识的人们的眼睛里毫无陌生、疑惑的神色。而像老邻居、老朋友那样亲切热情地邀请她进去做客。考夫曼夫人说，这种情形在世界上任何地方都不可能发生，只有在中国、在上海。

学术讨论蕴意深长

4月21日，上海市和虹口区领导、参加重聚活动的全体犹太朋友和十几位中国学者共一百二十余人在新锦江大酒店举行了“犹太人在上海”国际学术讨论会。会上，有16位犹太学者递交了论文，作了发言，8人作了评论性发言。

值得一提的是，他们的发言远远超出了学术的范畴。许多人以评论员的身份发表感想，从评说历史的角度表达了他们对中国人民的感激之情，以亲身感受论述了上海在中犹关系史上的重要地位。美国耶希瓦大学副校长柴斯曼在会上说：“现在世界上正在推崇一部反

↑ 美国犹太企业家菲什夫（左二）在犹太难民纪念展上给虹口区黄跃金区长（左一）等人介绍他当年在上海避难的经历。

↑ 犹太企业家甘杰（右一）指着唐山路818弄25号的门牌说“这就是我当年的家”。

↑ 美国卡特政府的财政部长布鲁门萨尔（中）青年时代在虹口生活。上世纪90年代偕夫人访问在虹口舟山路上的旧居。

↑ 2015年7月15日，陈逸鸣先生出席“犹太人在上海”研讨会。

映二次大战中保护受纳粹迫害的犹太人的电影《辛德勒名单》。其实，辛德勒只救了约五千名犹太人，上海人民救了几万犹太人，我们要把这一切告诉全世界和我们的子孙后代。”

“上海变化太大了，难以置信！”

如果说，历史的遗迹唤起了犹太老居民怀旧之情的话，那么上海的新面貌使所有的犹太朋友精神振奋。在浦东金桥，在东方明珠电视塔，在上海青少年希伯莱文学习班等处，异常兴奋的犹太朋友们惊呼：“上海变化太大了，难以置信！”

出生于中国的以色列准将、巴里兰大学副校长哈列维先生说：“45年前我目睹的上海，街头食不果腹、衣不蔽体者甚多，到处是乞丐、黄包车夫。而如今的上海，老百姓丰衣足食，每个人脸上都有一种由衷的自豪的微笑。中国政府能使那么多的人民过上今天这样美好的生活确实了不起。这就是中国有人权的最好体现。美国用‘人权’问题来攻击中国是完全没有道理的。我为中国人民所取得的伟大成就感到骄傲！”美国市政设计师赫什说，上世纪40年代随同父母在虹口居住，与中国孩子在一起踢足球的情景至今仍历历在目。他现在的愿望是能在上海发展他的城市规划事业，并有朝一日能在雄伟的虹口体育场再与孩子们踢一次球。

重聚上海的活动结束了。犹太朋友们在依依惜别之时纷纷表示，回国以后要向亲朋好友以及犹太社团详细介绍这次活动的盛况，要让分布在世界各地的更多犹太人来中国和上海看看。诚如许多犹太朋友们所说，上海和虹口在中犹关系史上永远占有一席之地，这次重聚无疑也将在中犹民间交往史上写下浓重的一笔。

↑ 纪实影片《逃往上海》的主人公维也纳爱乐乐团首席小提琴海因茨·葛林伯格。

↑ 著名画家陈逸飞先生对犹太人问题的关注和研究令人钦佩。1996年，他执导的大型艺术纪录片《逃往上海》记述了第二次世界大战中犹太人民与上海的生死情缘，也成为我与陈逸飞先生友谊的桥梁。

美国夫人和孩子们爱上了中国

1985年夏天，有4位美国夫人带着她们5个孩子访问上海。一到上海，她们就提出“上街看看”、“找人聊聊”的要求。在街上，她们对上海居民的弄堂住宅、从窗口伸出的晒衣架、传呼电话房、卖茶叶蛋的小摊、戴红袖章的交通纠察员、看管自行车的老太太以及警察在话筒里大声喊话等都感到新奇异常，一一询问，还与人们简短交谈。美国前副助理国务卿达姆的夫人还在建国西路口的皮匠摊上修了皮鞋，为老鞋匠拍了照，与围观群众交谈，对比了中美两国服务行业的不同情况和价格。酷暑炎热使我们走得汗流浃背，但是因为有机会与普通人自由接触交谈使她们兴奋异常。

夫人们在与大学师生、农村干部和妇联成员“聊聊”中饶有兴趣地讨论了妇女地位、计划生育、中国人向往什么职业、中国人对美国人印象等等问题。夫人们从与中国老百姓的直接交往中得出了对中国的美好印象，说在中国看到的名胜古迹固然美，而现代中国的社会和中国人的感情更美。洛克菲勒的夫人说，来华之前读了《苦海余生》，对中国疑问重重，现在她对中国人的友好和诚实留下了美好的印象。她的儿子和女儿说，这次旅行是他们所有旅行中最好的一次，他们最喜欢中国人的微笑。

2000年6月，芝加哥市友好代表团访问上海。我在研讨会上看到一位面熟的夫人，她向我递来一张我80年代在上海友协工作时的名片，问：“你是不是Kitty Xia？”我定睛一看，原来她就是1985年来上海访问的四位夫人中的那位“极不安分”，让我陪同逛街、修皮鞋的达姆夫人。十五年后老朋友再相会，让我们惊喜万分，紧紧地拥抱在了一起。她告诉我她访华以后继续从事对华友好工作，现住在芝加哥。接着，她向我介绍了芝加哥—上海友城委员会主席威廉·斯潘塞(William Spence)。威廉听了我们的故事以后，也讲述了自己和他孩子们的故事。

5年前，威廉曾带着全家来上海华东政法学院任教半年。那时他的三个孩子分别

↑ 2000年，我与前美国副助理国务卿达姆的夫人（左一）分别15年后再欢聚并结识了芝加哥-上海友城委员会主席斯潘塞先生。

↑ 1987年，在美国盐湖城与三位热爱中国的美国小朋友亲切合影。

为15、13、11岁。来华之前，他们无一对中国有兴趣。15岁的女儿怕出门远行失去小伙伴，表示不想来；二儿子说不会用筷子，不想来；最小的儿子说中国没有冰球可玩，也不想来。但在上海呆了半年之后，一个个孩子都爱上了中国和上海，请求爸爸让他们呆到一年再回国。结果当然仍然照原计划回国。过了几个月，斯潘塞要来华作短期访问，孩子们都要求跟着父亲来。父亲说千里迢迢，机票太贵，不能带他们，二儿子说，你可以把我放在行李袋里带过来。五年过去了，孩子们正在长大成人，如今大女儿选择了东亚研究专业，学习了中文，并来到中国云南丽江，研究中国的苗、彝等少数民族文化。她希望日后在中国工作或去美国政府涉华部门工作。二儿子2000年终于再来到上海。小儿子的女友是他在上海美国学校就读时结识的澳大利亚小姑娘。他确确实实在上海实现了打冰球的理想。

待之以诚让美国歌唱家动之以情

多年前，不少外国艺术家和演出团体通过民间外交的渠道访问上海。时隔久远，但我对当时的接待工作仍然记忆犹新。

1985年，美国纽约大都会歌剧院女高音歌唱家埃莉娜·罗丝偕同其丈夫和儿子作为上海市对外友好协会的客人来沪访问演出。

他们一下飞机，听说未被安排下榻上海锦江饭店就大为不满。她儿子路易斯操着一口带有美国腔的中文说，他对上海很熟悉，不相信在锦江那样大的宾馆订不到两三个房间。她丈夫戴尔门气呼呼地讲，妻子如何有名望，回去后对人说在上海住不进第一流的宾馆太丢面子了。罗丝本人则闷闷不乐，一言不发。我以平静的语气向他们详细解释上海外宾住房紧张的现状和我们为接待他们所作的种种安排，同时也介绍了他们这次下榻的上海大厦是与锦江饭店同级别的高级宾馆。我特地请她儿子帮助我们一起向他父母做解释工作，路易斯听到了许多事实上他过去不了解的情况，又见我们对他坦率而信任，感到有点不好意思，便以“上海通”的口气帮着我们向罗丝夫妇作劝解。当我们的车抵达上海大厦，踏进整洁、舒适的房间时，他们一家人的情绪都平静下来了。住房风波平息后，我们开始商量第二天的日程。

作为歌唱家，罗丝最重视和关心的当然是演出问题，她甚至表示，在上海演出之前其他日程都不要安排。听她的口气，她对演出能否成功没有把握，所担心的主要是钢琴伴奏和剧场条件。我们摸清了底细后，及时调整了日程安排。首先请罗丝与上海音乐学院担任钢琴伴奏的老师初步试声排练，她对这位老师细心配合、烘托演唱的技能十分赞赏；然后到上海音乐厅看了剧场音响设备，特别是见到舞台工作人员具有丰富的工作经验，对演出的成功产生了信心。当罗丝在剧场门口看到为她的音乐会特制的海报以及不少音乐爱好者在门口抢购余票的情景时，情绪更高了。

→ 上世纪80年代，我接待了众多外国艺术团体。他们通过民间渠道来沪演出，使上海对外文化交流呈现繁荣的局面。

演出当天上午，他们又提出了一个难题。说在外地演出时，由专业演员来报幕，虽然舞台形象很美，但只是照本宣读，缺乏感情；又因不懂英语，未能实现罗丝在演出过程中与观众交流的愿望。为此，他们希望此次在上海能打破常规，并特邀我为罗丝报幕，以帮助观众与歌唱家交流感情。他们很坚持，我很紧张。罗丝的丈夫针对我“没有上过舞台”和“没有时间准备”的顾虑，多方设法对我“做工作”。这天下午，在全程陪同的支持下，我突击准备，加深了对罗丝演唱歌曲的理解，对报幕词作了部分修改，并在戴尔门的帮助下“排练”了多次，终于在当晚登台报幕。

罗丝的演出获得很大成功，谢幕达五次之多。上海观众的音乐修养和热情友好给罗丝一家留下了极深的印象；他们非常感激我方人员给予她此次演出的协作与帮助。罗丝说，演出成功了，她就“像一只飞翔的鸟那样自由”，要“好好看看上海”。

根据罗丝的愿望和兴趣，我们除了安排他们参观上海音乐学院外，还陪同他们拜访画家，游览豫园，观赏京剧，并专门邀请罗丝到京剧团后台去看演员化妆，她十分激动，主动即兴为演员们唱了一首歌。在湖心亭茶楼，她与周围茶客自由交谈，一些青年得知她就是报纸上报道的美国著名歌唱家后，纷纷请她签名留念。罗丝深为这种真诚的友谊感动，称此为旅途又一高潮。

罗丝一家对我们挑剔、傲慢的神态消失了，代之以坦率和信赖。我渐渐发现，他们同其他美国人一样喜欢交流思想，争论问题，同样珍惜友情。我经常同他们促膝谈心，回答他们的各种有关中国的问题，如在美国每个人可以发表政见，包括与政府相反的观点，中国人可以这样做吗？普通中国人是否可以自由出国旅行？听说只有那些有权有钱的人和他们的子女才能出国，是否确实这样？中国税收制度的改革和个体经济的重新出现是否预示中国正向资本主义方向转化？等等。对这些问题，我谈了个人的见解，用事实澄清他们对中国的一些误解，但并不强加于人，而是使他们从讨论中增进对中国的了解。

观点虽有分歧，但友情却在增进。访问结束时，罗丝一家对上海充满着留恋之情。他们说："中国人是那样热情，充满友爱，在这里呆上六个月也嫌不够。"

同时期来访的美国歌唱家奥尼尔艺术修养甚高，但在中国知名度不高，她演唱的世界古典名曲在中国的普及程度也很低。通过多方努力，使她在上海的三场音乐会都获得很大成功。特别是第三场的观众是音乐学院附小、附中的学生及其他爱好音乐的孩子们，使她遇到了许多小知音，极为满意。我们又根据她在美国长期从事教学工作的经历，安排她为上海音乐学院学生讲课。她在课堂上异常兴奋，对中国学生的才华和优越的天赋条件赞不绝口。我们在交谈中了解到她很注重艺术家与生活实际相结合，于是安排她参观了上海的一个社区，听了退休工人合唱队的表演，访问了居住在该社区的一位音乐家的家庭，让她找到了许多共同语言。这位首次访华的歌唱家激动得热泪盈眶，说永远忘不了在上海的美好经历，还表达了希望有机会来上海长住、任教的愿望。

回顾往昔，我深深感到，待之以诚，才能动之以情。或许，这对各个时期、各类外宾的交流接待都是适用和恰当的。

← 图为美国歌唱家奥尼尔访沪演出大获成功，激动地与我拥抱，表达对中国的恋恋不舍之情。

老外乐于做一回普通上海人

↑ 1980年上海与旧金山建立友城后，美国旧金山市女市长法因斯坦（前排中）率团来访。她丈夫勃拉姆（后排中）随团首次访华。他表现拘谨，还常微微皱眉。

上世纪80年代初，美国旧金山市女市长黛安·法因斯坦的丈夫勃拉姆第一次访华，那时他作为市长率领的一个庞大的代表团的一员，受到我方热烈、隆重的接待。当时我也在接待班子里工作，我印象中此人高高的个子，显得沉默寡言，举止拘谨，还常有微微皱眉的表情。

几个月以后，他为与有关方面洽谈合作登山的项目只身来到上海，被邀请为上海市友好协会的客人。我吃惊地发现他已不是我第一次见到的他，变了一个人。在汽车里，他滔滔不绝地向我介绍他的家庭、婚姻、参加登山活动、在国外旅行的奇闻……沉默拘谨一扫而光，代之以坦率、健谈和兴致勃勃。他告诉我，在市长的代表团里，他感到浑身不自在，如今单身来上海，没有前呼后拥的庞大陪同队伍，没有那么多市长、官员等显要人物要应酬，没有那么多宴会招待会要出席，他感到自由自在。

在他的积极建议下，我们一起逛城隍庙，尝“蟹壳黄”。我们还跑到延安路上的洪长兴清真馆吃饭，他主动与店里的一些回民食客交谈。看得出来，对他而言这比吃饭更有兴趣。晚上，我们一起去看了一场有关处置家庭遗产的故事片，在我的不太高明的即席翻译之下，他居然看懂了电影，还就中美对遗产继承的不同价值观发表了意见。散场以后，他反对叫出租车，于是我们一路逛街一路谈。最后乘上26路电车。这位高个子洋人出现在拥挤的车厢里非常引人注目，大家都有礼貌、热心地为我们传递钞票和车票。

← 1981年，陪同美国旧金山市长法因斯坦及其丈夫勃拉姆（中）游览豫园。

勃拉姆过了一天普通上海市民的生活，兴奋不已，带着一种快慰惜别上海。他告诉我，这是他在中国最美好的经历。后来，他来信说，他的女儿从来没有到过中国，不久，他将带她来中国看一看，希望我能陪同他女儿在上海玩一玩，要像他几年前经历过的一样。不久，他带着女儿同访上海，我们一起旧地重游，在城隍庙他所熟悉的九曲桥旁合影留念，几年前的情景历历在目，使我们都沉浸在亲切的回忆之中。

这位先生的故事并不离奇，但却常常牵动我的记忆。因为这是外国人给我上的一课。这一课使我懂得民间外交是普通人之间的交往。这种交往需以自然、真实为基础，贴近社会现实，有强烈的生活气息。

陪同外国贵宾夫人购物

逛市场，买东西是许多外国政要夫人到上海以后很感兴趣的一项活动。我经常在陪同她们时边导游，边“导购”，把介绍中国的文化传统与介绍商品特色结合起来，“寓教于购”，受到夫人们的欢迎。

扎伊尔总统蒙博托的夫人对中国的工艺品情有独钟。她在豫园商场看到一种能作插花或摆设用的“红木鱼”，很好奇，但不解其意。我介绍说，在汉字里“鱼”的谐音是“余”，是富裕的意思，因此有“年年有余（鱼）”之说。中国的老百姓把“鱼”看作是一种吉祥物。夫人兴趣大增，随即买了两条“红木鱼”。当时，在场的一位营业员也受到启发，主动推荐另一种长生果形状的红木摆件说：“‘长生果’也是吉祥物，有‘长生不老’之意。”夫人情绪很高，又买了两只红木“长生果”，后又买了红木鸟笼等。不多时，工艺品柜做了一笔四千余元的生意。

↑ 陪同南斯拉夫总统利利奇的夫人（右三）为庆贺她丈夫生日在豫园商场选购中国的生肖玉器礼物。

南斯拉夫总统利利奇的夫人在柜台里看到一个微雕“蛇”的工艺品，感到很新奇。我向她介绍了中国的十二生肖。她和随行人员更加好奇地想知道自己属何生肖，我拿出随身携带的“年岁属相和出生年份对照表”，为每个人查找所属的生肖动物。总统夫妇同年，都属蛇。这一下子夫人和随行人员都争相购买生肖动物的玉石雕刻等工艺品。第二天一早，总统外出参观时，人们看见他手里提着一条玉石“蛇”的挂件，他喜滋滋地告诉人们，这是他夫人赠送的“生肖礼物”。

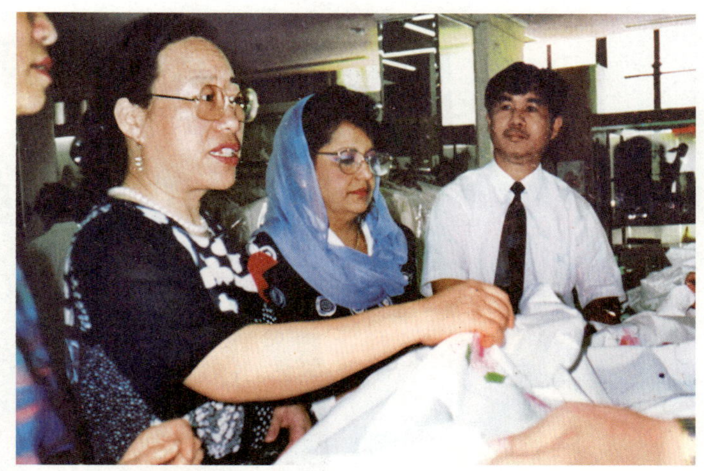

↑ 陪同毛里求斯总统乌蒂姆的夫人挑选中国丝绸。

↑ 陪同西班牙副首相塞拉的夫人（右二）在上海工艺美术品服务部购物。她对该店的商品、服务和布置倍加赞扬。

西班牙副首相塞拉的夫人一到上海就提出想买东西。她说，七年前来过上海，在友谊商店买了丝绸、瓷器、漆器等许多有中国特色的商品，留下了好印象。这次，不想去西式的购物中心，希望第二天继续去南京路逛逛，顺便去“中国式”的商店看看。根据她的这种要求，我们第二天便把她们带到了位于南京路上的工艺美术品服务部试试。“服务部”规模不算大，布置也远不及其他新建的商场那样豪华和洋气，但商品丰富，质量上乘，价格较合理，且布局整洁，有一种顾客可以慢慢品味、仔细挑选、从容购物的环境和气氛。夫人们一到该店，便直奔羊绒衫柜台，不一会她们就选购了一批价值可观的商品。之后，客人们被邀请在店内的小酒吧休憩片刻，夫人们都要了中国茶，端上来的不是玻璃杯，而是一套紫砂茶具，每人手执小巧玲珑的紫砂小茶杯，边呷茶边交谈，又增添了一番中国情趣，塞拉夫人满意地说，“这个店是一个理想的购物场所，商品多，质量好，价格公道，环境很舒适。”

↑ 陪同塞拉利昂国家元首斯特拉瑟的夫人（右一）选购商品。

夫人们走在淮海路上时看见好几位年轻姑娘头戴洁白的宽边遮阳帽，像片片白帆在蓝天烈日之下轻盈地飘动，煞是漂亮。塞拉夫人“一见钟情”，但走了几家商店都没有这种布帽，她们在路上拦住那些戴这种帽子的姑娘们询问哪里可以买到，经过大家七嘴八舌的指点，终于在一条弄堂口的个体小店里看到了这种只有9.5元一顶的折叠式凉帽，夫人们欣喜万分，一下子买了30顶，迫不及待地戴在头上，对着镜子照来照去，说：“在海滩上消夏时用这种帽子再合适不过了！”她们的议论说明了这种小商品大受青睐的道理：它既是中国的商品，又符合西洋人的口味，真可谓是中西结合，价廉物美。

宴请外宾甘苦谈

一件乐在其中的“苦差事”

宴请外宾对我来说是一件“乐”在其中的“苦”差事。宴会之前要找材料，做准备；宴会过程中要想问题，作回答。有时以菜肴为话题，想的也是如何借此来介绍中国文化。由于全心投入，高度集中，且常须英语交谈，这样场面上“谈笑风生”，结束时“筋疲力尽”。但这种“苦差事”给我带来极大的快乐。每当席间的交谈满足了外宾的要求，提供了他们所需要的信息，解答了他们的问题，从而增进了他们对中国的了解和感情，一种幸福感便油然而生。

2000年11月17日晚，我出面宴请斯洛伐克城市和乡村协会代表团。该协会是“超党派”的非政府组织，强调政府应给下层更大自主权；他们认为中国各级政府过于强势，贫富悬殊比较突出。在宴会上，我谈到上海市政府如何在近十年中解决上海过去面临的交通、住房、污染等三大问题以及经济结构转变中建立职业培训机制，帮助百万工人转岗，在市政建设中安排百万居民搬迁等情况，使上海形势稳定，经济腾飞，百姓满意。这些事实说明他们主张削弱中央和地方政府权力的观点在中国是行不通的。外宾感到很有说服力，解决了他们的疑问。北京的全程陪同说，他们从未想到在上海与地方人士会见谈话会有如此大的收获。由于谈话需经英语和斯洛伐克语两道翻译，宴会从晚上六点半进行到九点，持续两个半小时，那天晚上我几乎没有吃东西，但由衷地感到欣慰和兴奋。

一种特殊形式的对外宣传

宴请是一项礼宾活动，也是一种特殊形式的对外宣传。其特殊之处主要在于宴请

↑ 1994年在欢迎芬兰总理阿霍访沪的宴会上与其夫人（右二）交谈。

↑ 2000年在第二届中国上海国际艺术节招待会上与美国可口可乐公司总裁的夫人（中）及上海市文化局长马博敏热烈交谈。

↑ 上海市对外友好协会宴请美国友好人士代表团。

是个边吃边谈的过程，时间很有限，因此话题要抓准，语言要简练，方式要自然，气氛要活跃，还应富有生活气息和人情味，这样才能达到寓教于乐的效果。

2000年9月24日，周慕尧副市长会见了日本银行政策委员会审议委员中原伸之。当日中午，我主持宴会欢迎中原先生。考虑到他的政治身份和专业领域与我相距甚大，我决定在宴会上以广泛的话题与之交谈，特别是选择中国文化、宗教和中日之间的学术和人才交流等这些他所熟悉和喜爱的话题切入，果然引发了他很大的兴趣。中原畅谈他13岁起学习中国古诗，在中学、大学时代开始学习、研究中国古代哲学并通读《易经》等经历，表达他对中国文化的崇敬和热爱，宴会的气氛非常热烈和融洽。事后，中原先生来信说，他对上海的经济发展、投资环境和金融行业的改革开放留下了极为深刻的印象，表示今后将积极促进日本金融界与上海市的进一步交流与合作；作为国际金融和能源专家，愿就上海发展中有关问题提出建设性的建议，为上海市的进一步发展和促进日中关系尽绵薄之力。

学习积累，提高素质是关键

在宴请外宾的工作中，我的感受除了“苦”与“乐”之外，还有“累”和“难”。

与记者的交谈相对而言更“累”一些。一是问题多，二是涉及面广，三是我知识面所不及的难题多。2000年5月中旬，我宴请玻利维亚电台台长等两人。

他们的提问有些“东一榔头西一棒子”的味道，如席间谈话一开始，他们首先提出：上海的证券交易所与香港的有什么不同？上海的银行都是国有的还是也有私有的？这些问题显然不在我的知识积累范围之内，我作了简单而又含糊的应答之后直言告之，这些问题最好找金融界人士作详细介绍。所幸的是他们并没有“刨根问底”，总算让我过了“关”。

美国议员助手团成员虽然身份并不很高，但对他们将来在政治圈内的发展前景和对美国国会议员们将会产生的影响不可低估，又鉴于中美关系的敏感性，因此宴请这些助手并不是一件轻松的事。要在很短的时间里回答好他们提出的“中国如何解决通货膨胀”、“保税区如何运作”、“中国人如何交所得税”、“你对中国加入WTO有何看法”等问题，足以使我对餐桌上的美味佳肴“无暇顾及”或“食之无味”。我清醒地认识到，学习不够，知识积淀不深不广是我在宴会桌上紧张、甚至狼狈的根本原因。

为此，通常在每次宴会之前，我都要挤出不少时间来做准备工作，包括分析对象情况，构想谈话思路，特别是对一些可能会提到的有一定难度的问题作重点思考。如我曾宴请了瑞典和泰国的人权代表团，这些国家与我国双边关系是友好的，但他们的人权观都倾向西方，对我人权状况存有不少疑问。在宴会之前，我阅读了有关文件，反复思考我可以从哪些方面对外宾谈自己对人权的理解。我认为人权对广大中国人民来说决不是什么“西藏独立”，更不是“民运分子”的“言论自由”，而是国家的独立自主、人民的安居乐业、社会的正义法治、百姓的参政议政。作了一番准备以后，心里比较踏实。在宴请的过程中，根据外宾的实际情况和问题，进行对话和交流。在宴请泰国人权代表团时，把谈人权与介绍上海的历史、上海的发展和上海人民生活的改善结合起来，比较自然和具有说服力，团长在宴会结束时说，此次谈话，使她对中国社会的发展、人民生活的改善留下了极为深刻的印象，从而有助于代表团对中国人权的了解。

宴请外宾是一项重要的外事活动，也是一种极好的外宣机会，对我们的立场观点、知识结构、思想修养和中外文表达是一种实际的考核。总之，其中学问颇深，甘苦甚多，值得回味和总结。

餐桌上接受采访

2000年12月21日，我宴请了13位韩国记者。考虑到外宾人数和便于交谈，我们把宴会摆成长桌，很有气派。再加上美味佳肴，使连日采访，紧张工作的韩方记者们心态愉悦、情绪高昂。据说私下里他们嬉称："好像进入了天堂。"

我事前被告之，几乎所有的记者都可讲英文，这令我高兴，因为这样可在宴会有限的时间里与记者们进行更多交流。我在介绍出席午宴的上海外办人员之后简介上海情况，其中当然提到上海近年来的发展和在全国经济中所占的重要地位。

记者们在餐桌上仍然继续工作。他们提问说，我在简介上海时谈到过去上海面临最突出的问题有三个：交通、住房、污染，这些问题是如何解决的。于是，我逐个作了回答，具体介绍了近年来上海基础设施建设和住房建设的情况。因为有针对性，记者们听得很认真并做了笔记。这再次证明，以"问答式"来对付记者"挖新闻"，效果好。

他们还提到上海建设的资金来源，中央政府拨多少款？关于中央政府拨款的问题，也涉及上海对中央财政的贡献。我说，曾有个说法：上海财税收入占全国的12%；国库中18%—20%贡献来自上海。记者问：随着西部开发的实施，中央是否要求上海做出更多的经济贡献，由此加重上海的负担。我说，未听说为西部开发要求上海增加对国家的贡献，上海还是按一定比例上缴国家财政。去年上海财政总收入1400亿人民币，上缴中央800亿人民币。关于上海建设的资金来源问题，我说，据我了解主要由上海自行筹资，接着举出财税之外的一些来源：外国投资、土地批租、市政建设BOT运作、股票证券交易、银行贷款、民营企业的投资……我想，上述回答中包含有许多具体的材料和数据，对记者来说是欢迎的。

记者提问说："你的英语非常漂亮，在哪里学的？"我说我拥有中文和英文两个大学教育背景。英文是1972年尼克松总统来访时被美国记者逼出来的。他们对这个回答报以热烈掌声。

← 1997年访问韩国全罗南道，出席韩方宴会。

这次宴请活动让我感触颇深：

1. 对上海的了解和知识积淀是应对外宾和记者问题的基础。在此基础上根据不同对象的不同特点和问题有的放矢地做宣传介绍，必然会受到外宾的欢迎。

2. 熟练地运用外语，进行直接交谈，交流效果会更好。

3. 清晰的思路和良好的中文表达在做好宣传，特别是宴会交谈中也至关重要。这主要是指：先抓住别人提问的核心，应对时直奔主题，回答到点子上；中文表达上用词贴切、有文采，甚至有感情色彩，有助于外宾更好地接受，并受到感染。当然，高质量的翻译是做好交流的重要前提。

4. 幽默感在中外交流中都很有用，会在短时间内与外宾建立亲近感，并创造更好的气氛和环境。

5. 我们在宴请等重要的礼宾活动中要注意自己的形象，包括仪容仪表、待人接物、语言谈吐等要素。服饰要有高雅之美、表情要显友善之美、谈吐体现学识之美。这些有助于提升我们的整体形象，增添对外做工作的魅力。

量体裁衣，临场发挥

2000年12月14日，我出面宴请巴拿马外交部官员门德斯和他夫人，这是配合总体外交开展涉台外交的一例。外交部提供的信息说：门在巴外交部有较大的影响，主张发展对华关系，对台"重返"联合国持抵制态度。他也是我方与巴政府打交道的主要渠道之一。通过晚宴，增进了他们对中国，特别是上海的了解，也增强了他们对中国、中国人和中国文化的好感。这就是我们地方外交配合总体外交，在争取国际人心方面起的作用。

这次宴请准备匆忙，事先没能了解到客人的具体情况，甚至不知道是年长的还是年轻的，是活跃型的还是沉闷型的……我只能"以不变应万变"。所谓不变，并不是指一成不变的交谈方式和谈话内容。我的"不变"是指一些接待的原则，如"量体裁衣"、"有的放矢"、"随机应变"等。基础是自己的知识积淀和对外交往的能力。总之一句话："随机应变，临场发挥"是我这次宴请的主要"策略"。

见到门德斯夫妇之前，听说由于天气的原因，他们旅途备受折腾。不料，我在宴会厅门口见到他们的第一眼，看到他们表情活跃，兴致很高，这使我也高兴起来，脱口而出的就是："How fresh you are！"

由于双方都很活跃健谈，我们席间的话题自然十分多样和广泛。我感觉门德斯是个热衷于政治的人，实干起家，事业心很强。他一开始就谈论中巴关系，说巴与中国政府长久以前就有良好的关系，在贸易商务方面尤为密切。之后国民党逃到台湾以后，这种关系也带到了台湾，至今未与中国政府建立正常的关系。他说，此次在北京与中国外交部官员的接触具有积极意义。他主张在没有外交关系的情况下加强双方的接触和交流，等待时机成熟，即可把两国关系推进一步。我认为他的主张非常实际，我们应多接触，多交友。我还说期待中巴关系正常化的那一天，他可能就任驻华大使。他显得很高兴。

谈到此次旅行的见闻时，他谈到对大连的城市建设、建筑保护、环境绿化和人民生活的改善（包括新建住房）等都留下了深刻的印象。他说，他真的“爱上了大连”。谈到西安时，他说，在西安，他第一次看到如此严重的交通堵塞，显然，并不是因为城市人口多（六百余万）的原因，而是缺乏城市规划，在管理方面出了问题。听到这些，我想，推介上海，做工作的机会来了。我开玩笑地说，他爱大连，让我“妒忌”，希望他也爱我们的城市上海。

我以上海人的身份充满热情地向他介绍了上海的历史和今天。我说，自19世纪40年代以后，上海遭受外国列强的分割，被迫对外开放，但另一方面，也形成了上海接受、融合多种文化的优良传统。例如，中国饮食文化以八大菜系著称，但上海菜具有多种菜系、兼收并蓄，甚至中西结合的特点。解放初期，我们参照苏联模式，上海成为一个工业中心，曾是20世纪远东金融中心的上海的第三产业大大萎缩。二十多年后，邓小平提出对外开放的战略思想，最突出的一点就是把经济建设放在首位，使老百姓得到了实惠。十年后邓小平又提出开发浦东，此后的八年中，在上海黄浦江东岸出现了一个全新的现代化的城区。此战略还带动了整个上海的城市基础建设，我们投入1200亿美元修建大楼、隧道、地铁、高架道路，使上海出现了全新面貌。我说，我作为一个上海市民，亲身感受过上海过去面临的三大问题：交通、住房和污染，现在都得到不同程度的改善。如住房已建7000万平方米，现每年以1200万平方米的速度继续建设，还要建上14年才能基本解决上海市民的居住问题；我们将投资128亿人民币来改善苏州河水质，一期工程投入86亿人民币，多年的清理已达到消除黑臭，河水变清、出现鱼

← 宴会上随机应变，临场发挥，多做工作。

群的好成果。与此同时，政府还妥善解决了一百三十余万人的再就业，另一个一百余万人根据市政建设的需要由市中心迁移到郊区……我建议他们第二天先看浦东，再去浦西看城市规划展示厅和上海博物馆，离沪之前再看老城厢。门德斯听后兴奋地说，上海的过去和现在，都非同寻常，值得他好好了解，他一定会爱上上海的。

作为朋友，席间我们还谈了一些轻松的话题。我想，门是一个精力充沛、工作投入、家庭幸福的人物，遂问他通常如何安排一天的日程。他告诉我，每天清晨5∶30起床，7∶10抵达办公室，7∶15开始工作，10点以后会客。中午回家，夫人准备好丰富的午餐，与孩子们一起就餐。下午工作到4点左右，开始搞“政治”，即与政府部门、政界人士接触。晚上与孩子们在一起，打球运动一段时间，晚8点以后，安排孩子们入睡，他与夫人外出社交，每天晚上11点以后就寝。他显然对自己充实的生活十分满意。我随即发表两点“评论”：① 早饭不够充实；② 运动比较缺乏。他表示十分赞同。

宴会结束时，我们互赠礼品，我方赠他们玉制工艺品及丝绸，他们赠送了香水和“红木蜗牛”工艺品，很有特色。

话题对口，生动具体

2001年7月26日，我宴请了一批斯洛伐克的新闻记者。这是我第二次接触斯洛伐克代表团，但对斯洛伐克人，我了解太少。我不知宴会时的交谈以何种思路进行符合他们的需求。我想，作为记者，他们所要的材料，无非是：① 具体，有数据最好；② 生动，有故事最好。

因为不了解，所以在现场，首先来个小小的“侦察”。我问：在上海活动半天，有何种印象和感受？女记者罗特玛叶罗娃说，很棒，参观城市展示馆、玉佛寺过程中有很多灵感。从未见过像上海这样一个有如此巨大发展的城市。她说，自己也是作家，对普通人，甚至小人物的命运很关心，因此有兴趣了解百姓生活的变迁，也想了解妇女的情况，包括她们的工作、生活、家庭、婚姻等。她说在街上见到的人，都面带微笑，说明他们生活得很好。

这段话使我找到一个切入口：介绍上海人民生活的变化，也许是对口的，是他们想了解的问题。

团长别列克等人早早拿出笔记本，说想提问。他首先提的是有关社会保障体系的问题，对青年、老年、残疾人有何种福利，职工平均工资是多少，有无最低生活线等。

实事求是地说，这是我知识积淀中的一个薄弱环节。主要是自己对社会保障制度了解得不够具体。我说，最近几年中，我们已创建了养老保险、医疗保险和失业保险，每人拿到了社会保障卡。工资在十年前平均200元/月，现在1600元至2000元。最低生活费约300多元，以下者，政府按月发给补助，对残疾人同样如此，有更多保障措施。现在上海已进入老龄社会，60岁以上的老人的比重逐年上升，接近全市人口的19%。因此政府加强了社区工作的力度。上海人的平均寿命女性为80.8岁，男性为77岁。

女记者惊呼：平均寿命很高！

↑ 与美国朋友在宴会上谈得投机，增进友谊。

我抓住这个话题进一步提供信息。我说，上海人平均寿命高的主要原因是生活安定，近十年来，不仅安定，而且幸福。接着我说了三个方面的改善：交通，立体交通网络建成；住房，人均住房面积从4.5平方米上升到10平方米以上，每年要建1200万平方米；对大气、水质、绿地等环保领域的投资占GDP的3%，目标是天更蓝，水更清，地更绿。

团长提的第二个大问题是上海建设经费的来源是什么？我说，首先是上海的财税收入。过去90%以上上缴国库，现在60%上缴，留用40%。2000年，上海财税收入1790亿元人民币，上缴中央政府1100亿元人民币，留用600多亿元人民币；第二是土地批租，50—70年，我们也把某些路桥的营运权出租，把所得租金，再作其他项目的投资；第三是吸引外资，有些直接投于基础设施建设，有些投建企业；第四，证券交易，投资股票等。

第三个问题是上海吸引外资的情况，哪些行业？我说最近五年中吸收了275亿美元，现有中外合资企业2800家，领域涉及制造业、高科技、也有宾馆服务业等。

在宴请过程中结合菜肴，介绍中国餐饮文化（色香味形俱全、八大菜系等）；介绍上海特点（移民城市、东西文化交汇等）；介绍人民生活水平的提高，如20年前，副食品要凭票购买，肉要排队购买，现在生活水平提高，人们更注意保健食品、绿色食品、健康食品，美容食品等。以小见大，说明形势。且这部分谈话较有趣味性，使宴会气氛更活跃。

在整个宴请过程中，他们都在认真地作笔记，有时对装饰漂亮的菜肴不吃先拍照。最后团长别列克说：与智者交谈总是感到时间过得很快。上海是中国的窗口，希望20年以后中国所有的大城市都能像上海那样成为橱窗，具有高度智慧的中国人民一定能做到这一点。也希望我们的国家也能发生这样的变化。我说：中国的发展是不平衡的。现在在中国内陆地区的城市与上海尚有较大差距。这些年的发展使我们认识到改革是多么重要，人们以自己的智慧从事创新性的劳动多么重要，把经济建设放在第一位是多么正确，其深刻内涵是要把人民的利益摆在首位，所以全中国的人都很尊敬邓小平。

中外互动，搞活午宴

2002年8月24日，日本外务省青年官员代表团结束访华之行，从外地飞抵上海，由此出境。接待部门安排我出面设午宴送行。午宴于12:15开始，必须在13:00结束，总共只有45分钟；客人此行未访沪，上海是其访华之行的出境城市；我不通日语，与日本人接触较少。这些都是不利的条件。如何吃这一餐饭，能不能引起他们对上海的一些兴趣？吃饭时谈些什么，怎么谈法……这些都让我有点伤脑筋。

首先，我找出自己与代表团的某些"联接点"。虽然长期以来我并未从事对日工作，但我还是有一些日本"情结"：1972年参与过接待田中角荣首相和"海洋大学"的日本青年们；今年5月我出访去了日本，有些新鲜感受；他们是外务省的，我是搞地方外事的，还算是同行，会有些共同感兴趣的话题。

午宴一开始，我就表达了对他们的亲切感，抛出两个"联接点"，即三十年前接待过田中首相，三十年后首访日本。接着谈起访日期间的一些突出感受：① 日本的基础设施建设令人印象深刻；② 日本绿色环保做得很好；③ 对日本独特文化产生极大兴趣，包括日本料理；④ 日本人的敬业精神值得赞扬……这种实实在在地对他们国家的赞美，引起这些陌生人对我的"亲切感"。

"亲切感"的另一方面来自大家都是搞外交的"同行"，于是我问他们各人在外务省具体从事何种工作。这一问使他们有机会讲话。团长，外务省大臣官房审议官城田安纪夫说，他主要搞对外文化交流；第二位说，他搞经济工作；第三位说搞对外政策研究，包括对突发事件的应对政策；第四位说在中国课工作，但不会汉语是个问题，过去从事对文化问题的研究；第五位说管拉美事务。我接着自我介绍：三十年前见证了打开中美关系大门，参与接待美国总统尼克松，因此我长期对中美关系问题感兴趣，与第四位有些共同点；上海外办有个政策研究的部门，我是其中的一员，我喜好思考问

↑ 宴会上对话互动，气氛热烈。

题，因此与第三位有共同点；学习英语之前，是中国语言文学系毕业，因此对文化交流感兴趣，与团长的工作有共同点。我最不熟悉的是经济，对第二位很敬重；当然对拉美也不够了解。我说，目前我分管外国领馆、外国记者、对外文化交流和政策调研等项工作。

这样的交谈无异于工作交谈，引起大家很大的兴趣，中国课的那位问到台商在上海有多少企业，我介绍了一些有关在上海的台资企业的情况。他们说很喜欢上海。我告诉他们上海是我故乡，令我自豪的是她拥有多元文化；她在中国经济中占有举足轻重的地位，同时她还是一个开放的城市，上海人很易接近等。

时间已超过13:00，午宴必须结束，但大家谈兴正浓，大有意犹未尽之感。

总之，这是一次时间稍短但还算成功的午餐会。主要做法是抓住双方的"联接点"，寻找共同语言，开展个性化的对话互动。使原来不熟悉的客人成为朋友，交流了思想，气氛很和谐、热烈。

一次唱“独角戏”的宴会

接待外宾时，交流很重要。双方互动，展现各自不同的文化背景，也传递着相互的了解和友情。然而，也有可能会遇上一方“不动”，另一方唱“独角戏”的情况，虽然这种情况很少见，但一旦碰上，意味着我们面临一种挑战：必须审时度势，找出适合外宾的话题来引起客人的兴趣；还要沉着冷静地把谈话持续下去，争取“独角戏”胜利收场。

2000年12月22日，我宴请俄罗斯友好人士代表团一行18人。团长为俄外交部人权局联合国机构人权合作处司长鲍伊琴科，主管俄每年在日内瓦人权会议投票事务。团员中有不少曾经来华访问过，相当多的人研究中国问题，懂中文；还有一些是作家、新闻记者、大学生等等。该团在上海时间短暂，实质性的会见和参观活动仅22日一天：周慕尧副市长礼节性会见，赴上海外国语学院座谈交流，参观上海证券交易所、大众汽车厂、游览豫园。

对于在宴会上该如何交谈做工作，我做了一些考虑，决定不花很多篇幅谈上海，因为周慕尧副市长会见时已经介绍过，且这些人在上海的时间不多，主要兴致在观光、购物，无意多听介绍。我想，在餐桌上进行一些内容广泛、形式宽松的交谈：谈友好，谈城市，谈文化等等。

但结果比我想象的要“艰难”，主要是因为多数人沉默寡言（当然对菜肴还是很感兴趣的）。这样就形成几乎由我唱独角戏的局面。谈话失去方向，完全变成了“脚踏西瓜皮”式的闲聊。但即便如此，如果我们能在自身积累的文化底蕴基础上灵活应变，察言观色，还是可以把气氛搞活，给对方留下有益的东西和良好的印象。

我先作了一番自我介绍，主要目的是介绍上海外事办公室，从一个侧面反映上海对外开放的情况（如友好城市、外国领馆、外国新闻记者等等），并表示欢迎。

我说，我了解到团内有许多人过去曾经来过中国和上海，你们有可能把现在和过

↑ 2001年6月，为东欧、非洲青年外交官讲习班访沪举行冷餐招待会。

去作个对比；还有很多人是研究中国问题的学者和汉学家，我很愿意听听各位的意见。之后无一人讲话，也没有人提问。于是我从我们所在的饭店“新锦江”的名字谈起，谈到四川菜。全程陪同的王凤祥大使问上海属何菜系。我说，上海菜以淮扬菜为基础，形成本邦菜的特色；特别介绍“锦江烤鸭”不同于北京烤鸭的特点；上海人的饮食习惯随着生活水平的提高而发生变化……最后从菜肴引申到上海“海纳百川”、“东西交汇”的文化传统。

我提到1999年去访圣彼得堡和符拉迪沃斯托克的经历时，俄远东国立大学东方学院汉语教授奥斯马奇科说，他曾在海参崴见到我。我也记起一天中午在该院午餐时与他谈论俄罗斯政局的情景，事后我在日记里记录了这次谈话。总的印象是俄知识分子对当时的俄领导人非常不满，对俄时局持悲观态度。

团长英语非常好，我们直接用英语交流起来。他站起来祝酒，称我为“风度宜人”的女士，对精美的菜肴和有益的交谈表示感谢。他的祝酒的主旨似乎是女性，最后为在场的女士干杯。

我在宴会即将结束时致答辞，我说，俄罗斯友好人士代表团是由从事中俄友好工作的精英们组成。我希望代表团和上海外办共同努力架设桥梁，为增进中俄之间的交往和友谊做出更多的贡献。我举杯，为代表团的女士们，男士们，外交官们，中国问题专家们，汉学家们，特别为团长——前程似锦的年轻外交官干杯！

这些友好的言辞虽然内容并不具体，但是有意义，也有感染力，受到外宾的欢迎。最后我们向全团赠送纪念品：男士每人一条领带，女士每人一条丝巾。

宴会最终在和谐友好的氛围中结束了，而我的这次“独角戏”成为众多宴会交谈中的难忘经历。

难忘友情

外国领馆工作是一种官方外交。上海地方外事在中央主管部门的指导下，对驻沪领馆进行依法管理，同时积极开展沟通交流、服务合作和人性化交往，受到各国领事官员的欢迎和赞赏，加深了他们对中国的了解和友情，有利于增进国与国之间的关系。

他们为什么喜欢上海

↑ 我们与外国领馆的合作、沟通、服务、交往使前智利总领事薄明高非常赞赏和感动，他说在上海的工作是他职业生涯的黄金时代。

↑ 民间交往受到许多外国领馆人员的欢迎，图为比利时总领事夫人麦莲（泰国人）兴奋地在我家厨房品尝家常菜。

2000年11月24日，前智利驻上海总领事薄明高 (Miguel Poklepovic) 在一次盛大的招待会上致辞说："我发现上海是一个令人迷恋的城市。你对她了解得越多，对她的爱也就越深。我很幸运，已经在此生活和工作了一年半，我珍爱在这里度过的每一分钟。上海有很多美好之处：她的老建筑，她那摩登的城市景观，她那不懈的创业精神，她数目众多的餐馆、酒吧、咖啡厅以及她所拥有的无限商机……这些都使人着迷。但是，对我来说，上海人最令我着迷。无论是政府高官还是街头小贩，当你与之交谈时，他们都会报以微笑，凝神倾听。在这里你并不只是与人结识，而是与人结交，成为朋友。我还要特别提到上海市外事办公室，我们经常麻烦他们，而他们总是以无穷的耐心应对我们的各种要求。"

在告别的时刻，这位总领事深情地对市领导说，他从事职业外交工作已有27年，在上海的工作经历是其中最愉快的一段。他称上海是一个历史与现代相结合的城市，令他喜欢；上海是个热情友好的城市，令他动情。

新西兰前副总领事英派特（Patrick English）离任之前与我们聚会，他依依不舍地说，在上海呆了几年，越呆越喜欢上海，真不想走。外国人在上海生活很方便，很舒畅。我请他举些例子，说明上海适合于外国人。他随口说，新同事上任，行李运抵上海，向有关方面办手续，两天半就卸下行李，很方便，这里的工作人员效率很高，服务很好。他说，他74岁的老母亲今年曾来上海小住一阵，竟然一个人进进出出，通过出租车，到她要去的地方观光游览，一点没费劲，更没出问题，老人深感上海的好客。他又说，1994年刚来上海的时候，去虹桥机场，路上一次要花一个多小时，塞车时，只能拿出书来读，以消磨时间，而现在25分钟就直达机场，书也看不成了。从上海可以很方便地搭乘航班直达世界上15个国家。他说，吃在上海丰富之极，可以尝到世界各国的美食。要从事体育活动，或找人聊聊，在上海都很容易办到。English说，现在他要转换角色，他的同事来上海接替他的工作，他自己回到新西兰工作。新西兰还有许多人不了解中国，他要用亲身经历和感受向他们介绍中国和上海，成为中国“派驻”在新西兰的“宣传部长”。

一位长期在挪威总领馆工作的同志告诉我，他发现挪威领馆人员常常站在办公室窗口看市景，数外面工地上的大吊车。上海的飞速发展令他们惊叹不已。中国的传统文化和中国人的友好相待令他们对中国和上海的感情与日俱增。

↑ 荷兰总领事夏旭衡对上海颇有感情，被人称为“上海先生”。图为我与总领事及他的夫人合影。

↑ 德国总领事芮悟峰在沪任职长达八年；其夫人凯茜热心公益活动，荣获“慈善之星”称号。图为芮悟峰夫妇与我合影。

↑ 2014年6月，芮悟峰总领事携夫人兴致勃勃地参观了以绿色生态、德国品质、科技环保著称的中鹰黑森林住宅区，受到上海中鹰置业有限公司芮永祥董事长（右二）的热情接待，双方进行了亲切交流。

韩国总领事李先镇在上海工作了七个月后，接到国内通知，他已获晋升，将任多边外交事务的部长助理，很快要回国。为此原先他计划中对我的宴请无法举行。市领导设宴为他送行。在午宴上，总领事夫人说，原先以为只有做了大使夫人才能参加很风光的活动。没想到来上海以后，生活如此丰富多彩。她说，在自己的人生中能在上海这样的大都市生活过，一辈子也忘不了。总领事说，他曾在七个国家任职，从未见到像上海这样的地方，为领馆官员组织如此众多的活动，包括各种情况通报会等。他风趣地说，当然每次回来以后都要向国内写报告，免不了要赞扬上海和中国，这些活动对别国了解上海很有好处。

这些领馆官员的感言和我的工作经历告诉我，领馆人员普遍对上海产生好感的原因至少有以下八条：

① 城市日新月异的发展变化；

② 巨大的市场和不断涌现的商机；

③ 高层领导的会见和对话；

④ 权威性的信息提供；

⑤ 方方面面高效周到的服务；

⑥ 友好开放的人际交往；

⑦ 方便舒适的生活环境；

⑧ 丰富多彩的社会活动和文化生活。

外国总领事们的家宴

在我从事外国领馆工作期间，多次应邀出席外国总领事们举行的家宴。这些家宴按西方人的习惯，一般都安排在晚上，8时左右正式开始，10时以后才结束。这是一种高层次的社交活动，用餐前后和过程中都是对话交谈。有时晚宴结束，但是主人兴致正浓，遂邀请客人在客厅品酒、喝咖啡，这意味着双方还要闲聊一会儿。因此，每次出席他们的家宴，我都会花费不少时间和精力，结束时会感到有些累。但每次家宴让我与总领事们有了更多的沟通和交流，增进了相互的了解和友谊，对日后的工作有利。因此，尽管有些“累”，但“乐”在其中。

我曾多次应邀去丹麦总领事魏思芸家做客。魏的夫人性情温和，非常友好，还亲自下厨做菜，使我感到有在家聚餐的感觉。宴会过程中，我们相互介绍个人经历，了解到魏是一位职业外交官。上世纪70年代起，先后派驻美国洛杉矶、奥地利维也纳、德国法兰克福等地任职。之后主动要求来亚洲。在上海任总领事已三年半，他和他夫人表示非常喜欢上海，渴望继续呆一年或更长。

他们说，西方外交官中单身人士较多，因为家庭婚姻与事业不能同样成功。魏的夫人为随夫工作，放弃了自己的事业。她热爱中国文化，特别是绘画。根据她的要求，我找了一位艺术专业的大学生去教授她学画中国画。以后每次去他们家，都看到墙上的装饰中有她的作品，几乎像出自专业画家之手。她的进步和才艺让我欣喜。

席间，总领事夫妇提出了一些值得讨论的问题：中国人集体主义观念盛行，但同时是否也有强烈的个人主义传统，如特别重视“家庭”；中国是社会主义国家，但中国人善做生意，也很希望赚更多钱，是否有资本主义的特征等。我感到这些问题很有意思，谈了一些个人见解，还建议他们有可能去山东孔子家乡访问，以对中国传统文化和儒家哲学获得更多了解。我认为，通过对话和个人交往，讨论他们感兴趣的话题，并对

↑ 丹麦总领事魏思芸经常在官邸举行家宴，他的夫人（左一）亲自下厨，为我们烹制具有特色的丹麦菜肴。

↑ 2003年，意大利驻沪总领事巴隆切利夫妇（后左一、前左一）卸任前专门为我设家宴，说我的善解人意和人格魅力成为他们对上海的一种难忘记忆。

↑ 巴隆切利总领事的夫人性格温顺、随和，给我留下美好印象。

各自国家的社会和文化作对比，是帮助领馆官员加深对中国了解的好方法。

魏思芸在上海任期结束后被派往俄罗斯圣彼得堡任总领事。我们之间的友好交往并未中断，我常接到他们从俄罗斯寄来的信件和贺卡。他们休假来上海时我们数次聚会。

加拿大总领事贝思德是一个很有生活情趣的人，也是有很强事业心的人。因此在他家赴宴时既谈生活，也谈工作。

谈到在上海任职时，总领事说，作为外交官，由于派驻的地方不同，其收入高低也不同。在亚洲，特别是中国地区工作，工资较低，但是在上海工作有许多有意义的事，与中方合作非常愉快，因此尽管收入低一些，仍热爱这一份工作。用我们的话来说，即在此工作可实现他的“人生价值”，在事业上有所成就。他说中加现在在政治、经济、文教等方方面面都有良好的合作关系。明年初，加总理要来访，又是一件大事。看得出来，他情绪很高。

席间，我提出希望通过领馆开辟为市外事办公室人员赴加进修渠道的可能性。总领事和副总领事柯尼尔反响积极，认为这是一个可以办到的项目。我着重说明，这是一个很有意义的交流项目，因为外办是领馆的直接合作者，帮助外办人员提高外语水平并加深对加文化的了解可以使双方今后的合作做得更好。大家对此观点都很赞同。至于这一交流的具体内容和安排要作专题讨论。之后双方不断沟通，在加方，特别是总领事的大力支持和亲自参与下，这个项目成功创建。自2001年至2013年，上海市外事办公室共有8位年轻人赴加拿大皇后大学学习，并获得政治学硕士学位。

↑ 我出席加拿大总领事贝思德的家宴时与他商讨成功了上海外事办公室干部赴加进修的项目。图为我与贝思德夫妇愉快交谈。

席间的其他话题也很轻松和令人愉快。如菜肴，我称赞其厨师做中国菜的手艺很棒，虾仁、蘑菇、牛肉、蟹粉、生菜等等，每道菜都很地道、美味。就餐的方式也很简便，把菜分在各人的大盘子里，米饭自取。总领事听到客人喜欢他家的饭菜，自然很高兴。当问到他本人日常生活中主要吃中餐还是西餐时，他说，除了早饭，几乎全吃中餐，孩子们现在也是如此，颇有入乡随俗的味道。可见他们对中国文化融入的程度。闲聊中，我们从菜肴又谈到领结和每个人喜欢的色彩。总领事说，围巾对女士来说是有重要作用的，有时同样的一件衣服换戴不同的围巾，可以产生不同的效果和形象，这与我的感想完全一致。虽然这个话题太"小"，太"生活"，又是女性的专题，但是我与总领事竟能"英雄所见略同"，使大家很高兴。

2003年4月21日晚，贝思德再次邀请我去他家共进晚餐，作为他离开上海之前的一种告别。总领事说，他将在今年7月份离任回国，之后有可能继续从事与中国有关的事务。他说，上海领事团的成员对我近年来的工作都做出了高度评价。他特别提到，与我共同开发的那些有关外事办公室人员赴加进修的项目和近期谈到的未来在外事人员培训方面的合作项目使他在上海四年的工作成为一种非同一般的经历。

他告诉我，加拿大传来了好消息，加外交部培训学校表示，他们不仅有兴趣接待我方外宣培训班赴加两周的考察学习，而且也愿接待我方计划中的两个月的语言培训班以及世博会的培训班，当然这种培训对象是回来以后可以培训别人的老师。他说，加外交部培训中心愿意与上海市外事办公室建立长期的交流合作关系。我当即表示，很高兴听到这样的消息，还特别提到，在此项工作中总领事发挥了特殊作用。我说，有关干部培训，不少总领事都表示愿为我方提供帮助和合作，但像他那样主动出主意，参与联络的是很突出的。他送我一瓶香槟酒，说有一天，当我们现在刚开始建造的这座"培训大厦"拔地而起，落成启动时，可以开这瓶香槟来庆祝。

从西班牙总领事的住房说起

1999年的某一天，西班牙驻沪总领事何塞·马特莱斯·曼索偕夫人来外办拜访，希望我们帮助他解决在上海的住房问题。他来上海任职已有八个月。今年春天，他开始为其夫人及两个女儿来上海长住选择住房，看得出来，他很爱妻子，很爱家庭，在生活方面的要求几乎十全十美。当时他看中了东亚公寓，因故未能实现，他情绪激动地拜访了我们。此后，我们做了很多工作，最终未能解决问题。这一次他与妻子先后看了5处房子，相中东湖集团的一幢别墅，有花园，底层有客厅、厨房，楼上有四五间卧室，地处市中心原法租界黄金地段，每月租金8000美元，只可惜没有车库。为此，他们感到遗憾，希望看一些别处的房子。

↑ 埃及总领事安泽鼎首次来华工作，得到我鼎力相助，我们成为很好的朋友。

帮助解决此类问题似不是领事工作中的公事，也不是大事，而是一种服务。好的服务有利于增进双方的友好关系和树立上海的对外形象。为此，我始终持积极态度。首先由我们与东湖集团联系，了解他们的意见，可否为外方建个车库，总领事一家可以暂住别处，等车库建成再正式搬迁。如东湖集团认为不可能，则另想出路。经联系，东湖集团明确答复愿意为他们建车库并立即通知了

↑ 我对荷兰总领事韩思克在上海期间的各项活动给予大力支持，双方关系良好，友谊日增。

西班牙方面。不久，西总领事专门给我来信致谢，信中写道："对您所提供的帮助，我和我的夫人深表感谢。在您和贵办的帮助下，东湖宾馆已与我馆取得了联系，并同意为我新建车库。我和我的夫人对这一好消息感到由衷的高兴。再次向您和贵办表示诚挚的谢意！"

此后，经常有领事或总领事与我们联系解决各种生活上的问题。如找个好医生看病，为家属来沪探亲报"临时户口"，回国休假时想带保姆出境等。当然更多人需要我们工作上给予帮助，提供信息，为其国内高官来访提供礼遇，安排与市领导会见，安排参观访问的活动等等。我都不厌其烦，尽可能满足其要求。渐渐地，上海市人民政府外事办公室领事处好像成了他们身边的"110"。

辛勤的工作和服务换来的是信任、友情、合作。2000年3月我生病住院，很多总领事带了鲜花和礼物来院探访。荷兰副总领事玛丽蓉特地向我赠送了一本由荷兰外交官高罗佩撰写的《大唐狄公案》，让我养病时解闷。有一天，荷兰总领事韩思克专门抽出时间坐在我床前与我聊天两个小时。埃及总领事安泽鼎数次探访，每次都带了精美的中东工艺品赠送给医院的领导和医生，目的是通过"走后门"让他们更好地为我治病，令我感动。后来我不再分管领事工作，仍有很多我不认识的新到任的总领事来找我询问如何解决他们面临的一些问题，说来上海前，就听前任介绍，上海的Kitty Xia"几乎认识所有的人"，"只要找到她，就可以解决问题"。

公务上的合作，生活上的服务提升了上海在外国领事人员心目中的形象，增进了他们与中国、与上海的感情，有助于我们结交朋友，凝聚人心。一位在上海工作7年之久的丹麦领事官员Bright Dohmann在告别聚会上说："与上海的朋友分别就如同把一棵大树连根拔起那样心怀痛楚。之所以对上海如此深情留恋，主要还不是上海的摩天大楼、高架网络和美食菜肴，虽然它们都很吸引人，主要是人与人之间的亲密接触。时间呆得越长，朋友越多，感情越深。"

记我的好朋友爱尔兰总领事基廷

可以说，爱尔兰总领事基廷是我在上海领团最好的朋友之一。他为人随和，处事低调，常常处于默默无闻的状态。但面对工作，他似乎变了一个人，闻风而动，高效快捷，成效显著。

2001年，为了通过外国领馆开辟外事办公室干部出国进修的渠道，同时基于我个人上世纪80年代去美国学习考察的经验，我对基廷提出双方合作开发类似进修项目的可能性。数月之后，基廷从爱尔兰回到上海，对我说，他已与爱外交部谈过此事，他们愿意为上海外办人员提供这样的进修机会。

2002年9月，第一批市外办4位处级干部去了爱尔兰进修外语，考察社会。一半时间在都柏林大学学习英语课程，一半时间参加社会活动和参观访问。为期3个月的项目取得了很好的效果，并带动了爱商务部门与上海开展经贸交流的兴趣。爱方第一个经贸代表团于2003年秋天访华，与我市经贸部门洽谈如何扩大中爱的经济交流。之后，虽然爱经济形势不佳，但是经基廷努力争取，最后爱有关方面还是同意拨出专款将上海外办干部赴爱进修的项目继续进行下去。这一项目让我方人员在都柏林大学进修语言，同时广泛参与各种社会实践，增进了对爱尔兰和西方文化的了解，收获颇丰。该项目逐渐拓展到了上海有关区县和周边长三角地区的外事干部当中。12年中，共有55人赴爱进修，其中上海外事办公室有三十余人。这个项目成为最受欢迎和最具生命力的进修项目之一。值得一提的是，除都柏林之外，爱方还安排我进修人员去爱第二大城市科克开展社会活动，从而推动了科克与上海缔结为友好城市。

接触时间越久，我对基廷的了解越多。他对中国和上海的感情之深令我感动。2000年，基廷偕夫人来上海就任，这是他首次亚洲和上海之行，充满兴奋和惶恐。他怀着巨大的兴趣了解上海，探索城市的精髓。他在笔记中写道，雨天俯瞰南京路步行街，只见蓝、橙、红、绿各色雨衣穿梭而过，夜晚华灯初放，十里长街光彩夺目。上海的缤纷色彩一直留在他的心中。基廷常常乘坐公交车周游了解上海。当车子从延安路高架下行开往外滩，浦江沿岸的万国建筑群展现在眼前时，他激动不已，说他看到上海一方面保存了她的过去，另一方面又充满自信地建设着未来。基廷看着街上的人群说，最让他震惊的是人们如此努力地工作，建筑工人像蚂蚁一样在大楼上爬上爬下，搬运工人忙碌地将三轮车装满货物，保洁人员身着蓝色套装清扫大街。他说，生活对于这些人来说，一定是艰苦的，但在我看来，他们的劳动总是散发着尊严。

↑ 爱尔兰驻沪总领事基廷为人随和，处事低调，在任期内为增进中爱关系做了很多实事，离任后对上海留恋不舍，多次重访，再叙友情。

↑ 基廷积极参与中外文化交流。图为基廷（左二）2000年出席雕塑大师张充仁纪念馆新馆落成典礼。

基廷首次参观孙中山故居，了解到1933年爱尔兰作家萧伯纳来到中国在这里会见了宋庆龄、鲁迅、蔡元培、林语堂等中国伟人和作家。他认为这是20世纪爱尔兰和中国思想家的唯一一次会面，意义非凡。于是，在2003年萧访问上海70周年之际，爱领馆在中山故居举办了庆祝典礼，成为基廷在上海工作的一个亮点。

基廷最喜欢做的另一件事情是参观大学，与大学生们谈论爱尔兰，他希望并坚信这些年轻人将在未来成为“中国和爱尔兰之间的桥梁”。

基廷深情地谈到，尽管爱尔兰和中国相隔万里，但两国之间的相似点令人吃惊。他说，当中国人民回顾他们被殖民的过去时，大部分的爱尔兰人会对中国人的苦难有着本能的理解，因为爱尔兰和中国都有着悠久的历史，在20世纪中都经历过内战、革命，也同样获得了政治独立，取得了经济发展。

基廷在结束任期的时候，非常留恋，说：“我经常感到来到上海就好像是我飞奔到机场搭乘飞机，匆忙选择了一个不认识作家所写的小说，在飞机上阅读，花了好长时间

↑ 上海外事人员赴爱尔兰考察进修项目对中爱友好城市交流起了积极的推动作用。图为2009年3月唐登杰副市长与爱尔兰科克市副市长帕特西亚·高斯一起签署两市友好交流备忘录。

才找到情节的主线。慢慢地，我开始对这本书着迷，欲罢不能。这本书成为我所读过的最精彩的一本书：是冒险也是传奇，是城市历史也是成就史诗。我知道我永远不会在飞行结束前完成阅读，不得不放下小说。然而有一点我可以肯定，那就是即使远隔千里，我也会带着兴趣和偏爱追踪上海城市和上海人民的故事。”

基廷离开上海后升任爱尔兰驻保加利亚大使。之后，他借爱总理访华或自己休假之际，不止一次地回到上海，急切地了解上海的新发展，深情地找到老朋友相聚。我相信，基廷真的会一生追随上海和中国。

挪威总领事的悲情故事

1999年农历新年前夕，挪威总领事邵丝黛邀请我和领事处的同事去她家出席晚宴。她家的住宅建筑和室内布置是古典西洋式的，十分高雅。食品是中西合璧的挪威菜，既简约又美味。据了解是一位曾去挪威学习过烹调的中国女厨师做的。席间，大家进行了友好、热情，带有亲切感和幽默感的交谈。临别，我们接受了赠礼：一包挪威产的三文鱼，我们向她赠送的是一枚银灰色的花卉胸针。

2000年1月21日晚，同样的活动，同样的气氛，大致相同的内容和程序，但仍有很多新鲜感。

我们带去鲜花一篮，美酒两瓶。进入客厅之前，就见到一条大眼睛黄白色皮毛的小狗，名叫Daisy。主人说，她是一位年事已高的“老太”(12岁)。她对我们并不陌生，有许多亲热的动作，如跳上沙发，温顺地依偎在你的身旁等。在晚宴之后饮茶和喝咖啡时，我们的谈话内容几乎全是动物。总领事说，数年前，她们家养了一只猫。有一次，全家到离家500公里远的山区别墅度假，乘坐汽车，带上了猫，但那猫一直处于很不高兴的状态。在离别墅约5公里处，车停下来大家休息了一次，那猫也在周围转了一圈，后继续上路到了别墅，两天后，猫不见了。全家到处寻找，没有结果，孩子非常悲伤。结果只得在离去之前，委托周围的人们帮忙寻找，还贴出布告，说帮助找到那猫的人能得到奖励。回家几个星期后，接到邻居的报告，说找到了那只猫，竟在离别墅5公里的停车休息处。之后，她丈夫乘飞机去那里领回了那只猫。在回城途中，那猫又跳出了纸箱，他们只能请人到处扑拦。那只猫的故事让我这个爱猫之人听得很入神。

这天晚餐吃的挪威圣诞大餐，颇具特色。首先是一碗浓汤，汤内有洋葱、蘑菇、三文鱼、奶油和酒，非常鲜美。接着，请客人们从食盘中自行取菜，这些菜肴有：① 切得很碎的卷心菜，加以调料，有浓浓的甜味和一些酸味；② 白煮马铃薯加调料；③ 很粗

↑ 挪威总领事邵丝黛热情而淳朴，是一位优秀的女性外交官。

↑ 1999年邵丝黛列席上海市人大会议。

↑ 2000年邵丝黛因病英年早逝。图为年底应挪威驻上海总领馆邀请，我再次来到已故总领事家中过圣诞，不见昔日好友，令我无限怀念。

的猪肉肠、烤肉和羊肉丸；④ 白米饭浸在甜的奶油之中；⑤ 果酱；最后是甜点。

席间总领事和我都祝酒。我说：自去年来此品尝晚宴之后，我一直都在“盼望”今年的晚宴。因为：一是喜欢挪威菜，虽然我原本不太热衷于西餐；二是喜欢这个家，房子的建筑和布置十分高雅，舒适，有宁静的气息；三是喜欢挪威人，挪威外交官就像我们的兄弟姐妹一样亲近。最后祝大家龙年欢乐、好运！我相信这些“甜言蜜语”使主人很高兴，当然，它们也确实表达了我们的真情实意。

席间的谈话很宽松。因总领事和签证领事未能出席2000年1月18日市外办组织的领事夫人游南京路步行街的活动，我在席间介绍了一些有趣的节目：在南京路品尝“大娘水饺”、参观朵云轩的木版水印、上海医药公司的中医养生滋补吧……后又介绍新新美容城护肤、足底按摩等项目。总领事听得很入神，我承诺不久陪她去一美容院做护肤，并陪同她去游南京路步行街，那一晚我们都谈得很兴奋。

2000年12月12日晚，我和我的同事应挪威总领馆的邀请，再次到原总领事邵丝黛的官邸出席迎新晚会。往年的新年聚会给我留下了许多美好的回忆，今年却是无尽的伤感，因为原来的总领事邵丝黛几个月前患脑溢血永远地离开了我们。对一位55岁，事业正在兴旺发达之际的女性来说，离开人世，实在是太早了。对我们这些与她共享友情的人来说太突然了。

那天客厅布置得很典雅，很温馨。

一棵五彩缤纷的圣诞树，一只大眼睛毛茸茸的白鹿，桌上墙上烛光闪烁，使众人进入美丽的神话世界……即使这样，我还是感到凄凉和悲伤，因为我怀念那位善良质朴的挪威总领事。

晚餐很简单：一道海鲜汤，两道主菜：花菜刀豆和猪肉烧土豆，接着就是水果。席间，我祝酒时说：邵丝黛总领事的新年晚餐给我留下许多美好的记忆，她与我们有良好的合作，为发展两国关系做了大量工作。我们永远怀念她。我们高兴地得悉，现在挪威政府任命了一位新的总领事，他曾在不少中东国家担任过七年大使，是一位有丰富经验的高层次职业外交家。此项任命说明挪威政府对中国和上海的重视。我们希望一如既往与挪威总领事馆进行很好的合作，在新世纪里为中挪友好做出新的贡献。

最后，我们在圣诞树和白鹿的周围合影留念并互赠纪念品：我方赠送京剧脸谱，他们赠送2001年的年历和挪威“茅台”酒（以土豆为原料酿制的41度白酒）。

“美阳田园”的美好记忆

2003年6月12日，我邀请上海部分总领事和夫人一行15人去金山一日游。应邀出席这次活动的有：奥地利总领事、埃及总领事、挪威总领事、乌克兰总领事、以色列总领事和夫人及女儿、俄罗斯总领事和夫人、墨西哥代总领事、比利时总领事夫人、西班牙总领事夫人、土耳其总领事、古巴总领事等。

这次郊游是SARS流行基本结束以后第一次举行的轻松的聚会。主要活动是参观“美阳田园”，领略上海第一个“创新农业”产出的营养果蔬和艺术果蔬；顺便去离它不远的金山区干巷镇，看一看由当地企业家投资兴建的文化设施“车镜公园”，最后参观金山农民画院。

这是一次成功的聚会，全程充满轻松欢乐的气氛。旅行车上幽默、欢笑始终不断。我偶尔听到土耳其和埃及总领事在交谈中用到发音为“Habibi”一词，觉得很好玩，经了解是阿拉伯语，“亲爱的”或“朋友”的意思。于是我立刻改称全团为“Habibi Group”，并推举奥地利总领事玛利亚·温伯格为“Habibi Leader”，引来一阵笑声。在旅途中，我与大家以问答的方式进行幽默的对话。我说，据我所知奥地利总领事在旅游方面是行家，请她谈谈最近到了哪些地方去旅行。她说，不久前她偕同少数朋友去北京、青海、甘肃一些过去很少了解的地方旅行，景色美，几乎没有其他旅客，此种感觉是一种前所未有的特殊经历。

车内还进行了一种“知识竞赛”式的交流，问题有：上海有多少区县，唯一的一个县在哪里；中国有多少个少数民族；新一届中共中央政治局常委有多少成员，有哪些人……后来埃及总领事问谁知道埃总领馆的电话号码，我立刻拿出通讯录来找答案；我问俄罗斯和乌克兰总领事是否知道他们自己的手机号码，我知道他们记不住，于是拿出自己的笔记本，报出答案……当场还评出答题最好的以色列和奥地利两位总领事

← 休闲旅游，观景聊天是我们与外国领事官员增进了解，结交朋友的一种方式，广受欢迎。金山“美阳田园”游是其中的一例。

分列第一、第二名。就这样，一路上热热闹闹，笑声不绝于耳，不一会车到了“美阳田园”。

“美阳田园”里陈列的色彩斑斓，形状各异的大小果蔬，着实让这些总领事们大开眼界。虽然这些果蔬本来就从世界各地引进，但似乎他们也从未见过这么多美形、美艳和美味的果品。在大棚里各色南瓜有的白如石，有的绿如玉，有的红如宝；小番茄一串串犹如珍珠项链；还有很多品种的累累果实，有的像高挂的红灯笼，有的像垂吊的奇异果……总领事们后来无心看田里的果子，都回到陈列瓜果的长廊里争相购买。田园主人许先生提了一篮彩色珍珠番茄建议用“剪刀、石头、布”的游戏决出优胜者，可获赠这篮番茄。结果在阵阵欢呼声中，以色列总领事马弈良7岁的女儿玛雅荣获了这个人见人爱的礼篮。挪威总领事魏博在各种果蔬前走来走去，生怕把哪个可爱的果实漏了，或者买了带不回去。田园主人承诺派专人把他买的东西全数送到他家。总领事高兴地说，最好赶在第二天晚上之前，这样可以让来他家参加晚宴的客人看到这些新鲜可爱的果蔬。后来，主人送上蜜甜的西瓜，大家吃得很痛快。每位客人又应邀在留言本上留言，主客照了相。中午时分，每人拿到一只系上红丝带的黄色小葫芦的纪念品，兴高采烈地离开了农场。田园的独特新奇，果蔬的美艳美味，访问的轻松有趣无疑给全体客人留下了难忘、美好的印象。

我们在去金山宾馆午宴的途中先去海边观光。虽然那里尚未开发，也

↑ 以色列总领事马弈良的女儿玛雅在“美阳田园”看到色彩鲜艳的瓜果兴奋不已。

↑ 奥地利总领事温伯格女士（右一）、土耳其总领事英卡亚（前中）和其他夫人们在金山海边观光。

不太美，地上还有些脏，但视野开阔，使大家心情更舒畅。

午宴之前，金山区区长李毓毅会见客人，介绍了金山的情况并向每一位客人赠送了一只有农民画图案的黑陶盘子。菜肴出乎意料的好，色香味俱佳，客人赞不绝口。区长待客热情，且很健谈。

午宴后，去干巷镇游览了由当地企业家夏道余出资1000万元建造的“车镜公园”。虽然环境和景色比不上一些很有名的园林，但由于是民间为发展当地文化旅游业出资建造，此事很有意义。主人采纳了我的建议，在园内种下两棵桂花树，请各国总领事铲土浇水以示种植友谊之树。最后一站是金山农民画院，在那里参观陈列室，看几位农民画家作画，购买各色画作，这又掀起了一个小小的高潮。

在回程途中，奥地利总领事温伯格代表全团发表了热情的感谢词，说每个人都感到今天的旅行特别愉快，说明即使在上海本地也有许多值得游览、观光的地方。希望今后能再组织类似的活动。她向我赠送了一只蓝色的小海豚以示感谢和纪念。我在简短的答谢词中说，没有他们的参与，不与他们在一起，无论景色多么美丽，活动多么有趣，也不会如此愉快。

活动是载体，接近是目的。我的突出感受是：朋友之间的、非官方的活动有时似乎能起到一种官方活动起不到的凝聚人心的作用，因为包含其中的有更多亲切感和人情味。他们不是以官员的身份出现，非常放松、真实。在整个活动中，埃及总领事安泽鼎等人都像孩子般地“顽皮”，奥地利总领事高兴得一度在田园里手舞足蹈。我相信，这次活动将成为他们在上海的一段难忘的记忆。

外国领事夫人们在上海

3月的上海，春意盎然。1998年3月6日下午，一群肤色不同、服饰多彩的中外妇女来到了景德镇上海陶瓷艺术中心。当她们走进那1000米长、陈列着近千块瓷板的五色长廊时，立刻神色活跃，议论纷纷，露出一脸的惊讶和兴奋。她们是该艺术中心开放数月以来所接待的第一批具有不寻常身份的外国客人——来自二十多个国家驻上海总领馆的近五十位女总领事、领事及领馆官员的夫人和馆内的女性工作人员。在"三八"国际妇女节的前夕，上海市人民政府外事办公室和普陀区人民政府特邀她们来此欣赏中国传统的艺术精粹，欢度自己的节日。

设有16个展厅、展品多达5万余件的景德镇上海陶瓷艺术中心像一座巨大的艺术宫殿，使客人叹为观止。秀丽典雅的青花名瓷，千姿百态的瓷雕形象，高贵气派的皇宫用瓷，其精巧的构思、缤纷的色彩、无与伦比的魅力使洋太太们赞叹不已，爱不释手。德国女领事贾莱思操着一口流利的中文告诉人们，虽然还谈不上"懂"，但她确实酷爱中国陶瓷艺术，她家里有许多陶瓷装饰品和日用品，不仅被放在柜架上观赏，而且每天使用它们，为的是美化生活。她兴冲冲地选购了一幅钟馗的陶瓷画。当有人问她为什么要选这幅画时，她说，中国老百姓称钟馗良心好，把他的画像挂在家里可以消灾避邪，带来幸运，因此她要买一幅回去。

不一会，客人们闻风而动，从展厅聚集到底楼的几间"工场"、"作坊"里。原来，为适应中外艺术爱好者的需求，中心配备了可供人们学做陶瓷的各种设施，有兴趣者可在此学打磨、制坯、作画、烧窑等。洋太太们一个个兴致勃勃地跃跃欲试，想体验一下当"瓷工"的感受。以色列总领事康柏雅的夫人第一个挽起衣袖，爬上半人高的平台，坐上小板凳，"捣鼓"起悠然转动的辘轳。当陶土在她手中慢慢长高时，她兴奋得笑起来，大声说："这太有意思了，太有意思了！"但不一会，陶土渐渐歪倒，失去了控制，

→ 1998年“三八”妇女节前，上海领事团夫人及女官员应邀参观景德镇上海陶艺中心并亲自动手在瓷器上作画，左一为古巴驻上海总领事玛利亚·桑切斯。

→ 2003年为庆祝“三八”妇女节，上海市人民政府外事办公室与东华大学合作为上海领团女官员及领事夫人举行时装展示活动。

她顿时惊慌失色，不知所措。一位有37年工龄的老陶工立刻上前“救助”，才使陶坯渐渐形成。康的夫人兴奋地告诉人们，这种机器看上去那么柔顺，那么快捷，但当你操作时，它变得很难控制。因此她的“处女作”——一只底部歪斜，身上还有皱纹的小瓷缸——一定很糟糕。她说，为了真正掌握这门技术，她正在考虑下一步要报名进这里的培训班。

此时，工场的另一边也围着一拨人，但却是静悄悄的。一些洋太太正在专家的指导下学用中国毛笔在白瓷盘上作画。古巴女总领事桑切斯专心致志地描绘了一些鲜花和水果。虽然这是她有生以来第一次握毛笔、画盘子，但她的作品真的很“上档次”，且有现代抽象派的风格。她说，古巴也有很多绘画学校，但她特别欣赏中国的陶瓷，因为它是一门独特的艺术。澳

← 2004年组织驻沪领事夫人畅游七宝老街。

大利亚总领事的夫人在斯里兰卡长大，她画起了家乡的椰子树，颇为逼真，显现出热带风光之美。智利总领事夫人曾学过绘画，她运笔的技巧显然比其他人娴熟。她在盘子里画的森林显得郁郁葱葱，很有层次感。当3位夫人一起向众人亮出她们的盘子时，赢得了满堂的喝彩。

这次别开生面的庆“三八”国际妇女节活动给各国妇女朋友留下了深刻的印象。她们说，世界各国的女性不分国籍和肤色，都热爱艺术，热爱鲜花，热爱生活，热爱一切美好的事物。她们说，中国优美的陶瓷艺术不仅美化了节日，陶冶了心情，也增进了中外妇女的了解和友谊。

这是我们每年“三八”国际妇女节前后为外国领馆夫人们组织的庆祝活动中的一次。在新世纪来临后，我们还先后为她们组织了游览南京路步行街、参观东华大学并合作举办时装表演秀、参观闵行七宝老街、游览苏州木渎古镇等活动。

1996年起，领馆夫人们组织了一个上海领事配偶团，主要从事文化交流和慈善公益活动，每年通过义卖活动筹得善款进行帮困救助。2002年，应夫人们的要求，我陪同她们去安徽考察救助项目。在宣城、黄山等地考察后对安徽的特殊教育学校和其他弱势群体捐赠39万元人民币。2004年上海领事配偶团应邀出席了上海首届国际慈善论坛，由加拿大总领事夫人代表全团作了主旨发言。2005年，我陪同夫人们去崇明、横沙、长兴等三岛开发帮困项目，并向横沙岛敬老院捐赠了14万元人民币。德国总领事夫人

→ 时任美国驻上海总领事季瑞达（左三）的夫人颜正安（中）是一位著名的画家。2005年6月在上海首次举行作品慈善拍卖，所得善款用于资助残障儿童。

凯茜通晓中文，热心慈善，先后用自己撰写著作所得稿费17万元人民币救助患先天性心脏病和白血病的贫困儿童。2005年凯茜获得上海市慈善基金会“慈善之星”光荣称号。美国总领事季瑞达的夫人颜正安是一位很有成就的画家，2005年她通过拍卖10幅作品向残障儿童捐赠33万元人民币。2012年，近十位领事夫人和领馆官员参与了“打开英语之窗，通向世界之门”的公益活动，为40名外来务工人员和低收入家庭子女教授英语口语，讲解各国文化和风情，受到广泛赞扬。

对外宣传，与国外、境外人士沟通交流，施与影响，帮助他们了解中国和上海，消除疑问，同情和支持中国，或成为我们的朋友，这是地方外事的重要任务和深刻内涵。还应认识到，国际媒体是一种不容忽视、可以借助的外力，通过他们的笔头和镜头，帮助我们把中国的形象和声音传遍世界。

做好“让世界了解上海”这篇大文章

↑ 结合外滩、南京路、高架路和老城厢等景点“情景式”地介绍上海。

“上海”一直是对外交往中的热门话题。外宾来访和我们自己出访时遇到的国外、境外人士问得最多、谈得最多的问题中有：上海过去的租界在哪里？浦东的方位在哪里？上海的建设资金哪里来？上海高速发展的秘诀是什么？上海是否会取代香港的地位……上海，已成为一座吸引全世界目光的城市。让世界了解上海无疑是我们外交外事人员必须做好的一篇大文章。

三种模式　介绍上海

（一）“情景式”

这是指在陪同外宾参观活动时与场景紧紧结合介绍上海。如，客人一出机场，车子上了高架路，许多外宾对眼前四通八达的交通网络和高楼林立的城市空间惊叹不已。这时，我就从上海的高架路体系谈起，向他们介绍十多年来上海开发浦东，改造基础设施建设，并由此谈到整个城市的巨变。我陪同外宾在外滩和南京路漫步时，向他们介绍黄浦江的历史和19世纪三四十年代上海作为远东金融中心的往事。外宾的车子驶经淮海路、衡山路、延安路等处时，我向他们介绍上海租界的历史，上海曾蒙受的屈辱和她光荣的革命传统。外宾游览城隍庙时，我着重介绍上海的“海派”风情、上海的市场、人民的生活和上海的美食等。

（二）“全景式”

这是指简明扼要而相对完整、全面地向外国人介绍上海的概况和主要特征。这种“简介上海”在对外工作中十分需要，因为在很多情况下，我与外宾的接触交谈是在宴会、聚会或座谈会、研讨会上进行的；或出访时面向很多对中国相当陌生的外国公众作讲演。在这些情况下，我必须在有限的时间里以短小的篇幅，完整的结构，具体的内容，精确的语言告诉外国人上海是怎样一座城市。

20世纪80年代末，我在美国南方与许多黑人朋友交谈，用四句话来描绘上海：a Big City（人口众多的城市）、an Old City（历史悠久的城市）、a Key City（地位重要的城市）、an Open City（对外开放的城市）。先把听众的注意力集中到这几个鲜明的观点上来，把需要讲解的内容分别纳入这四个小题目之中，视情况许可，有时把话“铺开”，有时把话“收拢”，有时重点突出某一方面进行叙述，既有“自由度”，又有“完整性”。国外听众反响热烈，很多人对上海的特点留下了深刻的印象，甚至牢记不忘。

↓ 用五句话“全景式”地介绍上海。

此后，我对这个课题继续潜心研究，在原有的“蓝本”基础上与时俱进，深化内涵，增加信息，更新数据，并根据每一批外宾的情况和问题，确定介绍的重点和材料的详略。最后形成了用五句话来描绘上海的框架：a Big City（人口和移民众多的城市）、an Old City（历史悠久、多元文化的城市）、a Key City（经济发达、

↑ 2001年我在宴请泰国人权代表团时，从上海历史谈到中国人权状况的改善。该团团长、泰人权司长劳哈攀女士认为很有说服力。图为宴会后我与她合影。

地位重要的城市)、an Open City (国际化的对外开放城市)、a New City (发展面貌日新月异的城市)。由于这个“版本”的简介篇幅短、材料实、语言精、容易记，广受外宾欢迎。有的客人把这五句话的第一个字母拼成“BOKON”，读出它的汉语谐音，说上海的确是一座“宝港”。

(三)“交流式”

这是指把“上海”作为交流话题和做工作的切入点。我接待持西方观点的一些外国人权代表团时，考虑到自己作为外事人员的身份、交流内容的政治敏感性以及谈话的生动性、可信性等因素，我常选择介绍上海作为做工作的切入点。

在谈到上海的历史时，我着重描绘旧上海在西方列强瓜分之下形成租界。租界之内外国当局实行其自主权，中国人处于屈辱的地位，形成所谓的“国中之国”，在那样的情况下，中国人无人权可言。我认为介绍上海的发展又是一个正面宣传我人权观的好题目。我着重介绍改革开放以来上海的巨变，特别是过去上海面临的交通堵塞、住房紧缺、污染严重等三大问题不同程度得到解决，说明政府为老百姓谋利益，做实事。

人民生活改善是上海发展的一部分，也是与人权直接有关的一个内容。我说，我个人和周围的普通老百姓都认为人权的重要内容是一个国家的百姓大众能安居乐业，温饱有余，进而过小康生活。近年来，上海人民的工资、住房、就业、养老、医疗等方面都得到很大改善和提高，说明政府重视民生问题，也是中国尊重人权的有说服力的证明。

在谈到上海发展中出现的问题时，我以两个“一百万”，即近年来一百万居民搬迁，一百万下岗工人再就业，说明政府全心全意为人民服务，维护了社会的安定团结，这是符合中国老百姓根本利益的。这样的交谈真实可信，很有说服力，得到外方普遍赞同。2000年来访的泰国、厄瓜多尔人权代表团团长们都表示，此访和交谈使他们对上海的发展、人民生活的改善留下了极为深刻的印象。这确是中国人权的重要组成部分。

热爱上海　解读上海

在长期的对外工作中，我一方面宣传上海，另一方面不断地倾听、研究国外、境外人士对上海的反应和评论。这两方面形成了一种“互动式”的效应：外宾从我的宣传中受到影响和感染；而外宾的评说从某种程度上又加深了我对上海的了解和热爱。

有些外国政要称，上海是“最神奇的地方”，访问上海，内心激起了“火山爆发一般的震动”，上海是他们看到的“最具活力，最有实力，最有希望”的一个城市；到上海旧地重游的国际友人说，“上海的高速和智慧使世界惊讶和羡慕”，这个城市“面貌已变，灵魂犹在”；常驻上海工作的外国领事官员说，上海风格各异的老建筑，摩登的城市景观，数目众多的餐厅，友好热情的人民，以及上海拥有的无限商机，是他们职业生涯中难忘的记忆。这些评说令我激动和自豪，更让我深思和探索：上海有哪些本质特征？为何上海如此引人关注和喜爱？我思考的结果是：上海无与伦比的特征在于她的“实力”、“活力”和“魅力”。“实力”是指上海雄厚的经济基础、人才优势、巨大的市场和商机；“活力”表现在上海持续的高速发展态势，广泛而活跃的对外开放和交往以及对新事物的接受和创造能力；“魅力”在很大程度上表现在上海的文化特征，即她对不同文化的包容性和亲和力以及由此而形成的独特人文环境和氛围。不同文化背景的人在上海会感到被接受，不见外，有亲切感。

↑ 向外国政要夫人介绍外滩历史和上海的变迁。

↑ 1998年10月，向尼泊尔大会党代表团介绍上海新貌。

我认识到宣传上海的基础是了解上海，解读上海。20世纪80年代初，为了满足外宾想了解我们这座城市的要求，我就把“上海导游”定为自己重点“攻克”的一项基本功。在广泛阅读中外文资料和学习同行前辈经验的基础上，结合外宾的兴趣、问题，整理出一套从虹桥机场进入市区后，经常接触到的外滩、黄浦江、延安路、展览中心、豫园等四十多个地段和景点的导游内容；对外界特别关注的人口、住宅、交通、污染等专题也收集了大量的信息和数据。这些内容介绍引起外宾的普遍兴趣和欢迎，还常常成为我与外宾深入交谈的引子。

上世纪90年代至21世纪初，上海的经济和城市高速发展，为了介绍上海日新月异的变化和发展，我把每次领导会见外宾的谈话作为重要的学习资料，加以积累，这种积累随着外宾关心的问题越来越多，还形成了一些专题。如：90年代上海经济、社会发展的资金来源；上海在全国的地位及城市发展的定位；90年代以来上海经济发展的情况和模式；浦东开发及其在上海的地位和作用；上海基础设施建设情况；上海外资、金融、证券、保险和消费市场情况；上海住房建设情况；上海的环保和绿化情况；上海港口（空港、海港、深水港）情况；上海产业结构调整和失业、转岗情况；上海社会保障体系；上海民营经济情况；上海政府机构改革情况；上海空置楼宇问题；上海妇女地位问题等等。

这样的学习和积累很必要，也很重要，但是还较浮浅，缺乏系统和深度，在不少情况下，属“批发信息”，“应付门面”性质的。因此，参加专题学习班，认真读一些书，听取专家学者传授他们长期形成的知识积累并对外宾特别关心的某些问题作深入的研讨对提高我们的知识层次是十分必要和重要的。

↓ 著名画家徐元章以上海建筑为题材的水彩画生动展现了百年上海的迷人风光和今昔巨变。其中24幅画作于2001年由上海市人民政府外事办公室编印出版《中国上海》的明信片，深受国际友人的喜爱。

外宣艺术　赢得实效

外宣艺术是外宣成功的保障，宣传上海也不例外。

让外宾“看”上海，是宣传上海的重要手段。看，就是让事实说话，使外宾眼见为实，产生直观效应。与外宾“谈”上海，是宣传上海的另一个十分重要的途径。谈得成功与否，我的标准是三句话，九个字，即我们的言谈要有“可听性”、“说服力”和“感染力”。为此，我认为在对外介绍和交流中应注意以下几点。

① 切题，即紧扣话题或从外国人的问题和要求出发；决不无的放矢，开无轨电车，想到哪里说到哪里。切题才能吸引外宾的注意力，让他们愿听我们的谈话。

② 实在，即言之有物，谈话中

有实例，有数据，具体生动；杜绝虚话、套话和概念性的语言。说实话才有说服力。

③ 简明，即篇幅短小，框架清晰，避免冗长重复，词不达意，表述含糊。简明的谈话才有吸引力，并给外宾留下深刻印象。

④ 诚信，即对外谈话实事求是，一分为二，求同存异，不强加于人，不夸大，不吹嘘。“诚信”可以提高外宣的可信度。

⑤ 个性，即多用自己的语言，表达个人的见解，体现自己的风格。对外宾作宣传如朋友间交谈，具有人情味和幽默感。这样的谈话可淡化“宣传”味，增强感染力。

前荷兰鹿特丹市市长佩珀访问上海时，向我方介绍荷兰及鹿市的经济和对外投资等情况，用了一些幻灯片，其中最后一张列举一组数字，简洁地凸显了荷兰港口的实力：

1. Surface Area （国土面积）
   - 41548 square kilometers（荷兰国土面积 41548 平方公里）
   - The Netherlands: ranked 121 in the world（世界排名第 121 位）
2. Population （人口）
   - 15 million in habitants in 1990（1990 年，荷兰人口 1500 万）
   - The Netherlands: ranked 51 in the world（世界排名第 51 位）
3. Economy （经济）
   - The Netherlands: ranked 10 among the 24 OECD member nations（荷兰经济在欧共体 24 个国家中排名第 10 位）
4. Foreign Trade （外贸）
   - Exports in 1989: US$124.5 billion（1989 年荷兰出口总额为 1245 亿美元）
   - The Netherlands: ranked 8 in the world（世界排名第 8 位）
5. Accumulated Investments in Foreign Continents （累计海外投资）
   - The Netherlands: ranked 5 in the world（世界排名第 5 位）
6. Dutch Investments in the U.S. (Accumulated Assets in US$)（累计在美投资资产）
   - US$ 60 billion invested （投资金额为 600 亿美元）
   - The Netherlands: ranked 3 behind the UK and Japan（世界排名第 3 位，仅次于英国和日本）
7. Harbor Activity （港口）
   - The Netherlands: ranked 1 worldwide, handling 288 million gross tons of cargo annually at one harbor, Rotterdam（荷兰鹿特丹市每年港口货物吞吐量为 288 英吨，世界排名第一。英吨为英国重量单位，1 英吨等于 2240 磅，合 1016.04 公斤）

↑ 前荷兰鹿特丹市长佩珀曾用一组数据介绍鹿市的市情和港口，简洁明了，令人印象深刻。

20世纪90年代初，我在接待荷兰鹿特丹市长佩珀率领的代表团时，听到他对鹿市的介绍，特别是用一组数字突现了鹿市及其港口的实力，非常简洁，给人留下深刻印象。

← 1996年，徐匡迪市长会见鹿特丹市长佩珀。

应邀为香港公务员“讲课”

2000年5月24日晚，我应邀为15位香港特区政府的公务员作了一次有关上海的“讲课”，历时一小时，然后共进晚餐，继续交谈。

这些特区公务员都在香港出生和长大，虽是我们的同胞，但对内地及上海的情况不甚了解。他们负有来大陆学习、考察的任务，几乎所有的人都把每项参观活动，包括听上海介绍作为“学习”、“上课”，仔细听、详细记，还展开交流、讨论。因此，我想介绍情况应全面、具体一些，并应力求更有条理，便于记忆。为做好这次介绍，我作了认真准备，突出了以下三方面的内容：

一、回顾百年上海的历史变迁。如：1840年以后到1949年间上海半殖民地半封建社会的性质特征；建国以后至1978年对外开放前30年间上海发展的模式；1978年以后至今，上海改革开放的指导思想，邓小平同志有关开发浦东的战略决策，上海成为长江流域发展的龙头，“三个中心”的定位等。这些内容的介绍无疑会加深听者对上海发展现状的理解。我注意到，他们在听这部分内容时特别认真，全神贯注，频频点头。

二、精选若干相关数据和历史资料。如在谈到上海的重要地位时引用了市领导曾在对外交谈时用过的数据：上海地域占全国面积的6‰，人口占全国1%，财税占全国的12%，进出口约占全国的20%，国民经济总量约占全国五分之一……这些百分比简洁而有力地说明了上海的重要地位。在谈到上海的历史时，又穿插讲述了和平饭店、国际饭店、外国租界、犹太人在虹口避难以及中国共产党在上海诞生等故事。在谈到上海之大、人口之多、马路之忙时，列举了一系列有趣的数据：700万辆自行车，70万辆机动车，4万辆出租车，4万辆私家车，1.5万辆公交车。南市区的人口密度达5.8万人/平方公里，杨浦区人口有110万……由于这些材料紧扣主题，生动有趣，令他们大感兴趣，印象深刻。

三、简洁描绘上海的形象和特征。演讲的框架，即讲话的思路同样是个关键问题。有人从历史、人口、经济、工业、农业、文教、卫生、浦东开发等方面介绍上海，这种方法的好处是有条理、较全面，但常常会给人一种枯燥感和没完没了的空洞感。更重要的是，很难将有关上海的评述和观点与之自然地结合，结果“思想性”会差一些，当然感染力也不会很强，而且还很容易落入“报刊宣传”的套路之中。

我的讲话“框架”沿用1987年访美时对最不了解中国的美国人讲的四句话：上海是一个Big City（人口众多的城市）、Old City（历史悠久的城市）、Key City（地位重要的城市）、Open City（对外开放的城市），并把相关内容分别纳入这些标题之中，成为有血有肉的，有说服力和感染力的介绍和宣传。当然Key City，Open City这两部分的内容1987年和2000年有很大的不同。上海在这13年当中发生了翻天覆地的变化，特别是20世纪90年代以来的发展和成就，说明上海已在改革开放过程中变成了一个全新的国际化的大城市，这些是Open City部分的主要内容。

据我观察，现场气氛很好，听众注意力集中，不时作笔记并积极参与交流，如点头、微笑、提问等。有一个问题是好几次接待香港客人时都提到的：你对香港有何印象，你对上海与香港的关系有何看法？我事先参阅了一些领导同志有关这个问题的讲话。有人说上海和香港是“一架飞机的两个发动机”，即上海和香港两地各有所长，互助互补，并无对立。我说我去过香港两次，看到有些地方确实很美，有些地方与上海很相似，有点上海老城厢的味道，街道狭窄，人流拥挤等，因此也有一种亲切感。总的来说，我感到香港更早更多地面向世界，是全球的金融、航运中心；上海更多面向内地，是中国的门户和金融、航运、经济中心。香港和上海确实是两个“发动机”，携手共进、优势互补是两地关系的实际写照。团长听完我的评论后说，上海比香港更有魅力，包括她的

↑ 为香港公务员“讲课”后，在宴会上继续讨论上海和香港的关系。

↑ 宴会上共叙友谊，气氛热烈。

→ 讲课后互赠礼物。

街道变迁和建筑风格，具有很丰富的历史内涵，因此给人更多的回味，新上海的蓝图更具吸引力。

晚餐即将结束时，我指着和平饭店窗外浦东新区的夜景说，在如此的良辰美景中，友人相聚，畅叙心怀，令人难忘。今晚，我们谈得最多的是香港和上海这两颗亚太地区的明珠。我们两地公务员都有共同的目标，即通过我们的辛勤劳动，使两颗明珠更加璀璨美丽。为此，我们今后应该保持联系，沟通信息，加深友谊，共创未来。

回答法国记者关于申博的五大问题

2002年8月7日我出面宴请法国资深媒体人艾尔卡巴什和夫人。艾在法国新闻界有重要影响。1992—1996年任法国电视公司总裁，1996年任“欧洲一台”总裁。艾与我驻法国使馆保持着良好的合作关系，曾9次访华，对华态度友好。

宴请过程中的交谈围绕上海申办世博会这一题目。他虽然与我驻法使馆和大使本人关系很好，在此次来华访问之前，曾与吴大使会见，但他并不了解上海申博的情况。不过，由于他政治敏锐，很快进入专题，并提出了人们普遍关心或对中国不太理解的一些关键问题。我结合近期参与申博工作的情况发表了一些个人见解。艾主要提出了以下问题：

一、中国今年经济增长率保持在8%以上，又获得2008年奥运会的承办权，再想争取主办世博会，而世界上其他国家目前经济增长仅2%，在这种情况下，其他国家是否会对中国申办世博会有看法？

二、一些外国投资者比较了解中国目前的国内情况，但国外公众对中国的认识还停留在1989年政治风波的阶段；许多人会想到中国的腐败问题、人权问题、民主进程等问题。

三、从发展速度看，中国已不像第三世界国家，一些较穷的国家是否会相信中国还会帮助他们？

四、中国除了上海、北京之外，还有西部穷困的地区，希望在对别人谈话时能把上海融入中国整体中去。因为申办世博会是中国，上海是承办地。

席间，艾的夫人还专门问到上海申博有哪些主要的“牌”？

我首先快速“品味”出他们提问的“弦外之音”，即找到这些问题之核心所在。然后有针对性地提出自己的观点和材料。力争简洁明了，应对到点，回答到位，说明问题。

↑ 2007年，常驻上海记者采访上海申博情况。

第一个问题的实质是“好事全让中国得了”，有些国家会不平衡，认为中国得分太多。对此，我着重说明我们申办世博会并不是出于狭隘的民族主义情绪，为中国得利。首先是要为国际展览事业作贡献，为发展中国家争光，谁能把世博会办得最精彩就应给谁申办权。我们自信，上海有能力举办一届最成功、最精彩、最难忘的世博会，因此我们要积极争取，对世界大家庭有利，对中国进一步对外开放有利，对国际展览事业有利。这无疑是一件多赢的好事，无可非议。同时，一个国家同时获得举办奥运会和世博会的先例不是没有。

第二个问题的实质是中国的社会制度、意识形态和民主人权等问题。我说，只要没有偏见，就应承认中国社会制度存在的事实，承认中国民主进程大步前进的事实，承认中国经济发展、社会进步的事实。中国和上海经济发展是中国民主进程良好发展最有力的证明。至于腐败，每个国家都存在，更何况中国正在大力、有效地惩治腐败。他听后频频点头称是并作笔记。

第三、第四个问题是关于中国是发展中国家还是发达国家。我说，上海人均GDP是4700美元。此数字是全国平均数字800美元的5倍，也就是说中国还是比较穷的一个国家。我连续三年陪同领事官员去大西北旅行，所见所闻使我认识到，中国的经济发展还要走很长的路才能赶上发达国家。上海也还存在不少问题，只有妄自尊大的人才把中国和上海说得很发达。

关于上海申博的“牌”，我阐述了五点：① 主题具有现实意义；② 预计中外参观人数达7000万人次；③ 我们将筹集1亿美元帮助发展中国家参与世博会；④ 广大群众的支持率高达98%，他们与政府心连心，因为政府为百姓办实事。最近十年中，老百姓得到了很大实惠，如交通、住房、环境等都有很大改善；⑤ 举办世博会与城市改造相结合。

艾尔卡巴什曾9次访华，但仅有1966年、1973年两次访问上海，2002年再次来访后对上海的巨变十分惊叹。他说自己是中国发展的见证人，对中国的过去感兴趣，对中国的未来也感兴趣。艾对我的回答感到满意，说从中了解了不少中国申博的信息，解除了很多疑问。很有说服力。艾说他们夫妇将会成为中国申办世博会最好的发言人和“辩护律师”，从现在起要在法国新闻媒体上大量介绍现在中国的情况，以对公众作引导，上海是中国发展的榜样和缩影。他说：“我们的心为你们申博而跳动。”

走进友城，展示上海

2000年8月中旬，上海一支百余人的队伍，其中有搞外事的、搞外宣的、搞经贸的、搞体育的、搞旅游的、搞文艺的、搞传媒的、搞时装的……浩浩荡荡走进北欧瑞典第二大城市哥德堡，一场主题鲜明、别开生面的“瑞典上海周”活动就此拉开了帷幕。

巨大的成功

“世界摄影家看上海”摄影展作为“上海周”的第一个主要节目，在飘扬着彩色绸带和高悬着大红灯笼的皇冠大楼揭幕。150幅外国摄影家镜头下的精美之作向人们展现了今日上海的风姿，令瑞典公众惊叹不已。一周当中八千余名观众踊跃观展，纷纷以上海的各种图像景观为背景拍照留念。在开幕式上，上海市代表团胡正昌团长说，这是他首次访瑞。过去，仅仅通过报刊、影视和图片等了解瑞典并由此产生了亲眼看看这个国家和城市的激情，希望哥德堡的朋友们看了这些照片以后，也产生到中国去、到上海去看看的愿望！哥德堡市长约翰松说，他在20世纪80年代末去过上海，90年代再去，已是万象更新，他很难想象世界上有哪个大城市像上海那样在十年当中会发生如此巨大的变化。他对观众说：“你们要问上海究竟是什么样的，我很难描绘得好，最好你们自己去看一看！”

“瑞典上海周”开幕晚宴上最精彩的一个项目是瑞典沃尔沃汽车制造厂与上海汽车工业集团签署了总投资9700万美元的合资合同，根据这项经过四年谈判的合作协议，中瑞双方各拥有50%的股份，每年在上海生产2800辆城市客车，这是迄今世界上同类项目中最大的一项。上海汽车集团陈祥麟董事长在签约仪式上说，这个项目不仅是两国企业家的合作，也显示了上海和哥德堡两市、中国和瑞典两国的合作成果。

“瑞典上海周”的举办为中瑞企业家提供了施展身手的大舞台。上海市代表团抵达哥德堡以后，沃尔沃汽车制造厂、SKF轴承制造公司和哈苏照相机厂等驰名世界的瑞典大企业竞相出面接待代表团，他们都把眼睛瞄准了上海这个超级大市场。这三大企业的总裁们在介绍了与中国合作的历史以后，都不约而同地强调说，在中国经济飞速增长和即将加入WTO的今天，上海是他们开拓亚洲市场的首选之地。“上海浦东开发开放主题演讲会”是“瑞典上海周”活动中的“经贸专场”，特别受到瑞典工商界朋友的欢迎，在开幕式的晚宴上，除沃尔沃汽车制造厂以外，瑞方其他企业与上海浦东外高桥保税区等单位也签署了四项经济合作协定。这些成果印证了约翰松市长的话，上海市代表团来哥德堡不是一次礼节性的访问，而是有实质内容的合作！

上海时装模特儿的精彩表演和上海旅游及文化的推介活动天天吸引了大批哥德堡市民，使Nordstan这个瑞典和北欧最大的商业中心出现了人头攒动、掌声如潮的盛况。两万多份资料和纪念品很快被索要一空；向我方人员咨询赴上海旅游、到浦东投资、到上海留学等情况的人络绎不绝。瑞典媒体大量报道上海女足与哥德堡女足的友谊比赛。他们说，虽然哥队以1∶3负于沪队，但为一睹上海女足明星的风采，有如此多的市民前来观看足球赛，在哥德堡历史上是绝无仅有的。

上海京剧院带去的《钟馗嫁妹》、《三岔口》、《霸王别姬》三个折子戏被排定在哥德堡艺术节开幕式上献演，戏票在一个月之前已被抢购一空。原瑞典驻华大使馆文化

↑ 2000年8月，上海市代表团赴瑞典哥德堡参加“瑞典上海周”活动。

参赞倪尔思在演出前上台向观众介绍剧情故事和京剧表演特色。结果，绝大多数第一次看京剧的北欧人不仅看懂了戏，领略了美，而且竟然还达到了如痴如醉的程度，他们用经久不息的掌声和铿锵整齐的跺脚声，后来又模仿中国人那样用响亮的喝彩声来表达他们的赞赏。哥市文化局长对著名京剧演员史依弘说：“你演的虞姬虽然面带笑容，但我能看到她内心的巨大悲哀，你的表演深深打动了我的心，使我感受到什么是真正的爱！”还有很多人说，不管是否看懂了每个细节，欣赏京剧的服装、脸谱、音乐、唱段、舞蹈、武打……这一切就是美的享受。

有益的启示

（一）形象展示

“瑞典上海周”的成功是我们在海外搞宣传的成功。原因是我们的外宣走对了路子，即以外国人容易接受的方式进行宣传，其主要特点是“形象展示”，没有灌输，没有说教，甚至没有多少语言和文字。外国人看到的，听到的是影像、戏曲、舞蹈、服饰、足球……同时在开幕式、招待会、演讲会、推介会等各种场合，我方代表团与外国公众面对面交流，画龙点睛地提供信息，描绘上海形象。“瑞典上海周”的轰动效应证明，这种以文化为载

↑ 在“世界摄影家看上海”摄影展开幕式上，我与哥德堡市长及上海代表团胡正昌团长（左一）合影。

↑ 2000年“瑞典上海周”上，哥德堡市长约翰松（后中）与上海时装模特儿合影。

↑ 瑞典观众看了京剧《霸王别姬》后，竞相与剧中“虞姬”的扮演者史依弘（右三）合影。

体的形象展示生动具体，具有吸引力和感染力，广受异国人民的欢迎。

（二）友城支撑

“瑞典上海周”搞得有声有色，影响深广，很大程度上得益于友城工作的坚实基础，使我们在海外得到了有力支撑。国外的友城工作往往是由官方与民间紧密结合来开展的。哥德堡市长约翰松和第一副市长芮德凯既是政府官员，又是为两市友好关系辛勤工作了数十年的最可靠的中国之友。芮德凯于1984年首次访华，对中国产生了深厚的感情，以后陆续来访四十多次，积极参与并促成了两市间许多友好交流项目，包括1999年在上海举办的大型活动“上海瑞典周”和这次在“瑞典上海周”期间签约的沃尔沃汽车制造厂与上海汽车工业集团总公司合作项目。约翰松这位深受市民爱戴的市长在“瑞典上海周”的幕后和台前奔波忙碌，频频亮相，他是该项活动最有力的支持者，最热心的参与者，最有效的鼓动者。

由于他们，还有许多对中国和上海充满感情的瑞典民间友好人士和志愿工作者的努力合作，使“瑞典上海周”的各项活动得以按我们的计划妥善安排，哥德堡市民得以广泛参与，瑞典媒体予以积极报道，这次活动得以声势大增，广泛传播。正如瑞典报刊评论说：“芮德凯和约翰松在过去的14年间为培育哥德堡与上海之间的友谊倾注了极大的心血，如今开了花，结了果。”“瑞典上海周”的成功说明友城不仅是外事为我国经济和社会发展服务的重要渠道，也是在海外树立中国形象的极好舞台；友城的外宣应与友城的文化、经贸交流紧密结合，才能达到最佳效果；同时，成功的外宣必将有力地促进友城关系的蓬勃发展。

（三）形成合力

“瑞典上海周”的成功举办也肯定了我们的一种工作模式：方方面面，围绕主题，总体策划，形成合力。为准备这次“瑞典上海周”，在上海市人民政府新闻办统筹之下，全市有十几个部门和单位的一百三十余人先后参与筹备和出访工作。按“瑞典上海周”的六项主要活动内容，他们分别参加到贵宾团、综合团、浦东团、旅游团、足球团、京剧团、模特团、艺术节团等八个团组当中。这些单位和个人在“宣传上海”这个大的主题之下，紧密配合，立足本行，各司其职，开展了一系列丰富多彩的对外交往和宣传工作，如同演奏一曲声势浩大的交响乐，又如创作一幅色彩斑斓的油画，把光彩夺目的上海形象奉献给异国人民，使“上海”风靡哥德堡！这是上海市各方面、各部门团结协作，有意识地利用友城渠道，为全局工作服务的一种极好模式，值得认真总结和发扬。

江泽民、朱镕基同志会见美国客人法因斯坦纪实

1991年8月上旬，美国前旧金山市市长法因斯坦一行7人作为上海市人民对外友好协会的客人，来华进行了一次为期一周的访问。应客人要求，在京期间，江泽民总书记和朱镕基副总理分别会见了法一行。

法因斯坦曾是美国西海岸一位颇有名望的女市长，也是一位雄心勃勃的政界女强人，并正竞选美国国会参议员。在过去的十年中，她曾对旧金山与上海市友好关系的缔结和发展，投入了较大的热情。但像不少美国和西方政客一样，她和她丈夫在所谓的“西藏”、“人权”等问题上，对我们存有较深的偏见。1989年春夏之交的政治风波之后，他们与我中断了联系。此后，其态度稍有变化。这次他们主动提出访华要求，表示“要以老朋友的身份向中国领导人转告一些美国人对中国的看法”，并向我方提出一些建议，以“帮助中国改善其在世界上的形象”。

如何对像法因斯坦这样一些与我有过友好交往，但政治观点与我存有分歧，而在美国政界有一定影响的对象做工作？我带着这个问题期待着中央领导与法因斯坦的会见。

8月7日晚，江泽民总书记在钓鱼台国宾馆亲切迎候法因斯坦夫妇。在一番热情的问候中，宾主不约而同地提到四年前江泽民同志作为上海市市长访问旧金山时，与法因斯坦在招待会上同唱When we were young (20世纪30年代美国电影《翠堤春晓》插曲) 的情景。美好的回忆把当晚的会见引入到一种非常轻松和融洽的气氛之中。

法因斯坦夫妇与江泽民总书记谈话的中心议题之一是西藏问题。他们反映了美国国内支持达赖势力的观点，提出按其观点“解决”西藏问题的一些建议。江总书记十分耐心地听取了他们的见解，并告诉他们自己研究西藏问题已有多年，在研究中阅读过有关书籍和史料，并亲赴西藏视察。他谈及西藏的过去、现状及该问题之症结所

在。他的叙述不紧不慢，就如朋友间的谈心、话家常，娓娓动听，但却将有关西藏的归属和政府对达赖的态度等原则立场阐述得一清二楚，毫不含糊。法因斯坦的丈夫勃拉姆说，他所参与的“喜马拉雅基金会”接触到一些藏民和宗教徒，他们讲述了受到中国当局和军队的虐待和迫害的遭遇，似是千真万确的，云云。江泽民总书记对他说，对同一件事，可以听到许多截然相反的议论。事实很明显，只有那些反对政府的人才会去你的那个基金会，拥护政府的人不会有一个人去。因此结论是“兼听则明，偏听则暗”。

会见后，江总书记设晚宴款待法因斯坦一行。席间，法因斯坦等对1989年那场政治风波提出了一些疑问和看法，他们建议我们在“民主”、“自由”、释放被捕人员和留学生归国等问题上作出一些“小小的姿态”，以改善中国在海外的形象。江总书记向他们具体介绍了有关那场风波和参与者的种种复杂情况，以及中国政府在处理该事件中已吸取的教训。他接着指出，有些事并不是“民主”问题，世界上并没有绝对的自由、民主和人权，它们都是比较而言的。当前，中国人民的生存权利是中国最主要的人权。如果中国人生存不了，跑到其他地方去，将会对亚洲和整个世界造成很大的不稳定。中国有五千年的历史，有儒家哲学，近百年来又经历了苦难和屈辱。但许多青年人不懂中国的历史，也不了解别国的历史。他还说，在新闻宣传方面，美国堪称世界第

↑ 1991年8月，江泽民总书记在京会见美国前旧金山市长法因斯坦夫妇一行。

一，而我们在美国的宣传太少。“美国之音”说的许多事不是事实，只报道了一面之词。江泽民总书记说，不同的国家有不同的文化、习俗、哲学。几个月之前，中国有个留学生在芝加哥大街上遭歹徒抢劫，警察明明看见，却不采取任何行动，周围的人也无动于衷。如在中国发生这样的事，街上肯定有人见义勇为。法因斯坦等听后无言以对，只能以遗憾的口吻承认美国的确也存在不少有待解决的问题。

↑ 江泽民总书记与法因斯坦谈论西藏与人权等问题。

江总书记在对外交往中生动活泼、谈笑风生的独特风格，有助于创造宽松的气氛，对外施加影响，具有很强的感染力。在谈及与外宾有分歧的重大问题时，观点鲜明，语气平和的态度充分体现了原则性、灵活性、艺术性的完美结合。

8月7日上午，朱镕基副总理会见了法因斯坦一行。这两位“前”市长过去从未见过面，但却有一见如故之感。法因斯坦说，很遗憾在朱镕基访问旧金山时没有见到他，但其丈夫会见朱镕基以后告诉她，他见到的是一位精力充沛、大有作为的杰出人物。

朱镕基同志自然地回顾了他的美国之行。他说，旧金山是整个旅途中最困难的一站，因为与旧市现任市长阿格诺斯先生谈话太困难了。他幽默地说：“尽管我不应该在你面前谈论他，但这是一种友好的谈论，因为我还是很欣赏他的坦率。”这一小段插曲引起法因斯坦等人的强烈共鸣，因为旧市现市长阿格诺斯是她的政敌。

法因斯坦告诉朱镕基，他们此行并不想老是谈论两年前发生的事（指1989年的政治风波），他们更关心的是现在和将来，为有利于改善美中两国的关系，建议中国能在一些问题上做一些姿态……朱镕基诚恳地表示，作为中国人民和上海人民的老朋友，你们的任何意见我们都将认真听取，并加以考虑。他表示同意法因斯坦关于“向前看”的意见。紧接着，朱镕基同志话锋一转，谈起了国际社会瞩目的中国经济形势。他首先从这一次被美国报纸认为将使中国经济陷于“崩溃边缘”的空前严重的水灾谈起，以我粮食储备、物资储备、外汇储备等方面的精确数据来说明我战胜灾害的实力，以及当前中国经济继续向好的方向发展的总趋势。同时，他也谈到中国经济的主要问题，包括国营企业面临的困难。根据客人的提问，朱还阐述了有关市场调节与宏观调控的关系；国营、集体和私营（包括外资）企业的比例和现状，以及上海在国民经济中的地位和作用等问题。他的谈话既实事求是，又充满信心，具有很强的说服力。

法因斯坦说，1979年她首次访华时，中国经济还较穷。以后她每次来访，都看到一些新的变化。这次上街散步，看到商品大为丰富，到处是一片新气象。1979年时并不存在美中贸易不平衡的事，而现在美方贸易入超已达100亿美元，这正是中国经济飞速发展的又一表现。

朱镕基同志在对外宣传中严谨的构思和精辟的论述已成为他的独特风格，在这次会见中表现得非常充分；同时，我还强烈感受到他在严肃中不乏幽默，精明中不乏亲切，使他的对外宣传产生了一种易于为外国人接受的魅力。

回顾中央领导同志接待法因斯坦一行的谈话，使我认识到，要做好对外宣传，首先是一个立场、观点的问题，同时也须具备良好的外事业务素质，以及对自己所宣传的对象施加影响的能力和技巧。

→ 朱镕基副总理在会见法因斯坦一行后，与翻译和我合影。

听徐匡迪市长与外宾谈话

市领导会见外宾不仅是对外工作中的一种礼遇安排，也是重要的对外宣传。听徐匡迪市长会见来自世界各国的代表团，我受到很多教育和启示。

重视"开场白"、"赞美词"和"幽默感"是徐市长会见外宾的一大特色。每次，笑声不绝于耳，对谈话对象的友好和赞美，容易引起对方的亲近感。2000年4月，在会见瑞士航空集团董事长格茨时，徐市长专门提到会见时在座的瑞士驻上海总领事，说他现在是上海领团的团长，他的中国话说得比我们还要标准，没有口音。瑞士有三种主要的语言：法语、德语和意大利语，还有少数人说弗拉芒语，他都会，他还会说英语和中文，希望他再学一点俄语，这样就可以派他到联合国去做大使了。这一席话让所有的瑞方外宾，特别是总领事情绪高昂而活跃。1999年4月，在会见瑞典东约特兰省省长率领的代表团时，因该省长曾任警察局长，徐市长说，看来，我也应向省长学习，先去当一回警察局长，这将有助于我管理好这个城市。他又对制作安全系统产品的Autoliv公司代表说，看来，你应该首先与我们的公安和管理交通的官员建立关系，规定如没有使用安全带和安装气囊的汽车不能通行，这样可帮助你们公司在上海扩大市场，使在场的外宾都开怀大笑起来。

徐匡迪市长诚恳的态度和博学的程度给外宾留下极为深刻的印象。由于他有多年在瑞典生活的经历，对瑞典的国情、风情特别熟悉，与客人有很多共同语言和特别的亲切感。徐市长常与瑞方企业家们对话。这些人来自各行各业，所提的问题也是各式各样。徐市长在应对时，几乎有问必答，或给他们提供精确的信息，或指导他们与哪些部门和人员取得联系，进一步开拓在华业务关系。

瑞典东约特兰省某纸业公司希望了解上海在用纸方面的市场需求。徐市长告之，现在中国政府已决定禁止砍伐树木。这样，造纸原料成了问题。韩国的纸业公司以进

→ 1993年，徐匡迪市长接受美国CBS记者采访。

口美国的书报刊物作再生纸的原料，迅速拓展市场，效益甚佳。他询问瑞方在循环用纸及环保方面有何见解。瑞方人员称，这是一个专业性很强的问题。瑞典先导技术公司希望在原有基础上扩展与上海在信息技术方面的合作。徐市长说，上海已建立信息投资公司，三网合一，政府支持建网，大家上网竞争；并建议该公司与信息投资公司两位经理去联系洽谈进一步合作事宜。瑞典Roxtec公司总裁说，他的企业是一家生产密封件的高科技小型公司，职工人数不过百人，希望在上海获得进一步的发展。徐市长说，上海很愿意与瑞典的高科技公司，特别是中小型企业合作，并告之上海已建立了一个小企业的服务中心，向外国企业提供信贷保证、技术咨询和市场信息。该团成员十分感动，说徐市长对瑞典情况十分了解，知识渊博，他们从谈话中得到很大收获，会后可根据市长的指点立刻行动起来，从而推动他们与上海的经贸合作。

徐市长面对与我观点有分歧的外方人士，既坚持原则，又注意策略，总能胜人一筹。与有些外国人的对话，实际上是一种“唇枪舌剑”。

2000年8月13日，徐市长接受英国广播公司(BBC)著名节目主持人Tim Sebatian的采访就是一例。此人提出的第一个问题是：“据说你非常痛恨中央计划经济。多少年来，计划经济是中国经济的一个特征。你是从什么时候开始痛恨计划经济的？”此后又提出了一系列尖刻而带有挑衅性的问题，诸如：“这些年来，中国共产党好像一会儿走这条路，一会儿走那条路，总是这样变来变去，你有没有失去信心？”“我们看中国的市场经济体制是资本主义，不是共产主义，中国没有社会主义了，你认为是否这样？”“中国经济已经进行了改革，中国共产党什么时候会改革？”“国际社会批评你们不经审判监禁政治犯，压迫其他政治团体，逮捕法轮功领导者等，你想对他们说什么？”“你认为中国什么时候会引进民主体制？”等。其政治上的敏感程度是过去外国记者采访中少见的。

在谈到计划经济的问题时，徐市长说：很长时间以来，一个国家处在物质匮乏阶段的时候往往需要计划经济。记得1981年我在英国时曾经问一位经济学教授，中国与英国在经济机制方面有什么不同。他说，你们的国家是一种供不应求的缺乏型经济，这一体制就要求如何提供不足的商品。而我们是供大于求的经济，我的工作就是教学生如何去卖商品，是市场机制。这些话给我留下了很深的印象。因此，要使我们的人民有更好的生活，必须把我们的经济体制从计划经济转到市场经济。我们党内许多人都认为，我们应该把两者结合起来。中央计划经济对骨干的大型工业来说是非常重要的，市场经济对轻工业和日常需求品来说也同样重要。

英国记者问到，中国经济已经进行了改革，中国共产党什么时候进行改革？徐市长说：我认为中国共产党有其基本原则，那就是使人民的生活变得越来越好。我们已经取得了进步，我们的道路是正确的，因此不会改变我们根本的原则。至于政治体制的改革，这需要时间。西方国家的民主已经有了百年历史，在瑞士，妇女几年前才刚刚拥有选举权，对不对？即使在美国，整个法制体制也只在一百年前才得以完成，我们的改革才刚刚开始20年，我们正在努力完善我们的法制体系。

英国记者又说，中国已经签署了国际人权公约，理应接受国际社会的监督。现在国际社会批评你们不经审判就监禁政治犯，压迫其他政治团体，你想对他们说什么？徐市长说，我欢迎他们就人权问题与我们讨论，也欢迎他们到中国来做一些调查，但有时他们得到的信息是错误的，有些人为了能从外国政府或外国人权组织那里得到金钱资助，就制造出一些错误的信息，如编造一些“中国人权状况非常糟糕”的故事。很明显，这些国家和组织不喜欢中国，不希望中国强大。有一次我和美国众议院议长金里奇吃饭，他是哈佛大学的教授，他问我：

↓ 2001年，徐匡迪市长会见奥地利总统克莱斯蒂尔。

你是上海大学的教授，你对人权怎么看？你们什么时候才给人民自由？我说，我们可以去南京路走一走，那是一个商业中心。如果我们在那里问1000个人，“你们有自由吗？有人权吗？你们是否觉得幸福？”我相信90%以上的上海人都会告诉你，中国的社会在进步，人民的生活在改善，他们会有一个美好的未来。

在历时40分钟的英语对话中，徐市长从未被记者的问题牵着鼻子走，而是始终高屋建瓴，从正面、从反面，不时转换角度，沉着应对。有时抓住对方的弱点，把他顶回去。如当记者说中国社会存在“一些人很有钱，一些人一无所有”的现象，因而引起不满而抗议时，徐市长沉静地说：“在这样一个大的国家里，什么都有可能发生。中国人口众多，发展确实不平衡。但80年代，在你们的国家里不是发生了许多煤矿工人失去工作后捣毁了铁路和公路的事吗？”该记者无法否认，无言以对。

徐市长实事求是的态度和简练的表述方式，特别是绝无空话、大话和套话，很能为西方媒体和公众接受。这次采访一开始，记者表现出咄咄逼人的样子，但采访结束时，他表示由衷的信服，说今天的采访好极了，他从徐市长那里学到了许多东西。

这次采访在海外播放后引起强烈反响。牙买加的教育文化部长怀特曼 (Burchell Whiteman) 会见我大使时主动提及，他在电视上看到上海市长用英语接受BBC记者采访的节目，深受启迪。徐市长在采访中应对得体，有理有据，令人折服。尤其在民主、人权等问题上，徐以事实为根据，有力地反击了西方对中国的诘难和攻击，阐述了中国的公正立场，反映了发展中国家的观点，也使我们了解到中国在这个领域里所做的大量工作。这位部长还说，牙买加作为英国殖民地长达300年，深受英国影响，同时对其伪善也有所了解。英等西方国家一直把人权、民主视为西方文化的精髓在世界各地推销。他们采用双重标准，一方面对本国及其盟国的人权民主问题视而不见，另一方面又以此为大棒对其他发展中国家进行攻击。怀说，英国广播公司历史较久，有较高的专业水平，在英联邦国家拥有广大观众。徐市长接受该公司采访的良好反响表明中国各级领导人通过国际知名媒体直接面对世界，对中国和世界都是好事。

徐市长的对外会见和交流之所以如此精彩，我想，第一是因为内容充实，简洁有条理；第二，具有高超的谈话艺术和技巧；第三，知识储存深厚，事先精心准备；第四，了解别国国情和交谈对象，会见时，几乎都能找到共同话题，使人产生亲切感。我们可以从市领导的对外谈话中学习他们的思想立场、知识结构、语言表达和外交艺术，把自己的对外宣传水平提到一个新的高度。

接待美国总统克林顿随行记者的三大特点

1998年6月底7月初，美国总统克林顿访问上海，随行来沪采访的美国记者、第三国记者和中方记者总共达五百余人。这是迄今我们对外国新闻媒体的接待中规模最大，难度最高的一次。

这次接待工作有以下三大特点：

一、现场管理井然有序，管而不死

考虑到这一次外国记者在上海停留的时间长、活动内容多、主宾活动安排复杂的特点，除了遵照外交部新闻司的要求对近距离采访的记者统一由新闻司发证管理外，我们与上海市公安局共同研究后，对几项重要活动点的记者采访分别发放定点记者采访证，在指定区域内安排记者采访。如上海图书馆是此次克林顿访问上海时参观、座谈较为集中的一个活动点。我们按活动区域分别发放了四种定点采访证，合理地限制了现场记者的容量，切实保证了现场采访的有序进行，同时也满足了记者们各自的采访要求。绝大多数记者对此做法表示满意和赞同。这一做法也得到了外交部新闻司的充分肯定。

要使现场管理做到井然有序，管而不死，当然离不开外方的理解和配合。为此，我们特别重视与美方的沟通联络。一是我方记者接待组与白宫新闻官每天碰头进行工作磋商；二是各现场管理小组同美方负责现场活动的新闻官接头，协商工作方案；三是负责重点媒体接待的小组同美方对口人员建立电话热线。由于双方联系密切，做到随时互通情况，随时解决问题，一旦出现分歧，也能及时讨论，统一看法。如我们提出定点发证方案时，一开始美方不理解，经我们解释，美方接受了这种做法，美方新闻中心还给予积极配合。

二、重视宣传导向，积极有效地对外国媒体施加影响

有时，外方记者提出的要求与我方的想法有不一致之处，或于我不利，我们则周密考虑，采用巧妙的方法，或以外方能接受的方式与之周旋，最终把记者的活动纳入我们的管理轨道之中，避免产生负面影响，有时甚至还能取得双方满意、皆大欢喜的结果。如美国全国广播公司（NBC）事先提出于6月29日、30日两天在外滩进行现场直播有关克林顿访沪的新闻。6月29日，NBC在外滩作了第一次现场直播，效果较好。但考虑到外滩是上海最热闹、最繁华的中心城区之一，以及现场直播可能集聚巨大的人流等多种因素，市委领导当天晚上紧急指示外办对NBC第二天的直播活动予以取消或转移到其他更安全的地方。这项工作难度很大，如简单行事，必然引起外方的不满。经反复考虑最后我们选择了建议他们改变直播地点的办法。我们积极向NBC记者推荐将直播现场搬到浦东滨江大道，说明那里景色优美，反映了上海发展变化，也能从另一侧面拍摄到外滩景观，说如把第二天直播改在滨江大道要比两次都放在外滩效果更好。NBC记者被我们说动了心，第二天一早他们将直播现场移到浦东，果然感到称心满意，非常感谢我们的热心帮助。我们也为及时地、坚决地贯彻了市委指示精神而高兴。

三、根据政策精神，结合上海实际稳妥处置突发事件

↓ 1998年，外交部新闻司在福建召开对外新闻工作会议，我在会上作了“关于克林顿总统随行记者的接待工作”的专题发言。

早在克林顿到访之前，在上海的某些西方媒体记者就抓住所谓警察殴打犯人、武警与汽车司机斗殴、劳改产品出售等等事件大肆渲染，还千方百计接触“民运分子”，搞得我们不得安宁。

这类突发事件中处理难度最大的是外方记者以家访、通电话等方式采访、拍摄“民运分子”的问题。有的一天上门数次，有些被采访者牵头招徕其他人员

← 常驻上海外国记者采访上海市基础设施建设情况。

聚集一处，活动频繁。我们一方面反复学习领会外交部制定的“内紧外松、加强管理、谋划在先、出现问题低调处理”的原则精神，一方面仔细研究上海情况，归纳出几个特点：① 采访“民运分子”的境外记者都具有合法身份和采访资格；② 他们均事先电话联络，然后直接进入被采访者家中或将他们接进记者所住的宾馆客房内进行采访，我们贸然进入民宅、客房阻止采访都不合适，还会曝出更大新闻；③ 被境外记者所采访的对象大多是一批层次较低、信息较少的社会闲杂人员。我们断定采访的内容是没有价值、派不上用场的。从这样的实际判断出发，我们采取了以静制动、内紧外松的对策，没有闯进去干预制止，但把他们所有活动都置于我们的视野之中，既没有惊动境外媒体，形成新闻热点，也没有让他们的企图得逞。在克林顿来访前后，我们先后妥善处理了一大批类似的突发事件，确保了上海在那一段时间没有新的新闻热点，也确保了克林顿访华工作的顺利进行。

与《亚洲华尔街日报》记者共进午餐

1999年8月31日，我邀请部分常驻上海的外国记者共进午餐。这些记者有：Marcus Brauchli（华尔街日报和亚洲华尔街日报驻沪记者鲍伟杰）及其夫人Margaret Mary Farley（洛杉矶时报驻沪记者范瑞丽）、Craig Smith（驻沪记者石克雷）、Karby Leggett（美联社-道·琼斯金融通讯社驻沪记者李凯）。这是一次愉快的聚会，其特点是大家很坦率地交流想法。

稍事寒暄以后我马上切入主题：你们对上海的工作环境如何看，有何问题需要我们改进。他们谈得最多的是与官方的沟通问题，说外国记者与上海的官员几乎无法取得联系，而香港官员的电话都在电话簿上可以查到。当问及他们希望与哪些官员加强联系时，他们说如“副市长”，以便可以经常、及时地从他那里了解到中方对形势和所发生的事情的说明和解释。他们说，也许由于中西文化有差异，所以中国很多官员害怕记者，不愿意接待记者。这在中国的企业当中也很普遍地存在。他们认为，不管是什么官员，反正上海应设有一个专门与外国记者联系的官方发言人。

他们认为中国政府对外国记者有偏见，因此在中国人当中散布西方媒体站在西方政府的立场上作出不公正的报道。我说，政府并没有说坏西方媒体，但某些西方媒体确实是站在西方国家政府的立场上作报道，这是客观事实。如今年5月北约轰炸中国驻南斯拉夫使馆，是非是清楚的，中国是受害者，但外国媒体在报道中仍对中国政府加以指责，说中国政府组织群众反对美国和北约。记者们说，中国有关单位确实向示威者提供大巴士。我说，提供车辆并不等于组织群众；老百姓对美国的反感本来很强烈，认为政府对美方让步很大，WTO谈判中作了很大的妥协，但结果美国却来轰炸中国使馆，大家义愤填膺。此时如政府不准其抗议行动，一定会引发群众的反感，甚至会出更大的问题。但事实是中国政府对群众抗议示威的行动严加控制，规定学生可以上街，但政府工作人员和警察要在现场防范事态扩大，在各方面的共同努力下做了许多工作，才出现上海的平静局面。我说，中国政府绝不想组织群众闹事。因为我们的政府最关心的一是稳定，二是继续开放。为此徐匡迪市长还专门访问了在沪的外商企业。问题在于外国记者并不了解此中的内情，认为学生用了学校的车子就是当局支持或纵容学生游行抗议。讲到此，他们都不再争辩，看来，他们认为有道理。他们说，这也说明要有人与记者沟通，讲清情况，以免没有正道，信息大量通过“小道”传播，有的严重被歪曲或扩大。他们说，由于中国官方的对外声音太弱，以至许多外国企业和商界人士向驻沪记者了解中国的投资环境和政策，而不是直接向中方了解。

↑ 2001 年，我与外国媒体记者游览黄浦江。

↑ 与荷兰《我们的世界》报、《自由荷兰》杂志派驻上海的记者冯斯（左一）欢快交谈。

他们谈及最近连续报道各地腐败官员的大案要案，问此现象是否与国庆50周年有关，估计他们想摸摸情况。我说按我个人观点，与国庆无关。此事关系到国家稳定、执政党的地位，关系重大，也关系到经济建设能否进一步发展，因此中央政府是有决心搞下去的。这样可以增强群众对政府的信心。

我说，今天的谈话都是个人观点，但我讲的全是真话。他们一致表示，谈话很有益，对他们了解事态发展提供了启示和背景。我想我并没有向他们提供更多新的信息，但确实作了一些阐述，提供了一些观点，且态度是坦率而真诚的。这是一种沟通，令他们感到是有所收获的。其实记者要求的可能也仅此而已。他们还说，有些问题不能回答是可以理解的，但在回答问题时有些人的做法易于被别人接受，而有些人的做法就较为生硬，不易被人接受。由此，我体会到，与外国媒体的交往和交流中，坦率和真诚是很重要的。

与日本资深媒体人在餐桌上对话

2002年，一批资深的日本主流媒体评论员应外交部新闻司邀请访问上海。该团成员中大多数人曾在北京常驻，有一位在台湾常驻过，且1967年就来过中国；有些人1998年以后来中国和上海作过短期访问。

据说，日本媒体对中国的报道倾向不甚积极，在中日建交30周年的报道中有不少消极内容。此次，外交部新闻司特邀这些资深人士来华作友好访问，以加强对日本媒体的工作。在北京和外地均由高层领导或市委领导会见并宴请。在上海由我出面会见宴请，显然在做工作的层次上与其他地方相差甚远。

在见到客人之前几分钟内，我考虑了自己的身份、地位和与他们交谈的基调，确定了与以往会见记者时采用的不同方法和谈话内容。以往对大多数记者，我都会根据他们对中国和上海的了解程度和关心的问题，通过回答问题对上海情况作一些介绍。听说该团去长三角某市访问时，该市市委书记一上来就介绍了一个小时。我想，有内容，口才好，这是好事，但是一个人长篇大论、一言堂式的宣传，对几乎所有的外宾，特别是记者是不合适的。我们要努力做到的是抓住对象的心，让人饶有兴趣地倾听或在对话交流中接受你的谈话。

这批记者“资格老”，对中国情况了解甚多。但我对他们的具体情况，包括观点还不太了解。因此一开场我做了一个“热身赛”，既调动他们的情绪，又了解他们感兴趣的话题。我说，今晚能与各位见面很高兴，原因是：第一，你们是日本主流媒体的资深评论员；第二，你们对中国和上海的情况有相当多的了解；第三，你们通晓汉语，我们的谈话可以轻松自如。听说此访中，代表团受到许多高层领导的会见。今晚，我们要换一种方式，作为朋友的聚会，做一些交流。开场把气氛搞得轻松活泼，并对谈话定下基调。

为进一步营造良好的气氛，我告诉他们，我虽在外事部门工作时间较长，但因不通日语，长期以来对日工作做得不多，不久前才首次访日，感受颇多，如对日本的基础设施建设，如海底电缆、跨海大桥、新干线等印象深刻；对日本的环保成就非常赞赏；感受到日本各行各业就业者的敬业精神；对日本的独特文化很有兴趣，在同事的陪同下，我特地到大阪的道顿崛去吃了一次地道的日本饭。他们问我是否喜欢日本菜，我说颇喜欢，我曾经只爱中餐，不喜欢西餐，去了日本发现很能接受日本菜，因为清淡，米饭特别好吃。这些评论肯定没有深度，但出自一个初访日本的中国人之口，会使听到赞美自己国家的人感到高兴。气氛不仅宽松，而且活跃起来。

↑ 谈到1972年9月，我参与接待日本首相田中角荣访沪的经历引起日本记者的兴趣。图为9月29日，田中首相访问上海，与周恩来总理一起步入上海欢迎宴会大厅。

接着谈到一些能引起记者职业敏感和关注的内容。我说，虽然我从事对日工作机会较少，但荣幸的是在1972年参与了接待田中角荣首相的工作，这前后还参加了接待多批日本“海洋大学”和上海与横滨缔结友好城市的工作，参与接待了横滨市长飞鸟田一雄。这一说引起了大家的浓厚兴趣。他们希望我谈谈接待的具体情况，还提到一些具体问题，如当时如何对老百姓做思想工作，使他们接受邀请美国和日本首脑访华这个决策；老百姓如何看待日本对华在历史上存在的问题；通过什么途径，何种方式来做老百姓的教育工作等等。他们对“四人帮”的情况很感兴趣，有一位说，当时的上海受他们一伙的控制，听说周总理陪同美日首脑来上海时也显得谨慎，问是否如此。我说并非如此，中国的外交决策和领导权在中央，外交工作高度集中。记得对尼克松和田中的来访，从准备到接待，每天晚上都向中央作书面和口头的汇报，上海只是根据中央指示行事，“四人帮”没有发言权。周总理在中国人民中享有崇高的威望，他陪同外国元首来上海时显得光彩照人。在美日首脑这样重要的人物来访时，人们最想近距离看到的与其说是外国元首，还不如说是周总理。

接着，我向他们提出一个问题：现在日本人民对中国普遍都持何种态度。我特别谈到自己的一种困惑：上世纪80年代，中日民间“世世代代友好下去”和“子子孙孙友好下去”的气氛十分浓郁，但如今似乎已不复存在，这是为什么？团长《朝日新闻》编委加藤千洋认为，日本人对中国的看法不如80年代好，有一个原因是中国人在日本犯罪的问题；同时，这些年日本经济滑坡，中国经济上升，使日本人形成了一种不平衡的心态，中国“经济威胁论”，“军事威胁论”有了市场。共同社编委冈田充谈到，民意调查显示，35%的日本人认为中国有亲近感；60%以上日本人希望并相信今后的中日关系会越来越好。还有一位认为中国的经济政策比较有成绩，但政治改革，诸如干部的选举、非执政党的参政都显得滞后。我一面仔细地倾听他们的观点，表示赞同他们的一些见解，同时也自然地阐明自己的看法。如对“经济威胁论”的问题，我认为无从谈起，虽然中国经济发展很快，但是与基础雄厚的日本经济相比，还不能相提并论。我们在发展过程中还存在很多问题。至于政治改革，做得过早过快未必会有好的结果。我们注重在社会稳定的情况下进行各项改革。事实证明，我们是成功的。但政治改革，伴随经济发展和社会变革必定向前推进。

谈到所谓的“中国军事威胁论”时，他们说，此访中在外交部的安排之下，他们有机会见到了北京的军方人士，在接触中改变了过去的印象，变得亲近起来。可惜时间太短，看到的东西太少。

整个晚宴过程，气氛亲切，交谈活跃，我认真听他们的发言，他们也认真地听我的讲话。不仅共同探讨了大家感兴趣的问题，而且从中得到了更多的了解和收益。看得出来，由于这种“朋友间的交谈”很坦率，很真实，大家很喜欢，留下了美好的印象。我和记者们表达了一种共识：媒体在促进中日关系方面责任重大，特别是通过报道，让日本民众更多了解中国的真实情况。

↓ 日本记者感兴趣的另一件往事是1973年上海与横滨结为友好城市。图为当年11月，我参与接待横滨市市长飞鸟田一雄（右二）及代表团时的合影。

事后，在总结这次宴请和交谈时，我对自己的表现有几点是肯定的：一是根据交流对象的情况把握谈话的基调；二是不搞一言堂式的灌输，让外宾讲话，在应对中表述自己的观点；三是要确定一些外宾感兴趣的谈话内容；四是在对外交流中有分寸地做一个“本色演员”，即尽量用自己的语言表述自己的观点，会受到外国人的欢迎，我们的外宣也会收到良好的效果。

我与法国记者乐诗薇交朋友

在常驻上海的几十位外国记者中，乐诗薇是一位颇为引人注目的人物。在我的印象中，她总有点“别出心裁”，从而惹出点“小麻烦”。我第一次听说她，是有人反映她在拍摄一部有关我国计划生育的片子时坚持要用她自己在街上遇到的采访对象，对我们帮助她物色的对象不感兴趣。后来又听说她在拍一部有关我国教育情况的片子时要去民工学校采访，与我教育主管部门的意见发生矛盾。不久前则听说她在拍舞蹈家金星的故事……后来，我也听说，她拍的这些片子在国外放映后都产生了积极的反响，受到我驻法国大使馆的肯定。总之，乐诗薇对我来说有点与众不同，还有很多“悬念”：她为什么要选这些题材，她拍片的指导思想是什么，她对中国怎么看，她还有哪些采访报道的计划等。

2001年7月，市外事办公室新闻处组织各国记者外出旅行，我与乐诗薇在途中进行了一次两个多小时的谈心。我们还嫌时间太短，决定以后有机会继续谈。

我选择了她拍摄舞蹈家金星这个话题开始，也不采用我提问，她做答的方式，而是主动亮出我个人的一些看法。我说，我见到了金星本人，看着眼前这位身材姣好，风采靓丽的女性，简直不能想像她曾经是个异性！乐诗薇听后马上笑起来，连连点头说，金星曾经是个很帅的男孩……就这样，我们之间开始了一场比较坦率、无拘束的交谈。我问她为什么要拍金星的故事？她说，是为了向世界说明中国开放和民主空气日盛。

乐诗薇告诉我，她到上海将近三年，拍了6部片子：《金娃娃》，谈中国的计划生育；《上海之梦》，介绍上海近年的发展；《天之骄子》，内容有关中国的教育事业，其中也拍到了为外地民工的子女设立的学校；《金星上校》，叙述一位变性舞蹈家的故事；《陈氏兄弟的传奇故事》等。她说，这些片子都不是给中国人看的，而是让西方人真正了解中国的现状和进步。

↑ 周慕尧副市长在晚会上与法国驻上海记者乐诗薇（右二）合影。

↑ 2009年乐诗薇和其他外国常驻上海记者参观世博局、外滩通道、长江隧桥。

我们从这些话题深入下去，谈到了她作为常驻上海的外国记者在报道、拍片方面的理念和指导思想。她说，她不想作其他记者通常所作的那种新闻报道，而喜欢做对中国深层次的专题报道。她说：中国的经济发展很快，中国前进的步子很大，西方有些人害怕了，他们想方设法来歪曲中国的形象，而我的义务就是抓住一些最敏感的问题，也是国际上对中国误解、偏见最深的，人们最为关注的题目，向世界作真实的报道。计划生育就是其中之一。

我问她，当前世界舆论有关中国最热门、也是最敏感的题目是什么？她说是人权问题。其中一个具体的题目是“死刑”问题。有报道说，中国每个月被执行死刑的人数有一千多。她认为，按中国的人口总数来看，这个数字占的比例还是很小。为此，她决定下一部片子拍有关中国的死刑问题。

我仔细听了她的拍摄计划，同时也发表了自己对死刑问题的看法。我说，“死刑”问题并不等于是“人权”问题。西方攻击中国的“死刑”，其实质是他们敌视中国的社会制度和意识形态，“死刑”只是他们攻击时借用的一种工具和借口。就我所知，死刑犯都是犯有极严重罪行的刑事犯罪分子，他们严重地侵犯了别人的人权。如果说，对这些人的“人权”要保护的话，那么对被他们杀害的受害者的人权就不要保护吗？我还认为，中国人对“死刑”的看法与中国的传统观念有关，诸如“好有好报，恶有恶报”、“杀人偿命”等。虽然，我们不能说，这些观念是新时代的先进观念，但它们具有根深蒂固的人民性，为现在的中国社会和公众所接受。中国老百姓对侵犯别人人权、罪大恶极的罪犯执行死刑不仅不认为是“侵犯人权”，而且认为是伸张正义、为民除害而为之拍手称快。西方在这个问题上攻击中国的人权，显然是违背了中国的民意。现阶段，中国如果废除死刑，将不利于维护社会的安定，不利于维护广大人民的人权。我告诉乐诗薇，我曾多次陪同来华访问的外国司法界人士，包括律师、法官们参观过上海的监狱、法院。当我看到犯人们良好的生活条件，有序的劳动、学习活动，还有他们的文化活动、艺术展览，深感到我国司法制度的正义性和优越性。乐诗薇听得很仔细，不断作记录，对我的观点表示赞同。

乐诗薇说，她的报道计划中，除人权问题之外，还有西藏问题、选举制度问题、法轮功问题、台湾问题，课题中还有：中国的电视与社会、老西门(方浜中路)的变迁等。我想，其中有些问题的复杂性和敏感性是显而易见的。这意味着我们今后与乐诗薇的交往和工作还是“任重而道远”。

我们在交谈中多次涉及到她对中国对外报道和“宣传”的看法。她说，中国在许多被外界歪曲、攻击的“敏感”问题上，持沉默态度，这很不好，会给人一种“默认”的印象。另外，中国人总喜欢自己来报道，说明一些问题，而不愿借助外国人的眼睛和嘴巴来解释中国的问题。如“死刑”问题，电视新闻中常常有相关报道，但不想让外国记者来报道。事实上，用第三者的眼睛来观察和报道中国社会更容易让西方社会接受。

在问到她与中国的情缘时，乐说，青少年时代，在一个偶然的机会她读到别人写的有关中国的书，从此就对中国产生了极大的兴趣，直到后来决定当记者并到中国来，到上海来。她激情洋溢地说：“我热爱中国，愿把自己奉献给中国，希望在这里工作一辈子，直到满头白发……”她又说：“我爱中国，但不知道中国是否接受我？”我说，对一切热爱中国的人，中国都以深情厚谊来回报。在过去几年里，她在上海工作受到那么多中国人的帮助就说明了这一点。

我们的交谈还没有结束。但我想，就这次交谈而言，对乐诗薇，对我都留下了很深的印象，得到很多的收获。首先，我对她有了更多的了解。对她致力于作中国深层次专题报道的工作模式，我是很赞赏的。但这也意味着为了引导、帮助她作出客观、真实的报道，我们的任务也是艰巨的。乐诗薇的报道在这里常常

↓ 作为好朋友，我与乐诗薇经常交流。

引发一些“小麻烦”，但在国外却产生了对中国有利的积极影响，这说明外国记者的报道风格与国内的外宣风格有很多不同之处，我们不应要求外国记者用中国人的思维方式和语言作报道，这样将不能为国外公众接受。我们应该实事求是地评估外国记者的报道基调和倾向，积极支持他们对我有利的新闻报道工作。同时，我们也应认真研究外国记者和国外公众对新闻宣传的要求，努力改善自身的宣传，并积极施加影响，借助外国记者的眼睛和报道，在世界上树立中国的良好形象。

社交是一种集交际、交谈、交往、交友于一体的跨文化交流。它具有宽松自如、不拘一格的特点，表现出更多“随意性”，接触到更多“陌生人”，交谈常是“无主题”。实践证明，多选中性话题，运用个性语言，开展对话互动，具备人情幽默等是社交成功的一些“秘诀”。

我的社交“兴奋点”

我在职业生涯中经历了无数次中外人士的社交活动，尤其在从事外国领馆和媒体工作以后。西方人喜欢社交，特别喜欢吃吃谈谈，自由自在的那种聚会。

每次在大型聚会上，我都成为“红人”：喜欢穿色彩鲜艳的红衣服；与许多中外朋友交流时像个“中心人物”，以至三步一停顿，五步一回头，谈不完的话，数不清的朋友，“满场飞”到最后常常“没吃饱”就不得不离场，因为聚会宣告结束。

虽然“吃不饱”，但心情却异常兴奋，因为通过交际得到许多信息，商谈了许多事情，还结识了许多朋友……

也许，有人会问，为什么我会“满场飞”？忙于跟别人谈点什么？我想，“谈工作”仍是我社交的中心议题，只不过有时并不直接谈工作，而是发展对工作有利的人际关系。建立和拓展“工作人脉”是我参与社交的兴奋点和良好的感受。

过去着力于加深与我的中外友人包括新老朋友、领馆官员和外国记者的沟通、友谊，有利于领事和对外新闻工作；现在着力点在于取得各种外国人，包括领馆官员对外事培训工作和慈善工作的支持和参与。

通常在大型涉外活动中，中外人士济济一堂，问候交谈，品尝美食是主要内容。我的感受是：比起官方正式的会见、会谈，许多社交活动似少了几分严肃，多了一些轻松；少了几分枯燥，多了一些有趣；少了一些冗长，多了一些明快；少了那种“公对公”，多了一些人情味，心情更愉快，沟通更快捷，有些工作更有成果。

2004年6月11日，一天之内我参与两次较大的涉外社交活动。中午是智利总领馆举办“美食节”；晚上是俄罗斯国庆招待会。两次活动中先后与15位外国总领事或他们的夫人交谈，半数谈了有实质内容的工作，半数交流信息或友好寒暄。

爱尔兰总领事基廷两个月之后将离任。他从未去过常州和溧阳，听说当地外办能邀请作非正式访问，非常高兴，约定把届时正在上海休假的儿子带去。他还告诉我，不久前出席上海国际慈善论坛的爱尔兰学者鲍威尔对上海留下很好的印象。

土耳其总领事英卡亚应邀出席了国际慈善论坛的开幕式和晚宴，我对他的支持表示感谢。我印象中，他很合群，且善解人意，容易接近和相处，令与他交往的人感觉轻松。我把这些感觉告诉他，说作为一个外交官，他的这些素养值得我学习。他说，因为我的人品，上海领团内大家都喜欢与我交往。虽然，我们都赞美了对方，但我相信，并无虚假之词。什么样的人品受人欢迎，值得我思考。

我感谢俄罗斯总领事克里夫佐夫·安德烈帮助我邀请到莫斯科市杜马社会政策委员会主任特拉古季娜来上海出席首届国际慈善论坛，使我们双方都感到高兴和有收益。在交谈中，我赞美俄罗斯驻上海总领馆这座建筑很有特色，受到中外人士的喜爱。总领事说，四十年前，他就在这里住过。我听了大吃一惊，有点不信地问："四十年前？"他说确实如此。原来他的父亲时任苏联驻上海的总领事，那时他还是个小男孩。当我得知他父亲现在已去世时，遗憾地说，他如能活到今天，一定会为他的儿子自豪！这个动人的故事是我今晚活动中的意外收获。

↑ 在招待会上与罗马尼亚总领事斯古比叶鲁交谈。

我感谢英国总领事毕晓普邀请我出席即将在英国军舰上举行的女王生日纪念活动；感谢她出席国际慈善论坛的开幕式，并千方百计地为我介绍有关的英国慈善机构代表出席论坛。我告诉她，英国救助儿童会中国主管威尔金森在大会上发言，获得好评，他希望今后与上海慈善界有更多交流。

↑ 在瑞士图片展上，与瑞士驻华大使馆官员洪含雅（中）举杯祝贺。

比利时总领事穆勒到任不久，实际上和我交往还不多，但他找到我说，有事要请我帮忙。原来，11月份，比利时王室代表团将访华，届时王妃除了参加重要礼宾活动之外，他认为可安排其他一些她感兴趣的活动，特别是文化或社会类的，如这里如何关注老人、儿童和残疾人；学校如何给孩子

↑ 新世纪初，我陪同左焕琛副市长出席以色列领馆举行的国庆招待会。

教授电脑，键盘上如何能打出复杂的中文字等。他想请我推荐一些项目。我边听边想到一些慈善公益方面的项目，如社区养老设施，市妇联为下岗女工提供职业培训等。我说过几天等我作一些思考和调研后再与他联系。

我与美国总领事史伯明谈起领馆夫人们参加了今年的国际慈善论坛，并有加拿大总领事夫人作为代表在大会上发言，受到媒体的关注，也作了不少报道。总领事说，他也从《新民周刊》上读到了有关的文章。我还与他谈到参加慈善工作的感受，这项工作涉及上层、富有、中产、平民和贫困等各种层次的人群，这方面的中美交流大有可为……他正要说话，被另一位找我的总领事打断。

马来西亚总领事夫人很主动地找我交流，表示很希望我能为她和马领馆其他夫人们提供更多的信息或活动的建议。我感到，今后应该与有些接触较少的领馆夫人们有更多的交往。

埃及、日本、韩国、澳大利亚、丹麦、西班牙、墨西哥、意大利、秘鲁、乌拉圭的总领事或他们的夫人们也都与我一一招呼，谈了各自感兴趣的事情。

在招待会上，我忙于交际，根本无暇进餐。几小时过去了，我正在“热火朝天”时，发现晚会将近结束，此时才感到自己饥肠辘辘，精疲力竭。

社交是什么？对我来说，一是认识人，二是了解人，三是谈“公事”，四是交朋友。社交是结交朋友，积累“人脉”的好机会，社交是跨文化交流的大平台。

既要谈笑风生，又要深度交流

1998年6月12日，我宴请专程来上海商谈开设领事馆事宜的阿根廷外交部主管领事事务的国务秘书、领事司司长马德罗夫妇及陪同来沪的阿驻华大使巴特菲尔德夫妇。

6月17日，我应邀出席德国总领馆为新任总领事夫人结识上海市外事办公室和市妇联的妇女朋友而举行的午宴。

↑ 在德国总领事官邸与各国领事夫人交流妇女、慈善等问题。

这两次活动都很成功，因此留下了十分愉快的回忆。所谓“成功”，指的是在宴会过程中，中外交流活跃，外方情绪高涨，宴会气氛良好，交谈热烈且很有意义。这两次宴会是外事活动，也是涉外社交，其成功的原因是什么？

第一印象：轻松、随和

给客人的第一个印象很重要。与客人，特别是西方客人，接触时不宜太拘谨，应该比较轻松、随和。当阿根廷两对外交官夫妇走进静安宾馆901会见厅时，我热情地迎上前去与他们握手，之后并没有请他们按正式会见安排就座，而是站着与他们寒暄起来。问上午进行的参观活动情况，谈上海的气候等等，使他们感到未来的许多时间可以轻松愉快地开展交流，也感到主人是一位可亲，可近，可以交谈的人物。据观察，我明显感觉到两位夫人非常活跃，直率，对上海充满兴趣，在她们的丈夫面前，确有“女士优先”的地位。于是在宴会过程中，她们成为我谈话的重点对象，这样使她们的丈夫也很高兴。

兴趣话题：起点、桥梁

谈客人感兴趣的话题。主客入席以后，马德罗夫人马上对餐桌上的萝卜雕刻装饰和房间里华贵而古朴的吊灯赞不绝口，问这些食品装饰物是用什么东西雕成的，可否带回去，吊灯何处可以买到等等。总之，她对中国的工艺美术表现出极大的兴趣。于是我立刻推荐她们下午可去参观上海工艺美术研究所，介绍那里可以看到面人，刺绣、剪纸、灯彩、竹雕、漆器等多种多样的工艺美术作品，还可现场购物。夫人们很高兴地说出还想买丝绸、筷子、灯具等东西，对工艺美术研究所非常向往。

马德罗夫妇均首次来沪，夫人一再谈到上海这座城市非常吸引人，过去从未想到上海有如此之大，如此有活力。我借此话题，继续向其推荐上海有趣的地方和民俗，如老城隍庙，小商品市场，上海小点心，粽子的来历，端午节的习俗……建议下次组织妇女团专程来沪观光旅游，还可深入民宅做友好的交往，与社区的普通居民共进午餐……

这些话题很平凡，几乎没有政治色彩，但介绍得好，很有吸引力，它们可以作为起点和桥梁，伸向“四面八方”，把客人引向了解中国、了解上海的方方面面，引向我们所要宣传的内容上去，包括上海的巨变，改革开放等等政治性很强的题目上去。这叫做“以小见大”，或者说寓宣传于“闲聊”。我发现绝大多数客人，不管是普通人还是政界人士都乐于接受这样的介绍，会兴致勃勃地与你谈下去，直至倾听你的许多有政治内涵的谈话。

聚焦妇女：事业、家庭

选择话题始终是对外交往中的一个重要问题或者说是一种艺术。根据客人的身份和情况设定一个大家都有话可谈，而且是感兴趣的话题，这件事很重要。

在德国总领馆的午宴上，一开始宾主双方都谈了大家感兴趣的事情。

德方的中文翻译贾莱斯一开头就说，今年“三八”妇女节前夕，市外办向各国妇女朋友赠送的五针松，现在养护良好，十分青翠、壮实。德驻沪总领事龙贝格的夫人谈到1978年至1982年间她随在德驻华使馆工作的丈夫住在北京，曾两次访问上海。这次来上海怀疑自己走错了地方，来到一个不曾来过的美丽城市，因为上海变化太大。她说，过去那段时间里，她开始学习汉语会话，虽不能读中文，但还能说上几句，以后又随丈夫去土耳其、里约，失去了中文语言的环境，渐渐忘记了许多汉语词汇。这次又来上海，一定要重新开始学习汉语。妇联的领导谈到，上海妇联已与德国爱伯特基金会建立了联系，准备对有关妇女就业培训等问题展开共同研讨，开始人员交流等。

此时，我想要使谈话更有深度，应提出一个能使中外方言谈、思维相对集中的、大家都感兴趣的话题，这个话题当然就是妇女问题。但我的提议并不是一个孤零零的题目，而是一段涉及到德国的谈话，以便引发外国人更大的兴趣。我说，我去过德国两次，第一次主要从事友好交流，在西德9个城市访问，包括汉堡、黑森林等地；第二次去访问原东西德两部分的一些城市，主要了解两德统一问题，遗憾的是没有能够了解德国的妇女问题。请问总领事夫人，当前德国妇女在政治、社会和家庭里的地位和作用如何？

这个问题非常现实，中外双方都会有许多要说的。总领事夫人说，从理论上讲，德国男女是平等的。包括同工同酬等规定都有。但实际上，德国的妇女要在事业上做出大的成就来是有些困难的，因为传统的观念中，妇女首先应是个好母亲。而德国中小学生上课主要在上午，中午回家吃

← 与印度驻华大使夫人交谈。

饭，下午在家做功课，活动都要由母亲照料。因此，德国妇女不可能全天工作。她还说，过去德国大家庭多，孩子回家以后会受到众多家庭成员的照顾。现今以小家庭为主，主要责任都落到妻子、母亲身上。市妇联一位领导说，世界各国妇女似都面临着如何处理家庭和事业矛盾的问题。她谈到去荷兰访问时遇到鹿特丹市的一位女性，是高级市政官员，为了能全身心从政，她决定不要孩子。德国总领事夫人谈到，西方国家的幼托事业并不太发展，教师没有空，就会把孩子送回家长处，雇保姆费用昂贵，因此为照顾家庭孩子，大多数女性选择牺牲工作和个人的发展。我说，在我们这儿有三种女性，一种是事业、家庭两全；一种有家庭，不要孩子；第三种像我这样，为了全副精力投入工作和事业，既不要家庭，更不要孩子。问贾莱斯属于哪一种，她说，三十年前，她投身于外交事务，学了汉语，来中国工作。其间不断流动，长年在国外工作。有哪个男人会对她这样的职业妇女感兴趣呢？或者说，有哪一位男士愿意牺牲自己的事业和工作跟着这样的妻子到处流动呢？

总领事夫人说，三十年前她刚结识总领事。当时总领事征求她的意见说，他将投身于外交工作，将来会长时间地逗留国外，不知她是否愿意嫁给他这样搞外交工作的人。最后她接受了，并且几十年来陪同他到了许多国家，现在又到了上海。我说，要不是在三十年前她做出了这样的选择，我们今天也不可能见面，我们是有缘分的。我接着把友好的话题再加深一层，说总领事到任以后，我们曾陪同他会见市外办及市政府的官员，在接触中对总领事作为职业外交官的强烈事业心和对中国文化的了解，对中国的友好感情留下了深刻的印象。现在看来，总领事的事业离不开夫人的辅佐，长期以来夫人付出了巨大的精力，做出了很重要的贡献。我对夫人的经历和贡献表示羡慕和赞赏。

最后我起身举杯祝酒：为总领事夫妇在上海落户，为总领事夫妇在上海生活愉快，为总领事夫人继续学好中文，为增进中德妇女间的交流干杯！

这是一次美味的午餐，也是一次有意义的交流。

亮出你的个性，展示你的魅力

2001年2月，美国职业篮球协会(NBA)的经纪人比尔·达菲(Bill Duffy)、时任美国安可(APCO)咨询有限公司全球执行副总裁的前众议员马特·萨尔门(Matt Salmon)以及安可公司上海代表处董事总经理傅凌霄(Lin Menuhin，傅雷的孙子)一行三人访问上海。

他们促成并组织了国际知名的HBO卫星电视体育摄制组一行来上海拍摄报道篮球在中国的发展情况。基于萨尔门的前众议员的身份和对中国的友好关系，市外办报请徐匡迪市长会见，之后由我代表市外办宴请他们。

体育和篮球是一个我不太熟悉的领域，因此徐市长将如何接待他们是我期盼学习的。

我注意到，徐市长对他们的谈话较与其他政界人士谈话更轻松一些，但实际上他作过认真的准备，特别是对体育、篮球作过考证。徐市长告诉客人，上海是中国发展篮球最早的地方。一百年前上海第一个球队是工部局的篮球队，当时有英国人、俄国人和中国人混合编队。徐市长认为中国的篮球运动员有待克服弱点，如有的个子高，但体力不强，因此对抗能力不够；有些体质尚可，但个子不高。他说，篮球是中国老百姓喜欢的一项运动，他自己年轻时也打过篮球，后改为游泳。随着中国人的生活水平提高，中国的青年人一批更比一批强。徐市长还特别称赞萨尔门在国会议员卸任后选择从事体育事业，这是很好的选择。世界上只有两件事不要翻译：体育和音乐。

萨尔门做过6年议员，以对中国友好著称。他是一位政界人士，但个性却很开放，像普通的美国人。他对徐市长说，这是他第二次来上海。他在美国会中是第一个，也是唯一一个第二次来上海的议员、唯一一个会讲中文的议员。为此，他曾几次率团访华，见了江主席。他说他一直是中国人民的好朋友，是中国取得最惠国待遇的倡导者。

↑ 我的坦率和真诚使宴会气氛热烈而和谐。

在他的影响之下，有32名议员改变了态度，转而支持中国。他说，体育可以超越国界延伸到其他领域，包括政治和国家双边关系。通过体育交流向中国传授技术，篮球对促进两国关系会起到积极作用，这是一项双赢的交流活动。

达菲原来是运动员，现在从事体育经纪人的工作。在过去的3年中，他开始关注中国，向美国人介绍中国的篮球运动情况和优秀的中国篮球运动员，如姚明。最终目的是让中美篮球运动员一起打球。他说他保证做中国的好朋友，为中国的篮球事业做出贡献。

他们对能见到徐市长非常高兴，说徐市长思想观念很开放，对新事物很开明，因此在美国具有很高的威望，受到政界的尊敬。这次会见使大家深感荣幸，心情激动。他们都一再感谢市外办使他们实现了这一愿望。

在市领导会见的过程中，我对这三个对象有了一定的了解，确定午宴时谈话的基调：朋友间的聚会，广泛的话题，特别是中美关系和中国文化的话题。宴会上要营造轻松、亲切的气氛。

宴会一开始，我说，这不仅是一个官方的宴会，也是朋友间的聚会。我认为，我们在座的所有人都是“知名人士”，即在某一方面有特殊性：萨尔门是一位不同凡响的政界人士，以对中国友好著称；傅凌霄的父亲和祖父作为成就卓著的音乐家和文化人为人熟知；达菲是一位出色的体育经纪人；我以工作勤奋著称；我的两位同事都有自己的专长，其中一位精通日语，另一位除了工作认真之外，还是跳舞的能手……这一段有些幽默感的开场白介绍了在场每个人的显著特点，也把客人“恭维”了一下，使大家都很高兴。

席间颇受欢迎的话题是：尼克松访华，美国乒乓球队来访，我的美国之行，我学英语的故事，还谈到不少保健品和养生之道：菊花茶、姜茶、醋的保健作用；甲鱼、大闸蟹、烤鸭、银杏；还有各人的兴趣、爱好、家庭……

谈话是非常生活化和个性化的。我说，我已在外事办公室工作了三十余年，他们说，你大约5岁开始工作。他们说傅长得很帅，我说，我第一眼就对傅的英俊留下了深刻的印象。他们问到我的家庭，我说出单身的原因，中国妇女要做一番事业还要挑起家庭的重担实在太难，但作为单身妇女也要承受住很大的压力。他们问我是否喜欢体育，我说“不”，甚至讨厌跑步……他们对我的坦率有点吃惊，但甚为赞赏。达菲说，你总是说实话。我说外办是他们可以依靠的朋友，无论遇到什么问题都可以找外办，外办可以帮助接通方方面面的关系。我说，今后可陪同他们去看看上海附近的地方，如太湖，边品尝大闸蟹，边观赏湖景，边交谈……在谈到每个人的兴趣爱好时，我说，我爱京剧，傅说他爱昆剧，我说有了昆剧的戏票去请他。后来傅再访上海时，真的想请我同去观赏昆剧，但我未能赴约。

↑ 2001年6月，徐匡迪市长会见来沪进行文化交流的美国前国会众议员马特·萨尔门。

饭店服务很好，还专门泡了姜茶。萨尔门说，这大概是来上海之后尝到的最美味的一顿饭菜。

Dear Madam Xia,

What a great pleasure and honor it was for me to meet you and your colleagues today. I cannot thank you enough for all the support and cooperation your department has bestowed on us during this visit. We all owe you a huge debt of gratitude. Today's meal was also the finest I have had since I have been in Shanghai—I particularly enjoyed the turtle and the ginger tea, and will make sure to buy some vinegar and chrysanthemum tea before I leave. I now look forward to our next meal together, especially following your mouth-watering descriptions of Shanghai "Beijing Duck"!

I was very interested to learn of your close ties to the United States, and to hear about your experiences both during President Nixon's visit in 1972, as well as when you lived in the United States for several months. My goal is to encourage and foster Sino-US relations – I believe this is and will continue to be the most important bilateral relationship in the world. I know you share this objective and I very much look forward to cooperating with you in this respect. If APCO can be of nay assistance, please do not hesitate to call on us.

On behalf of my colleagues, as well as Bill Duffy, many thanks again for your help and warm hospitality.

In the hope that we may meet again soon,

Yours sincerely,

Matt Salmon

Executive Vice President

APCO Worldwide

↑ 在宴会上，我的坦率真诚，给萨尔门留下了深刻印象。之后萨来信表达了希望保持联系，推进中美关系的愿望。

总之，这次午宴所起的作用就是联络感情，结交朋友，让外宾高兴。达到目的的要素是：亮出你的个性，让人感受到你是与众不同的一个人；显示你的魅力，包括坦率、真诚；找到有趣味的话题，包括菜肴、养生、中国文化等等。

宴会上交谈的内容都很“随意”，但都合他们的“口味”：中国美食、养生饮品等；至于我1972年参与接待尼克松总统和此后访美交流的活动，看来确实与他们推动中美关系的目标不谋而合，因此使他们感到兴奋。马特·萨尔门事后来信说：“我非常高兴地知道您与美国的密切关系以及您在1972年参与接待尼克松总统访华和此后在美国访问的经历。我的目的是促进中美关系的发展。我相信这是，今后也将是世界上最为重要的双边关系。我知道您也持有同样的看法，我期待着在这方面与您合作。”

学会与外国人闲聊

2001年4月，应法领馆之邀赴法总领事官邸出席晚宴，事由为欢迎Yues Tavernier夫妇访沪，其身份为法国众议员，法国民议会财政、总体经济和计划委员会副主席，分管对外事务。

去赴宴之前，心情并不轻松，怕是一场枯燥无味的“持久战”：时间拖得很长而并无收益。因为对象很陌生，无主题，我不通法语。根据以往的印象，法领馆包括总领事本人，并不是交际活跃的人。结果比预想的要好很多：法国议员是一位相当随和、对交谈有兴趣的人；全过程虽然持续相当长的时间，但是交谈不断，而且话题轻松活跃，大家都感到很愉快。

摸清对方的情况是首要任务。通过交谈，我了解到该众议员此次来华的目的是视察法驻华各领馆的工作，先在北京逗留，后来上海，之后还要去武汉和广州。为此，我借机正式向他介绍并对上海法领馆的工作作积极的评价：法领馆工作效率高，在上海深受大家好评；总领事郁白工作有创意，积极拓展法国与上海在各领域的交流，包括教育、文化方面；法领馆与上海外办合作很愉快……这些话使法方，特别是使总领事很高兴。我得知众议员是首次来华。于是，我从介绍身边的外办领事处和签证处同事开始向他介绍了上海外办的工作情况，如友城、领馆、外国新闻记者、国宾接待等，还介绍了本人过去长期从事民间交往，现在依然喜欢民间外交工作。我询问他原来的专业和工作。他说，原为大学教授，政治专业，后当议员，同时担任巴黎南部一个人口约一万人的小城市市长。了解他的基本情况以后，谈话题目的设计就更有把握了。

找到适当且共同感兴趣的话题很重要。我们的闲聊从“城市”开始。他首先谈到对北京的印象。他认为北京和上海是两个完全不同的城市，他更喜欢充满活力、高楼林立、十分西化的上海。我也表达了相同的感受，并问及他所在城市的情况。他问我是否去过法国，我回答还没有，并告诉他法国在上海人的心目中占有很高的位置。人们向往法国，因为法国的美丽和她深层次的文化底蕴。他告诉我，他所在的小城市被森林环抱，有古堡、河流，保存很多文化遗迹，但人太少。我说这种情况使我更加向往，因为我正是希望去一个人口不多、景色优美、有人文和历史景观的城市。他很高兴地说，那一定要邀请你去，并说要发一个正式的邀请信。告别时他还称下次见面应由他在法国欢迎我。

我们闲聊的另一话题是“法语教学”。我在市长接见总领事时听他谈到法方正在进行一个教育交流项目：在上海中小学试行教法语。于是我向总领事询问情况进展如何，他说遇到一些困难：一是招生范围面窄；二是中小学毕业后，学生学法语如何得到学校的承认。我首先表示在中国青少年中传播法语是很有意义的。如学生中学毕业后报考第二医科大学，更有用武之地，因为在那里法语得到广泛使用；另外我告诉他，上海人，特别是上海女性，学习外语有很高的天赋，因此该项目必有很大的收获。最后我表示，如果此项目有什么困难，可告诉外办，以协助法领馆与分管教育的市领导进行沟通。

我们的闲聊还包括其他一些话题。法方提出了关于申请去法的签证问题。我方同事应要求介绍了外办管理签证的情况。签证时间的长短涉及对申请因公务去法人员的情况，以防范非法移民的发生。接着又谈到我国不久将向法国开放旅游的相关事务。

在晚餐后喝茶时，我问议员有何养身之道，因为大家都看到他气色很

← 谈得投机、兴高采烈。

好，身体健康。他说其实并没有什么特别的运动，只是常喝葡萄酒。我说听了他的话，更加坚定了我的想法：今后要每天喝一点红葡萄酒。而好的葡萄酒总是与法国相联系。总领事周末去绍兴，我们又谈到了绍兴酒。

接着我们谈到法总领事官邸的房子很高雅，但设备有些老化。问议员先生的住房，他作了形容：二层楼，有花园，300平方米。想必很漂亮。我们又谈到总领事儿子读书的问题，他说以后要让儿子进一个全是中国孩子就读的学校。总领事还很高兴地说到网上刊物《Shanghai talk》刊出的三幅照片，其中有以色列总领事在打网球和他的工作照。他拿出一个三个月前由日本制造的电子笔记本，通过上面的小屏幕，当场放出斯皮尔博格的《星球大战》，有声有色，逗人喜爱。我问此电子笔记本的价格，得知是每台2万港币。

幽默会带来欢笑并使谈话双方接近。如法总领事说自己从不休息。我就说去绍兴活动过程中应为他拍摄一些"游乐"的照片，再提供给《Shanghai talk》。告别时，我再次向众议员提及对总领事的良好评价，并称其只有一个缺点：只工作不休息，即使看《星球大战》时也不休息。此话引起众人大笑。

这次与法议员闲聊还是相当轻松愉快的。与外国人闲聊的要素在于谈话的话题必须是轻松、幽默、有益、愉快，与对方有关联的更好。当然闲聊并非目的，更重要的是通过闲聊增进了解和友谊，以期进一步施加影响，或结交朋友。

→ 在社交中闲聊也能探讨问题。

两个风格迥异的招待会

2000年年底临近新年的一天，我参加了某外国机构在上海成立15周年庆典暨新年招待会。

这是一次庆典活动，也是一次与协作单位的联谊活动，无非是感谢上海方方面面的合作方对其工作的配合和支持，因此理应是个轻松欢快的聚会。会议安排正在上海访问的该国一个联邦议员代表团出席并作演讲，这是一个很好的议程。

会场在海鸥饭店二楼大厅，客人被安排随意围着两张大的餐桌就座，空荡荡的，很分散；台上有一块会标，两个讲台，一个由主要发言人用，另一个为翻译用，两张大讲台并排放在一个台上，显得呆板而不舒服。

在我17:30抵达会场到19:00离开的一个半小时当中，与会者听了足足一个多小时的大报告，令我迷惑不解。

第一个主要发言人是该机构驻上海办事处的主任。她在开场白以后，介绍出席晚会的中外双方主要来宾。之后作驻沪办事处的"工作报告"。这项报告内容多而全，包括他们过去一年在上海所作的社会调查的情况，涉及到的问题有：

上海的社会保障情况；与人事局、新闻出版局的合作；国企改革问题；上海劳动力市场；与工会、妇联等组织的合作；法制问题，包括劳动法、行政法、妇女地位等；中国的地区安全和政策，与国际的合作；该机构所属国家与中国党政之间的关系。接着还谈到中国2000年经济增长速度高于8%，以及中国在就业、失业以及贫富差异等方面的问题。她说，在过去的若干年中，中国有1100万人下岗，农村人口收入增加2%，城市人口收入增加80%，东西部差距很大。之后她又谈到中国妇女的地位、中国加入WTO以后面临的形势、工会问题、董事会和监事会的问题、可持续发展和环境保护问题等等。我边听边在心里说：此报告的架势很像我们通常说的政府工作报告。这种发言风

↑ 周慕尧副市长在我国庆招待会上与土耳其总领事阿伊汉(左)交谈。

↑ 土耳其餐厅的厨房。

格与庆祝联谊会的气氛似不太协调。主讲人用了大约一小时才做完报告。此时已近19:00,客人,像我这样按主人邀请函要求准时到会的,都已经到会一个半小时,开始产生饥饿感。

会议接着安排该机构的前主任,现主席致辞。他从回忆自己初到上海时的印象和感情开始他的讲话,这是非常自然而得体的。问题是"回忆"很长,10分钟过去了,他还未从回忆中走出来,我不知道何时会进入正题,正题又有多长。想到在请柬上写明作为正式议程还要请一位联邦议员讲话,我顿时觉得这个联谊会无疑会变成一个"马拉松"式的演讲会,与会者也许还有很长的时间后才能吃到晚饭,时光可谓"真难熬"。

我终于在饥肠辘辘中离席而去,出席当晚另一个晚会。我从那个报告会会场来到淮海路上刚刚开张的"伊斯坦布尔餐厅",出席由土耳其总领事阿基夫·阿伊汉邀请的迎新招待会,犹如进入了另一个天地。这里富丽堂皇,五彩缤纷,宾客满堂,喜气洋洋,从图案装饰到食品饮料都是中东风味,土耳其特色。总领事在宴会大厅门口等候嘉宾,领馆的官员带我特地去看了厨房师傅烘烤土耳其面包的情景。我发现许多驻上海总领馆的总领事或其他领馆官员们都愉快地应邀出席今天的晚会。整个宴会大厅呈长条形,左边有一排小包厢,右边是排成长条的餐桌,大部分客人在餐桌上就座。在宴会大厅的前端是个小舞台,旁边有个小"包厢",隔着玻璃窗可以观赏小舞台上的音乐和舞蹈表演。小包厢里坐着总领事的贵宾,其中有:俄罗斯总领事夫妇、泰国总领事夫妇、丹麦总领事夫妇、以色列总领事夫妇和我,还有土耳其总领事本人。总领事对我十分热情,可能是为了感谢我过去对土领馆的支持和帮助，包括协助组织记者团去土耳其访问、接待土耳其国际问题研究所的代表团等。这些事似乎不是特别重大的事情，但对领馆进行公务来说，每一件事都很重要。土总领事阿伊汉说，虽然我已访问过土耳其的伊斯坦布尔，但时间很短，他希望专门邀请我再访土耳其，时间可由我定。

晚宴吃的是地道的土耳其风味菜，我的印象是一种酸辣较多的清真食品。以色列总领事连称与以色列菜十分相似。席间表演土民族音乐和舞蹈。总领事说，他了解中国人的音乐品味，关照他们要演奏节奏稍快、音色明快的乐曲，果然效果甚好。因极度疲劳，我不得不在第二套土耳其舞蹈演出前退场。土总领事送我到餐厅门外的汽车边，亲切拥抱告别。

↑ 土耳其民族歌舞表演。

与外国朋友谈谈如何与中国人打交道

今天，中国在经济和其他领域的对外开放与合作正在蓬勃开展。中外双方都在探究如何使这种交流与合作获得成功。中国人正在学习西方文化和国际礼仪；而西方和境外人士也对中国的文化传统和中国人的待人之道发生了很大的兴趣。我曾应邀与一些长住上海的外国友人就如何与中国人打交道谈过自己的看法。

热情好客，民族传统

中国有礼仪之邦的美称。中国人的待客之道是礼数周详，亲切热情。迎送、会见、会谈、宴请、签约、赠礼、参观、游览、娱乐以及各项生活服务都安排妥帖齐全，周到细致。有时体贴入微，很有人情味。如在宴会上为正逢生日的客人送上蛋糕和长寿面；为不吃某些食品的客人开“小灶”；向喜欢文房四宝的日本客人赠送刻上他们名字的印章…… 外宾往往从这些细节中感受到主人的真诚友情，深受感动。

礼宾礼仪，广受重视

应该提到，中国人待客中往往显示出长幼尊卑之别。客人抵离时，通常会有一定级别的负责人和官员到场迎送。见面的礼节主要是握手、问好、表示欢迎，并由随从和翻译介绍主客双方的姓名和职务，随后交换名片。在正式场合以称呼主人的头衔、职务为宜。在随后会见、宴请、谈判、签约等活动中，也许会有更高一级的领导、官员出现。客人应从上述活动中搞清中方人员，特别是领导的身份及其在项目中主管的工作。在较重要的涉外活动中，由负责礼宾的中方人员按国际惯例和中外方人员的礼宾顺序排定位次。

现今，中国举行的涉外典礼比较多，包括文化、体育、节庆、商务等方面的开幕式、闭幕式、竣工仪式、签约仪式等等。较正式的典礼，其内容、中外宾名单、典礼程序都有严密安排。这种安排既参照国际常规也加入“中国特色”。如：主要客人称为贵宾，要为他们佩带胸花，仪式开始之前先进贵宾室，之后被引领上主席台，按规定的位置站立。仪式开始，主持人会依次报出他们的姓名和职务，接着由主人讲话，主宾讲话，有关方面代表讲话；接着或许有剪彩仪式，最后要分发纪念品，举行招待酒会等。这些典礼上，中外方人员讲话会耗时较长。

人际关系，至关重要

在中国，商务合作与人际关系密切相关，可以说“友谊先行，生意随后”。某国总领事对我说，他在上海工作三年，琢磨出一些“道道”。孔子、儒教思想对中国文化影响很大。西方人做生意往往要签署很详细的合同，而中国人往往重视人际关系甚于合同文本。相互信任之下什么事情都能达成协议，友谊似乎可以解决所有的问题。关系越广越好，其中不但要有上层，还要有各个层面的关系。他还说，中国人特别要面子，很在乎别人怎么看自己。因此讲话不应太直率，要有分寸，不要因讲话不妥而搞坏关系。

生活服务，细致周到

宴会和礼品在中国人的对外活动中起着重要的作用，它们既是重要的礼宾环节，也是商务活动的重要内容。中国人安排的宴请至少有如下特点：

1. 菜肴精美，色香味俱佳。在高层次的宴会上还常用冬瓜、南瓜、西瓜、萝卜、冰块等制作龙凤、花卉、鱼鸟等精美饰物点缀菜肴和桌面，使赴宴者在味觉、视觉上都得到享受，充分展示中国的饮食文化，丰富多彩，美不胜收。但是也存在菜肴太多、太贵或不合西方人饮食习惯，时有浪费等问题。

2. 菜多量大。中餐上菜的程序大致为冷盘（6—8道）、热菜（6—8道）、点心数道、汤羹、甜品、水果，有时还有冰激凌。因此我们建议外国朋友在品尝中餐时应每道菜吃一点，不能一道菜吃得过多，特别是吃冷盘要留有余地。

3. 宴会上，主客双方都要祝酒，举着酒杯讲一些表达友好和祝愿的话，时间在开场、席间和结束时均可。中国酒文化发达，中国人自己宴会时劝酒的情况较为普遍，在涉外宴请时，大部分人频频举杯向外宾祝酒或敬酒，但不劝酒。

礼品是人际交往中的粘合剂，在中外交往中同样如此。中国人为表示对客人的友好，有些人也爱讲排场，因此送的礼品都较贵重。一段时间内，绣品、瓷器、青铜仿制品等比比皆是。有些图册内容不够精美，太过笨重，不便携带。总之，缺乏新意和创意。在外国客人赠送的礼品中，中国人对具有鲜明的民族特色或有实用价值的东西特别青睐。

宴请和送礼是增进人际关系的手段和载体。与中国人交朋友也大有学问。由于语言和文化的差异，中外人士一般不太可能一见如故，需要经过接触、沟通、交流。一旦与中国人建立信任和感情，双方的交往会显得更有人情味。中国人大都很珍惜和外国朋友的友情，但是，大多数人没有习惯经常通过书信和Email频繁联系。

交往交谈，中庸之道

中国人在对外交往中的语言与日常生活中使用的有所不同。在正式场合向外宾介绍情况、会议致辞大都经过认真准备，写成书面稿子。有的人照本宣读，更显得拘谨枯燥，也没有幽默感。

这类谈话的内容和语言普遍存在以下几个问题：① 虚词多，实际内容少；② 讲道理多，举实际例子少；③ 用报刊语言多，用自己个性化的语言少；④ 篇幅也较冗长。总之，让外国人听不明白。为此，我们要耐心一些，也可以通过提问，或与他们开展对话，使谈话更实际、更具体一些，或以幽默的话语使双方的对话显得轻松活泼一些。

由于传统儒家思想的影响，中国人为人处事和语言谈吐常常为“中庸之道”所主宰，直截了当、实话实说者少。有时显得过分谦虚，有时谈话委婉曲折。其结果是妨碍了外方人士正确了解他们的本意。如：一位知识和能力较强的大学生求职应聘时，当外方总经理问其交际能力如何，这位同学回答“不怎么样，很一般”，外方问及如经录用，可否胜任工作，该同学回答“还行，能凑合”。外方总经理对这种中国式的谦虚和客套产生误解，认为该同学缺乏实力和自信，结果未予录用。又如：中国人设家宴款待外国客人，尽管菜肴丰盛，招待热情，当对方致谢时，主人总是说“菜不好，没什么吃的”，弄得客人很不理解。

由于中国人要“面子”，也有民族自豪感，有时又出现相反的情况，在对外介绍本单位和自己的城市和国家时，讲成绩多，讲问题少，同样妨碍了客人对真实情况的了解。

中外社交,文化差异

在涉外场合,中国人似不善社交。有外国人在场的聚会上,常常会看到中国人“扎堆”交谈,外国人也自行交际。出现这种现象的原因之一是语言障碍。除涉外单位的专业或翻译人员之外,相当多单位的领导和工作人员,尚不能用流利的外语与外籍人士交流。现在中国有一股“学外语热”,但外语普及还有待时日。因此,外国朋友如能学一些中文,哪怕是一些最基本的交际语言,也会使中外交流活跃起来,从而使自己更快地进入中国人的圈子之中。中国人对能讲中文的外国人很有兴趣和好感,很愿意接近。

外方安排的社交方式、内容和时间也与中国文化有差异之处。不少中国人因外方酒会或晚会的时间较晚,耗时较长,与外国人共同话题较少,而感到有些“头痛”。一般中国人比较喜欢的社交是内容实在,时间不太长的活动,如:宴会、自助招待会,可边吃边聊,在一至两小时内结束。

在社交场合,不少中国人喜欢“拉家常”式的交谈,也经常会涉及年龄、职业、家庭、孩子、住房、旅游、教育等内容。如今,国际礼仪正在普及,越来越多的中国人意识到要“回避隐私”,贸然问及外宾年龄、收入、婚姻、健康等情况不妥。

综上所述,与中国人交往,需掌握一些基本的理念:

一 注重礼节

尊卑有别,长幼有序在中国人的对外交往中有鲜明的体现。出入起坐,谈话主导等都与每个人的角色地位、等级身份有关。在对外活动和重要典礼中已形成了一套相对固定的模式和排场。

待客方面,无论是机构接待,还是私人会客,中国人都有一套周详的礼数,从客到时送茶到送别时赠礼,每一个环节都有安排,甚至到达细致入微的程度。

另一方面,由于文化修养不够,对异国文化了解不多等原因,中国人在对外交往中不能守时守约,在公共场合的行为举止不文明以及对外交谈话题不妥,涉及对方隐私等现象时有发生。

二 中庸之道

中国传统的儒家哲学视“天人合一”为最高境界。指的是“人与天地万物为一体”,“人与人的和谐”,“人与自然的和谐”等。社会政治、伦理道德和待人接物等诸方面表现为维护统一,顾全大局,强调集体和“中庸之道”。如中国人谈话，特别是开场和结尾有一套自谦之词，有时绕弯子才触及主题，与西方人崇尚个性，表达直率，公开争斗有很大不同。

→ 巴西总领事利马（左一）与意大利朋友告诉我他们与中国人打交道的体会。

三 人际关系

中国人在西方式的“party”等场合似不善社交，但事实上人际关系是中国社会生活中的重要元素。外籍人士在中国人际交往中越成功，其事业也越成功。在与中国人交往中，应重视以下方面：

1.“友谊第一”是中国人在体育比赛中提出的一句响亮口号，延伸到商务等其他领域指的是在建立和增进友谊的前提下，其他事都会迎刃而解，得到圆满的结果。大多数中国人很爱国，也有民族自豪感，因此对中国友好被视为建立中外方友谊的前提和基础。

2. 互惠互利。友谊能促进商务及各项合作，但不能替代双方的利益。互惠互利是中国人谈生意的一个先决条件。

3. 诚信为本。当今中国社会在对内和对外交往中大力倡导诚信待人。也希望交往对象、合作伙伴也能信守承诺，从而建立相互信任和友谊，进而成为朋友。

礼仪形象

礼仪是人类交往的行为规范。“礼”的内涵是体现对别人的尊重、友善和关爱，其核心之道是处理好“自我”与“他人”的关系。礼仪是塑造形象的重要元素，外事人员应以道德高尚、仪表端庄、举止文明、谈吐高雅、善于交际、不卑不亢的形象出现在国际交往的舞台上。

漫谈涉外礼仪与中国人的形象

随着我国对外开放度的不断扩大，各行各业越来越多的人有机会出国访问、参加各种涉外活动或接触国外、境外的人士。人们很关心诸如跟外国人见面有些什么礼节，与外国人共同进餐或出席宴会要注意些什么，参加外事活动在服饰、仪表上要注意些什么等属涉外礼仪范畴的问题。我们还可看到常有介绍中外礼节和各国风土人情的文章见诸报端……总之，眼下“涉外礼仪”已成为社会上的热门话题。

那么涉外礼仪主要包含哪些内容？它们在对外交往中起着什么样的作用？占有什么样的地位？我们不妨从众多的对外交往的实例出发，来对上述问题作一些探讨。

1991年冬，上海男子排球队赴比利时参加一个国际友谊邀请赛。我们的队员无论在身高、体重、体能还是在球艺等方面都与参赛的欧洲强队之间存在很大的差距。但是，上海队自始至终是一支引人注目的球队。他们整洁的仪容、安详的神态、临战时勇于拼搏而又不急不躁的“大将”风度，与有些西方球队的急躁，甚至粗野形成了强烈的反差，令比利时观众耳目一新。在一次关键性的比赛中，我们把东道主比利时队打败了。当汗流浃背的球员们微笑着面向观众鞠躬致意时，从未经历过这种“东方式礼仪”的西方观众的情绪再次被推向高潮，掌声、欢呼声震耳欲聋。球赛结束，我们没有得到前三名，但却捧回了一尊由欧洲共同体颁发的金灿灿的“最佳文明队”奖杯。比利时朋友兴奋地告诉我们说：“这个奖不是少数评委决定的，而是由观众填表评选的结果。上海队员的微笑待人、服从裁判、礼貌谦让，给人们留下的印象太深了！”在最后一天的告别晚宴上，当上海队16位衣冠楚楚、帅气十足的小伙子列队走进大厅时，全场几乎所有的外国人都投以赞许、敬慕的眼光，比利时东道主说：“你们中国人就是与众不同啊！”

这个事例的发人深思之处在于它不容置疑地说明了我们的形象、行为以及透过外部形象展现出来的内在素质和精神面貌，直接关系到塑造什么样的中国人形象的大问题。这个事例生动地显示了涉外礼仪本身并不是“中国人形象”的全部，但它是中国和中国人的形象塑造的重要元素，这就是涉外礼仪的本质含义之所在。

涉外礼仪作为人类交往礼仪的一部分，它的内容是很丰富的。从当前大量涉外交往中反映的情况来看，笔者以为，当下最有现实意义、最须引起我们重视的涉外礼仪问题，有以下三个方面。

一、外部形象

我在接触众多的外国朋友的过程中，曾多次听到他们有关中国人形象的议论。一位对中国非常友好的美国妇女谈到她首次访华的印象时，竟然花了不少时间来谈论她的导游的形象。她说，他是个好小伙子，工作积极，外语不错，为人也很热情。只是不知为何每天散着一头乱蓬蓬、像野草一般的乱发，衬衫皱巴巴的，领子都发了黄，真叫人深感不适和遗憾。一位16岁的美国少年被问到在中国旅行的所见所闻中，什么东西最美时，他答道：“中国的山美，水美，人更美，而中国人的微笑是最美的。”他说，旅途中他喜欢一个人独自背着照相机沿街散步，街上有许多中国人对他微笑着说“你好”，他认为这是访华之行中最美好的经历和时光。时下，有许多外宾惊叹，中国和上

↑ 彬彬有礼，握手问候。

↑ 涉外宴请时频频举杯，敬酒但不劝酒。

↑ 访问俄罗斯符拉迪沃斯托克期间向市长赠送礼物。

海正在发生着巨变，他们当中的许多人在阐述他们的感受时引用的第一条根据就是：上海老百姓的穿着打扮变了，特别是上海女性服饰优美，色彩鲜艳，充分反映了上海经济的发展、人民生活的改善和人的观念形态的变化。许多外宾对我们的妇女穿着的丝绸、蜡染服装和具有浓郁民族特色的旗袍赞不绝口，表现出他们对中国文化的敬仰之情。

以上事例告诉我们："仪容仪表"在涉外礼仪中并不是一个无足轻重的小问题，也不是一个纯粹的个人问题。人的外部形象除了会透露出人的内在气质之外，还会反映出一个民族的文化和传统及其所处的时代和社会的特征。笔者以为，我们在涉外交往中，对自己的外部形象最基本的是要做到三条：仪容整洁、服饰得体、微笑待人。

二、行为举止

人的行为举止会直接反映出人的文明水准和道德素养。在这方面，我们可以随时举出许多正面或反面的例子来加以说明。有一次，某外商机构为其在沪成功举办一个大型商贸活动而举行冷餐招待会。六百多名中外来宾应邀欢聚一堂，盛况喜人。令人费解的是招待会开始不久，台上主人还在致辞，台下的许多中国客人却已按捺不住，自己动手、蜂拥而上开始取菜，一时间，宴会大厅里人声鼎沸，刀叉叮咚，主人和贵宾还在台上说些什么，谁也听不见。在这里，礼貌不见了，斯文不见了，礼仪之邦的中国人的形象也不见了，这是多么可悲的一幕啊！

我们对涉外交往中表现出来的正反两方面的事例稍加归纳分析，就可以得出一个结论：如今，"行为举止"问题的核心还是"文明礼貌"的问题。特别要注意：

1. 守时守约，言而有信。我们自己作为被邀请的客人或作为主人招待客人都应避免迟到、失约，不负责任地答应别人的要求，事后却不了了之，等等。

2. 注重礼节，举止文明。包括对外国客人迎送、交往时要讲究礼节；参加涉外宴会、酒会、茶会等活动时要讲文明；活动场合，对外宾要礼让。

3. 尊重客人，尊重自己。按国际惯例，我们应了解、尊重别国的风俗习惯；特别要注意照顾客人中的妇女、儿童、老人；在外国人面前也要注意尊重自己的同胞和群众。

4. 热情待客，不失分寸。如今有些单位招待宾客，热情过头，三日一小宴，五日一大宴，甚至一天三餐都是"宴"，结果弄得外国人不堪消受，倒了胃口，还造成大量浪费，对内对外产生不良影响。

三、语言谈吐

交谈是对外交往中的一项实质性的内容，是了解客人的好机会，也是让客人了解自己国家和文化的必要途径。

交谈中也有个礼仪的问题，首先是要尊重别人，同时须根据交谈对象的情况，充实自己的谈话内容，改善交谈的方式，以便让别人乐于倾听或接受你的谈话。交谈特别要注意以下方面：

1. 要认真倾听对方的谈话。一次某国一个较高层次的代表团来沪访问，主人相当重视，热情相待，并适时地向这些首次访华的人员介绍情况，以便帮助他们了解中国和上海。但不知出于何故，外国代表团内有些人却似听非听，心不在焉，胡乱应付一番。事后又发现他们故意甩掉主人，通过自己的途径去寻找谈话对象，结果当然是收益甚少，白白浪费了了解中国第一手材料的好机会，而且给人留下了傲慢无礼、缺乏教养的坏印象。这个例子虽然发生在外方人员身上，但从对外礼仪的角度来说，它对我们同样具有教育意义，让我们引以为戒，懂得倾听别人谈话是尊重别人的一种表现，也是交谈得以继续的前提。

2. 要给别人以说话的机会，不搞“一言堂”。当自己谈了对某一问题的看法后，可自然地“打住话头”，请对方谈谈想法。现在，相当一部分单位和个人在接待外宾时出现一种盲目性，总是请客人提出问题，自己作答，从不想到也要了解对方。有时外宾问：“你们有什么问题要问问我们？”我们有些同志竟然呆愣愣不知说什么好，最后回答别人说“没有问题”，令对方感到不可理解。

3. 要充实谈话内容，改进谈话方式。杜绝冗长空洞、千篇一律、不留余地和答非所问、兜圈子的谈话，倡导简要实在、实事求是的谈话风格。在谈及我们国家的成就和长处时要留有余地，不应回避我们的短处和缺点。

4. 注意回避个人隐私。在一般情况下，交谈中不应询问别人年龄大小、婚姻状况、工资收入、衣饰价格等和其他对方可能不愿回答或有反感的问题。

笔者以为，人的外部形象、行为举止和语言谈吐是涉外礼仪中的三项重要内容，也是人的整体形象的三个基本组成部分。但归根结蒂，它们都是人的内在的思想观念和文化素养的反映。我们要学好用好涉外礼仪，塑造良好的自身形象，从根本上说还是要从提高自己的整体素质着手。

涉外礼仪的二十个知识点

（一）国际交往，注意形象

每个人的个人形象在国际交往中往往代表着他的国家和民族的形象。中国人应该以何种形象出现在国际舞台上？周恩来同志对中国外交人员提出了“不卑不亢，落落大方”的要求。也就是说，在外国人面前，我们既不应骄傲自大、盛气凌人；也不要妄自菲薄、低三下四。

我们在塑造自己形象时要特别注意五个方面：① 仪容整洁，服饰得体，微笑待人；② 行为举止，彬彬有礼，讲文明、有礼貌；③ 语言谈吐，律己敬人，选择话题，留有余地；④ 对外交往，诚信为本，热情友好，求同存异，善于交友；⑤ 热爱祖国，了解世界、充实自我、培养美德。

总之，我们在国际交往中应显示出中国人的形象美、行为美、语言美和心灵美的风采。

↑ 穿着旗袍参加正式外事活动。

（二）民族服饰，魅力无穷

在涉外场合，我们的服饰穿着要遵循TPO原则，指的是服装修饰要与时间（Time）、地点（Place）、场合

(Occasion) 以及自身的年龄、职业、身份相吻合。

旗袍作为中国女性的服饰已有百年历史，适合中国妇女的体形，可增添中国女性形象之美，是参加正式涉外活动的高雅装扮和最佳着装选择之一。

（三）问候致意，必不可少

迎接远道而来的外国朋友时，问候致意是见面礼节的一部分，表示欢迎。通常情况是，一面与客人握手，一面向客人致意。

在日常生活中，遇到已经见过面的外国友人时，不打招呼，视同路人是极不礼貌的。问候的内容一般为“你好”，“上午好”，“下午好”，“晚上好”和其他寒暄和友好之词。

（四）社交场合，女士优先

↑ 在宴会上与科特迪瓦总统夫人亲切交谈。

“女士优先”主要指在社交场合，男子对妇女予以尊重和照顾。步行时，男子走在靠车辆行驶的一侧；同女子打招呼，男子应该起立；见到男女主人时，应先同女主人打招呼；进门、上车、进餐、入座时，男士应让女士先行；下车、下楼、进餐厅、进剧场时，男士应走到前面，为女士服务。受到男士照顾的女士应向男士致谢。

在公务场合，人们强调的是“男女平等”，或者是“忽略性别”，而不是“女士优先”。

（五）个人隐私，不宜谈论

这些话题涉及：一是收入支出，包括纳税数额、银行存款、股票收益；二是年龄大小，特别是外国妇女最不希望外人了解自己的实际年龄；三是恋爱婚姻，不宜与交往不深的外国人谈及恋爱、婚姻、夫妻关系、生育子女等情况；四是健康状况，在国外，人们在闲聊时都“讳病忌医”，对他人的健康状况过分关注会引起对方的不适和反感；五是个人经历，初次见面更不宜详谈。

（六）一分为二，切忌吹嘘

在对外交往时，忘乎所以、自吹自擂，或过分客套、自我贬低这两种倾向源自于同一个问题：不实事求是。我们倡导“不宜过谦”，同时“切勿吹嘘”。宣传介绍情况时，既谈成绩，也不回避问题。

（七）实事求是，不宜过谦

在涉外交往中，虽然不应自吹自擂，抬高自己，也没必要妄自菲薄，贬低自己，过度地谦虚和客套。当外方赞美自己的容貌、衣饰、手艺或感谢我方的款待时，可落落大方地道上一声“谢谢”，也可回答“能为您做点事令我愉快”，“乐于为您效劳”等，较为得体。

（八）言之有物，杜绝空话

我们在对外介绍和谈话时应注意：一要切题，紧扣话题或从外国人的问题和要求出发；二要实在，言之有物，具体生动，无套话、虚话；三要简明，避免含糊其辞，长篇大论；四要有个性，多用自己的语言，淡化“宣传”味，增强感染力。

（九）信守约定，兑现承诺

对自己已经认可的约定务必认真实施，如难以履约应向外方如实解释，郑重致谦；许诺必须谨慎，要深思熟虑，量力而行，切勿草率从事，甚至信口开河。

（十）待人接物，热情有度

一是关心有度。对外宾的关心照料以不使他们觉得受到限制，甚至影响私事和自由为度。二是距离有度。在涉外社交中，与对方相距一个手臂到两人握手的间距较为合适，可称为“常规距离”。 三是举止有度。与外国人相处时，务必对自己的举止动作多加检点，切勿过分随意而引起他人误会或者失敬于人。

（十一）求同存异，发展友谊

求同存异是与来自不同社会制度，具有不同文化背景的外国人交往相处的一条重要原则。首先，对他们的文化传统，生活习俗，宗教信仰，政治见解要了解、尊重；第二，在交谈交往中，寻找共同点，回避分歧点，选择共同感兴趣的话题进行交流；第三，交往中发现不同观点，可正面表述自己的意见，一般不予争论，更不应该把我们的观点强加于人。

（十二）了解习俗，以礼相待

在国际交往中除了要注意礼貌礼节之外，还应该了解、尊重各国宾客的文化传统，包括生活、饮食、赠礼等习俗，从而表达我们对异国文化的尊重，真正做到对客人以礼相待。

（十三）涉外排序，以右为尊

国际上通行“以右为尊”的礼宾规范。

在并排站立，行走或者就座时，主人应主动居左，请客人居右；男士居左，女士居右；职位、身份较低者居左，职位、身份较高者居右。

↑ 涉外宴会上进行不同文化与习俗的交流。

在涉外宴请的餐桌上，以面对宴会厅正门的位置为主位，由主人就座，主宾应安排在主人的右侧。

乘坐由专职司机驾驶的双排座轿车时，通常以后排右座为第一顺序座，请贵宾在此就座。第二顺序座、第三顺序座则分别为后排左座、后排中座和轿车前排的副驾驶座。

并排悬挂两国国旗时，以国旗的自身面向为准，来访国国旗挂右侧，东道国国旗挂左侧。

宾主合影时，客人应位于主人的右侧。在人数较多的情况下，还应掌握“居中为上”，“前排为上”的原则。

（十四）宴请款待，不宜铺张

根据外事接待的礼宾规格，确定宴会的标准；根据外宾的习俗和口味准备菜肴。正式宴请，特别是晚宴，可以丰盛一些；午餐，根据一般西方外宾的习惯可吃得简单一些；早餐，不少外宾还是喜欢西式的。

确定菜单，首要的是安全卫生，第二是美味可口，第三要有中国特色，还要注意外方的饮食禁忌。

（十五）可以敬酒，不宜劝酒

在涉外宴会上，我们对饮酒和劝酒要谨慎节制。安全的做法是主随客便，可以敬酒，但不劝酒，尤其不宜劝女宾干杯。涉外场合过度饮酒导致醉酒是违反外事礼规的行为，也会损害个人和国家形象。

（十六）宾主祝酒，注意倾听

涉外宴请中有“祝酒”这一项礼节。祝酒辞一般较短，主要表达良好的愿望和真挚的祝福，意在增进双方的友好关系。但在有些情况下，宾主也会借祝酒的机会发表重要讲话和精彩的言论。当主人和主宾致辞祝酒时，我们应该暂停进餐和交谈，要注意倾听，更不要借机抽烟、喝酒。

（十七）对外赠礼，大有学问

对外赠礼有助于我们增进与外方的友好关系，宜注意以下几点：一要有纪念意义；

二要有民族特色；三要“投其所好”；四要注意外方的禁忌。国际上还有一个通常做法，即对礼物当面拆启，并予以赞美。

（十八）境外访问，入乡随俗

进入异国他乡，要遵循“入乡随俗、客随主便”的原则。在出国访问中，我们可根据访问的目的向外方提出参观的要求，同时也要尊重主人的安排。

（十九）住宿饭店，遵循礼规

通行于世界各国的住宿饭店的礼仪包括：

1. 讲究礼貌。对在饭店里遇到的一切人，都应当以礼相待，问候致意；要懂得礼让他人；对妇女、老人和残疾人，应给予一定的帮助；对各类服务人员，要予以尊重和体谅并给客房服务员、餐厅侍者、行李员等一定数量的小费。

2. 保持安静。即使在自己住宿的客房内，也不要大声说笑，脚跺地板，拍打墙壁。看电视、听广播时，音量不可过高。

3. 注意个人卫生。不要在本人住宿的客房之内烧菜做饭，洗涤、晾晒个人衣物，乱丢乱扔私人物品。

4. 遵守规定。如不可将客房、饭店之内或其他场所的公用物品，随意带走，占为己有等。

（二十）应邀家访，举止文明

1. 拜访国外友人时，需有约在先，切勿未经约定就擅自登门。多数情况下，礼节性拜访的时间安排在上午10点或下午4点左右。

2. 抵达外国友人家以后，应当在主人的引导之下，进入指定的房间，并且在指定的座位上就座。不经主人的邀请和同意，切勿擅自进入主人的卧房以及其它私密空间。即使是较熟悉的朋友也不能任意翻动其私人物品，随意触动室内的陈列和摆设。

3. 拜访过程中如主人提供茶点和其他食品招待，不应拒绝，可适当品尝一下。在国外，随时准备品尝当地的食品和风味是礼貌进餐的重要标志。

4. 如应邀在外国友人家度周末或住宿一段时间，要尽快适应他们的生活起居和饮食方面的习惯。积极参与主人安排的各种活动，并在此基础上与主人加深交往，结交朋友。

5. 应邀家访或在外国人家住宿，宜适当准备具有中国民族特色和上海地方特色的工艺品和礼品，很受欢迎。

“排球外交”的魅力

1991年底，作为比利时-中国友协与上海友协的合作交流项目，我携上海男子排球队应邀赴比利时参加为期一周的比利时“银行杯”国际男排邀请赛。

心里没底

出访之前，当十几位平均身高1.90米左右的年轻小伙子出现在我们的办公室时，我这个一向“文质彬彬”、与体育无缘的人着实受惊不小，不知道今番与这些“高头大马”的“武将”们远征欧洲搞“体育外交”，会取得何种结果。

据比方邀请赛规程称，获第一名的队，将得到价值2万美元的奖杯或奖品。我好奇地问队员们，有没有信心争第一名？他们坦率地说，中国男排与欧洲球队相比，在身高和整体实力上还有较大差距，这次恐怕得奖的希望不大。当然比赛并不就是为了名次，但是，为国争光之心人皆有之。听了队员们的话，我心中没有底，有点不安起来。

首战失利

一到布鲁塞尔，我们就得到一个令人不安的消息：第二天一早，我们要迎战欧洲强队——莫斯科队。赛场在安特卫普附近的一个小镇上，有2500个座位的比赛大厅里座无虚席，热闹异常。大厅正中悬挂着参加本次邀请赛的6个队的国旗，它们是俄罗斯、乌克兰、希腊、意大利、中国和比利时。我们的五星红旗第一次在此亮出，使观众们增加了新鲜感和期待感。10:30，上海队进入赛场，立刻引起了全场观众的注意，这不仅因为上海队是该国际排球邀请赛举办11年来第一个参赛的中国队，还因为在高大粗壮的俄罗斯人的衬托之下,我们的队员却显得年轻、秀气和文静。

这个好端端的开场日,对我来说却是色彩黯淡的一天。上午对莫斯科队,我们输了,下午对希腊队,我们又输了。我心中暗暗叫苦。可是我发现队员们倒显得平静如常,安详自若。有几次出现了裁判不公的问题,场上掀起了小小的风波,我们的队员既无厉色,也不争辩,只是静静等候最后的裁决。这种宽容自重的大将风度,给全体观众以特别的感受,他们以热烈的掌声表达对中国人的赞赏。

但组委会里的比利时人却并不总是很和善的。那位办事干练的光头副主席很快找到了我,不客气地说:"上海队的表现太令人失望了,他们应该干得好些。"

另一位好心的比利时朋友安慰说:"输了没关系,第一天可以说是热身赛,以后两天还有机会赢,甚至还能拿冠军。1987年的冠军日本队第一天也全输了。"我向我方教练转达了比方的反应,当晚他们忙于总结,部署第二天的战事。

这一夜,我失眠了。

转败为胜

第二天,我们迎战比利时国家队。这一天,队员们风度如常,然而拼杀得十分顽强。中国人虽然个子不及人家高,但快攻凌厉,技术发挥出色,场内高潮迭起。观众情绪高涨,每每出现精彩的球艺,他们便用有节奏的击掌、呐喊等为双方,特别是为中国队鼓气。

当最后一球终于把东道主队"打翻在地"的时候,全场欢声雷动。我们的队员汗流浃背,微笑着向四周观众鞠躬致意。这种中国式的礼仪把观众的情绪再次推向高潮,我觉察到观众要表达的不仅是对上海队的祝贺,更表达了对中国人的好感。

一批又一批比利时小球迷手拿本子,围住我们的队员和教练签名留念。

一个叫斯蒂芬的小男孩一直跟着我们,嘟嘟哝哝地说:"我喜欢你们,我希望你们赢,我想到中国去!"

当地报纸、杂志和电台的记者也纷纷找上门来对教练和队员进行采访。事后《世界体育报》刊出题为"中国排球内幕"的报道,配以一位上海队员跳起拦网的照片,说明词为:"上海队与莫斯科队对阵,中国人用良好的技术弥补了他们身材不高的弱点。他们很有吸引力。"

双喜临门

由于第三天在关键之战中的失利,最后,上海队只获得了第四名。

在简单的授奖仪式前几分钟,组委会派员跑来向我们报喜:上海队荣获本次邀请赛的"最佳文明队";上海队队长蔡斌被评选为"最佳二传手"。这位组委会人员怕我不懂何为“最佳文明队”，还解释说，“fine spirit team，是指你们的队员微笑待人，服从裁判，礼貌谦让……这个称号不是组委会封的，而是通过发表格让观众评选出来的。”

上海队队长蔡斌身高1.86米，他无疑是全体中外球员中最矮的一个，但他精湛的球艺博得了观众和行家的好评，为国争了光。当这位“矮”个子运动员代表上海队手捧由欧洲共同体颁发的金灿灿、沉甸甸的“最佳文明队”奖杯面向全场观众亮相、致意时，比赛大厅被掌声和欢呼声淹没了。此时，我默默念道：“我们没有打赢所有的队，但我们赢得了观众的心！”

取长补短

出于搞民间外交的职业意识，我对外国人搞的各项活动总在心里评头论足，还与我们自己搞的类似活动作比较。

直觉之一是他们的组织工作比较粗糙。就以那次规模盛大的“告别宴会”来说吧，既无宾主讲话，也无礼宾程序，主人只顾自己喝酒，没有一次到各参赛队的桌上祝酒、寒暄。我想，这也许是中西方文化差异的又一表现。

尽管如此，我还是明显地感受到西方民间外交的长处，其中我最欣赏的一点是他们以宽松自如的方式办成了许多事。我注意到这次排球赛早已超出了单纯的体育运动范畴。赛场内设有各种快餐供应摊位和餐厅、酒吧，人们可携全家或友人来此度假，边吃，边看，边谈，成为受人欢迎的娱乐和社交活动。球赛门票10美元(可看一天2—3场)一张，许多人买3天的联票，可以看到世界上不少高水平球队的表演，很过瘾。比赛大厅有2500个座位，3天可接待7500人次观众，其中约五百人是连续看3天的，这里有一笔可观的收入。为邀请赛服务的一百多名工作人员，几乎都是志愿者，因为他们大多是排球运动的爱好者。比利时新闻界对此项活动表现出很高的热情，由于他们的报道，大大提高了球赛的知名度。与十一年前相比，该项活动的规模和质量都有很大发展。这样一种融体育、娱乐、社交和国际民间交流于一体的活动，可谓一举数得，值得我们效法。

↑ 世界杯男子排球比赛。

↑ 体育比赛是一种文化交流，可以增进各国人民的了解和友谊。图为2005年世界排球巡回赛上海金山公开赛开幕仪式。

礼貌周详的马尔代夫外长

2001年4月23日，我接待了马尔代夫共和国的外交部长贾米尔。马尔代夫对我而言是十分陌生的国家。通过短暂的接待工作，有了一定的了解。

外长贾米尔曾于1980、1984、1993年三次访华。1978年起任外长至今，系马政府元老和决策人物之一，事实上的国家第二把手。接待材料上介绍说他为人随和、善谈和幽默。

贾米尔此次访沪时间短暂，主要活动是参观东方明珠、上海历史陈列馆和上海博物馆等。

他在瓢泼大雨中抵达机场。上车以后我介绍自己并说知道他曾三次访华，最后一次来上海距今已有近十年，因此恐怕不认识上海了。沿途我为他介绍上海在交通、住房、城市建设、浦东开发等方面近十年的新发展。他听得很认真，接受很快。当我提到，听说马尔代夫面临沉入海洋的危险时，他向我详细介绍了有关情况，说马的有些岛屿海拔很低，约两米，最高仅三米，是世界上海拔最低的国家。由于全球气候变暖，海水上升，马处于“下沉”的危险境地。在路上我向他提到上海现有41家领馆。他问有无名誉领事，我告之现有一个国家设名誉领事——牙买加。他马上说，马也想在上海设名誉领事。24日下午他即将离沪时，在机场休息室，我问到马人口平均寿命，他说72岁。我说马自然环境优美，空气清新，似乎应该更长寿些。他说，有些问题影响到人的生命，如马尔代夫历来也是以米饭和鱼类为主食，绿叶蔬菜吃得少；此外早婚早育也带来不少问题。

总之，我的印象，外长像个“普通人”，而不是一个资深的政界人士，很能与人交谈，认真听别人的话，认真回答别人的问题，并无看人头、敷衍了事的感觉。

在会见周慕尧副市长时，他说，八年前来过上海，此次发现城市变化极大。你们

← 2001年4月，周慕尧副市长会见马尔代夫外长贾米尔。

二十多年的变化进步，别国一百年也达不到，特别在基础设施建设方面印象更深。他说中国是一所从中可以学到很多东西的大学校，为发展中国家做出了极佳的典范。他再次提到想在上海设立名誉领事的事，说马是小国，仅在纽约、伦敦、科伦坡有大使馆，在香港有总领馆，现在应在上海设名誉领事。问题是必须找到合适的人选，既有一定的经济实力，又要能为增进中马两国友谊出力。

我注意到外长十分注重礼貌和对人的尊重，在会见市领导时，他特别提到上海的接待工作十分高效和出色，说从机场到饭店的路上，时间不长，但我向他介绍了许多情况，他问了许多问题，我回答了他的每个问题，简直像一本书。这显然是一种很得体的致谢方式。在离沪之前，他还与所有接待人员，包括司机一一握手告别。

短暂的接触中得到的印象确如介绍的那样：随和、健谈、幽默、有教养。通过接待，不仅使我对马尔代夫这个国家有了更多的了解，而且由于外长表现出很高的文化修养，包括礼仪，使我对这个国家产生了好感。

质朴无华的昆士兰州女总督

1997年3月，我和上海二十多位妇女界的代表一起出席了正在上海访问的澳大利亚昆士兰州总督雷妮·福德女士在希尔顿饭店举行的早餐会。这次聚会时间不长，场面不大，但十分亲切，给与会者留下了愉快而难忘的回忆。

作为州的总督，虽然并不从事政府的许多实际工作，但经常要签署各种法规、文件，出席各种典礼、活动，监督政府机构的正常运转……无疑，总督是一个象征权力的角色。昆州的第22任总督由一位女性来担任，这在澳洲历史上还是第一次，她当然是一个荣耀和引人注目的人物。正当我想象有一位贵妇人将在随行人员的前呼后拥下出现时，有人告诉我："总督来了！"我打量着正静悄悄地向我们走近的这位女士，她身着普普通通的绿色套装，和颜悦色，温文尔雅，亲切地向在场的每一位客人招呼、问好。她立刻令我想起了我在国外结交的许多纯朴、热心的房东太太，也让我想起了许多学识渊博、极有教养的上层知识妇女。但是，我也注意到，她在与众人初次见面，寒暄交际的过程中所显示出政界人物特有的机敏、幽默和魅力。她的平易、随和吸引了众人，使早餐会洋溢着一种活跃和愉悦的气氛。

女总督的谈话与众不同，令我难忘。席间，总督起身致辞。正当人们设想听到一篇辞藻华丽、口才雄辩的政治性演讲时，女总督却侃侃而谈，向众人讲述了她那不同寻常的人生经历。1954年，她从加拿大来到澳洲，当时并未想到要在澳洲久住，但结果，她在这里遇到了心中的"白马王子"，结了婚，生儿育女，终于定居澳洲，实现了她人生之路上的第一次大搬迁。不料，幸福的生活刚刚开始，年仅31岁的丈夫就被病魔无情地夺去了生命。一个年轻的寡妇带着5个孩子如何活下去？她勇敢地做出了一个重大抉择——进入法学院学习。在艰难的日子里，她又当爹，又当妈，家庭、事业一肩挑，终于胜利地完成了法学院的学业，实现了人生道路上的又一个重大转折。接着，她又打破当时社会对女性的歧视，独立创办了律师事务所和女律师协会。以后又担任了职业妇女联合会的主席，为排除单身妇女的忧患，为争取妇女应有的权益，为探索女性自身的价值而在政界、新闻界奔波忙碌，并帮助许多妇女积极投身于政治活动，进入政界，担任工作。作为一个女性，总督自立自强的意识和曲折而成功的人生经历赢得了在场中国妇女界朋友的赞赏和敬佩，使早餐会在社交性之外，又给人以教益和启迪。

↑ 1997年3月，上海市人大常委会主任叶公琦在市政会见厅会见澳大利亚昆士兰州总督雷妮·福德。

福德总督的讲话在出席早餐会的上海妇女姊妹中引起了强烈的共鸣。市政协副主席谢丽娟说，在座的每一位中国妇女都有各自的人生经历和奋斗故事，大家都很希望与总督进行更多的交流。上海和昆州建立友好关系已有7年，合作的内容丰富多彩，希望今后有机会更多地开展中澳妇女之间的交流。她代表在座的上海各界妇女欢迎总督在阳光明媚的日子里再次访问上海。总督说，不久的将来，她将从总督的职位上卸任，到那时，她会有更多的时间和精力从事与各国妇女，特别是中国妇女的交流。她兴奋地说，她期待着不久的将来，与各位上海姐妹们再相会。中澳妇女界加强、深化交流的前景令人鼓舞。

← 1997年3月，赵启正副市长在新锦江大酒店会见并宴请雷妮·福德。

友好幽默的新西兰部长

2000年8月，新西兰移民部长图瓦里奇·德拉米尔一行10人及新驻华大使安德岩访沪。他们是新驻沪总领馆的客人，总领事付恩莱希望上海外办协助安排一些会见市领导的活动，给予礼遇。由于徐匡迪市长前期访新时，受到该部长的热情接待，因此特从国外来电要求上海配合新总领馆做好接待。为此我们作了很多工作。

德拉米尔生于1951年，是一位受过良好教育的毛利族人。他曾在美国华盛顿州立大学、长岛大学分别获文学学士、工商管理硕士等学位，并加入美陆军，在西点军校服役三年。1996年10月他当选Te Tai Rawhiti地区毛利族议员，后成为新七十年来第一位在第一任议员任期内经国会选举直接进入内阁的移民部长。他曾先后担任过太平洋岛屿事务部部长、卫生部助理部长、金融部助理部长、公共信用部主管部长。德给我的一个突出印象是颇有个人魅力，即给人以好感。我觉得，这种魅力至少来自：① 微笑常常浮现在脸上，有孩子般的真诚；② 对见到的所有的人都表现出很重视和尊重；③ 幽默感。

他的幽默感与对中国的友好之情结合在一起，更引发人们的好感。8月5日，在市政府殷一璀秘书长主持的宴会上，他多次提到毛利人与中国人的渊源关系。说历史的考证显示，毛利人最早是从中国起源，移至美洲和大洋洲的。他们驾着原始的独木舟，从远东中国到了俄罗斯，穿过白令海峡到阿拉斯加和北美，然后移居大洋洲的新西兰。因此毛利人到了中国，就像回到故乡那样。他风趣地说：你们要当心，说不定，我们会圈一块地，插上旗子说：这是毛利人的领地！可能就是我对面的这幢楼。

他多次谈到在新西兰接待徐匡迪市长时的美好情景。说按毛利人的习俗，讲话以后要唱一首歌。徐市长也接着唱了歌，他有一副很优美的嗓子。现在他们已把徐市长视作毛利人的一员。

← 新西兰移民法的制定者之一，新西兰前移民部长德拉米尔（左一）是原住民毛利族人，他对华十分友好。

8月6日，冯国勤副市长会见德拉米尔部长。冯市长听到我们有关徐市长在新见到移民部长的情况汇报后，在会见的一开头就说了一些热情洋溢、令对方感到愉快的友好话。他说：我们虽是初次见面，但却一见如故，因为我们不仅是朋友，还是兄弟。如果我们一起上街散步，上海人民会把你看作上海人。他说，新西兰是个美丽的国家，可称为是“花园国家”（部长插话说，花园里都是羊）。中国古诗描绘我们的西部草原的美景是“风吹草低见牛羊”，也可以用来形容新西兰兴旺和平的景象。部长插话说，新西兰有很多羊，羊毛可以出口中国。冯市长说，不仅羊毛，新西兰的奶制品也很有名。部长说，新西兰有六七千万只羊，两千多万头牛。冯市长说，上海人对新的奶制品很欢迎，购买力很高。随后冯市长向德介绍了上海的市情，特别是近年来经济的发展，人民生活的改善和上海进入老龄化社会以后市政府面临的压力等。由于介绍简洁实在，给德留下深刻印象。

6日下午，新西兰总领事馆签证办公室开张。新方称，新在海外从未设过签证处，唯独在中国有三个：北京、上海与香港，可见新对中国的重视。开张仪式分为两部分。下午五时至五时半由随同移民部长来访的三位毛利人长老举行祈祷仪式。他们口中念念有词，其他人跟着诵经，时间很长，而且签证处门口走廊没有空调，那些长老们热得满头大汗，但看起来非常虔诚。第二部分才是正式的仪式，部长致辞。毛利族青少年表演了民族歌舞，从服饰到动作、歌唱，完完全全是土著人的特色。仪式上还见到了来访的达尼丁市一位女副市长。至此，我才明白，所有这些繁复的仪式都是因为部长本人是毛利族的关系。

8日早上，部长离沪去京。我去机场送行时与部长热烈交谈。他说7日晚，新西兰指挥家与上海交响乐团合作演出时，毛利族青少年表演了歌舞，他本人也上台参加演出，受到观众的热烈欢迎，真是激动人心。我跟他谈起上海每年要举行国际艺术节，欢迎他选派毛利族的艺术家前来参加演出或举办展览。我还说，欢迎他带更多的人，包括家人来上海访问观光，我们将安排更多丰富多彩的活动。他说，在上海的访问非常愉快，上海是一个生机勃勃的城市，还说上海的姑娘真漂亮，令他头上冒汗。我说，他是一颗正在上升的政界新星。他似乎有些得意，说他确实总在做一些不同凡响的事情。我说徐市长回来以后我们一定会向他汇报部长在上海的情况。他说他妻子是美国人，他们的孩子有一儿二女，大女儿25岁，已生了一女儿，因此他已经做了外公了。

这位新西兰毛利族的移民部长是一个难忘的人物。

→ 在“新西兰奥塔哥博物馆珍藏文物展”上毛利人的歌舞表演。

国际人文交流在全球经济一体化、文明多样化的今天意义重大。不同民族文化的对话、交流、交融具有超越国界、较少敏感、丰富多彩、动人心弦的特点，其作用和影响远远超出了文化范畴，成为一种工作载体，有利于展示中国形象，团结各国朋友，增进国家关系，推动文明进步。

中国文化的魅力

在长期的对外工作中，我发现各类外国人、各种代表团几乎都有一个共同的特点：对中国文化感兴趣。

中国文化宝库中有许多珍宝吸引了世界各国人民：中国烹饪，中国民间艺术，中国传统服饰，中国古老戏剧……穿着用大红大绿的“土布”和蜡染的蓝印花布做的衣服和串着珠片点缀的旗袍，我在多种社交场合，总会引来外国人羡慕的目光、啧啧的称赞，人们甚至会小心翼翼地用手来摸一摸这些料子和“盘龙”扣子。

中国有五千年古老文明，决定我们在世界民族之林的特殊地位和优势，成为中华民族受人崇敬的原因。多年前去美国中西部访问，接待我的朋友带我去参观一个反映1836年美国社会生活情况的博物馆。在那里，我们可以看到由真人真物展现的许多场景，如庄园主家里在感恩节前夜烤火鸡的情景。我的朋友很自豪地向我一一介绍，但她又十分谦卑地对我说：“我们的博物馆反映的是一百多年前的历史，跟中国五千年历史相比，根本算不了什么。”

博大精深的中国文化是我们民族的骄傲，也是感化外国人的重要内容和手段。我经常利用陪同外宾看戏、吃饭、购物或给他们送礼物的机会，来显示中国文化的魅力，使之变成一种“无声的宣传”或“没有政治语汇的宣传”，对外国人产生了巨大的吸引力和感染力。

1992年我接待9位美国女心理学家时，发现她们酷爱中国文化，于是特地安排她们在北京观赏了一场别开生面的京剧演出。剧场四壁高挂着的生、旦、净、末、丑的彩色头像，走道两旁陈列着的京剧人物脸谱，舞台上出现的光怪陆离的神怪和孙悟空绝妙的武打技巧，把她们带进了梦幻般的境地……此后，我在旅途中又向她们介绍了《三国演义》、《红楼梦》、《水浒传》、《西游记》等古典名著；根据她们的要求还为每个人起了一个“地道”的中国名字，“木兰”、“文姬”、“慧梅”……每一个名字，引出一段历史故事，她们听得如痴如醉，说此种交往成为访华中的一个高潮和终生难忘的经历。

文化艺术具有超越国界，震撼人心的力量。在对外交往中常常能起到其他方式所起不了的作用。1995年9月联合国第四次世界妇女大会在北京举行。8月31日在国家奥林匹克运动中心体育场举行的非政府组织妇女论坛开幕式和9月4日中国政府在人民大会堂为联合国第四次世界妇女大会举行的盛大欢迎仪式场面之宏大，气氛之热烈，节目之精彩可谓无与伦比，震撼人心。上万名身穿白衣裤、腰系红绸带的小女孩排开整齐的方阵，把中国腰鼓打得震天响，博得全场万人齐声喝彩；用中国古筝演奏的一千三百年前的民乐《渔舟唱晚》把人们带回到中华民族遥远的源头；《穆桂英挂帅》、《贵妃醉酒》的清脆甜美唱段让各国妇女有机会一睹中国古老京剧的神韵。当两万只和平鸽飞向辽阔的蓝天时，歌声响起：“世界并不遥远，地球是我们共同的家园，我们远隔千山万水，却共享着同一轮太阳，消除贫困、战争和苦难，和平鸽永远飞翔，我们手拉手赢得和平，我们的友谊地久天长……”许多外国妇女一生中从未经历过这种场面，观看时激动得泪流满面，说这样神奇、精彩的表演只有在中国才能看到，充分显示了中国文化的博大

↑ 1995年8月31日，联合国第四次世界妇女大会非政府组织论坛开幕式场面宏大，节目精彩，气氛热烈，震撼人心，为外国与会者了解中国上了第一课。

↑ 1995年4月，哥伦比亚副总统温贝托·德拉卡列和夫人在豫园饶有兴趣地观赏中国花轿。

↑ 埃塞俄比亚文化部长（右三）试穿戏袍。

↑ 绘画中的各国儿童。

精深；还有的说，来北京之前不少人对妇女论坛的会址改在怀柔不满意，开幕式的壮观景象让所有的人疑云消散，心情振奋。两场开幕式，打响第一炮，为外国与会者了解中国上了第一课，使我们在政治斗争的第一个回合占了上风！

文化交流常常因较少敏感、动人心弦而成为我们对外国人施加政治影响的先导和载体。1972年美国总统尼克松来访的前奏是1971年的“乒乓外交”。1989年政治风波发生后，顷刻间，我们的工作日程表上排得满满的代表团被取消得一个都不剩。我极为焦虑：中国被误解，被孤立，被攻击，怎么办？我们如何与外部世界进行沟通？最后想到最少敏感，最能被世界各国接受的主体和主题：儿童，儿童画。于是花了近一年时间进行外联，筹办国际儿童画展。结果在国际上掀起反华浪潮的艰难时刻，仍吸引了23个国家，33个国际组织送来了近千张外国儿童的画作；还邀请了美国、澳大利亚、(前) 苏联、日本、比利时、葡萄牙、新西兰等7个国家的著名美术教育家与中方专家组成国际评委会，成功举办了“’90上海国际儿童画展”。文化交流打开了民间外交的新局面。

↑ 左焕琛副市长（右一）陪同泰王国阿杜德王后（左二）观摩中国剪纸艺人的表演。

↑ 1989年政治风波后，经过近一年的筹备，上海市人民友好协会于1990年举行“上海国际儿童画展”，吸引了23个国家、33个组织，送来近千幅儿童画参展，打开了民间外交的新局面。

中国菜在美国人的心目中

美国人喜欢中国菜。

吃“美国式中餐”

我在美国时，多次被美国朋友请去吃“美国式中餐”，别有一番情趣。到了餐馆，美国朋友总是热心地向我介绍该餐馆的历史、声誉和店主人的家庭等等，并向我推荐他们欣赏的特色菜点。我发现，美国的中国餐馆菜肴和服务风格，与我们这里有许多不同之处。我很喜欢他们在上正菜之前先来一两样小盆菜或点心的安排。有一种干的“炒面”，味道像我们这里的油炸麻花，十分香脆，外加一碗鲜汤，果然开胃可口。这时，请客的美国人总要问：“味道怎么样？像不像你在中国吃的那样？”当听到我的肯定和赞扬时，他们都显得得意洋洋，那神情似在说：“现在你相信了吧，美国也有像样的中国菜！”餐桌上放的调味料比我们这里要多，有的店还有甜酱，很受美国人欢迎。亚特兰大的一位房东老太太向我介绍说，把甜酱拌在米饭里很好吃，在她的“指导”下，我硬着头皮试了一下，果然不错。

等待“好运果”

吃到差不多，如果盘子里还有菜没吃完，有些美国人舍不得剩下，便对我说：“吃不了没关系，可以带回去。”招待人员随即根据我们的要求把剩菜分别装入几个装有拎襻的小巧玲珑的食品盒（美国人称之为“Doggy Bag”），由我们高高兴兴地拎回家。

吃完饭，大家都要等一样东西——“好运果”(Fortune cookie)。这是一种元宝

↑ 美国华美协进社代表团作为上海市人民对外友好协会的客人，专程来华考察中国文化和美食。图为美国人在上海锦江饭店学烧中国菜。

↑ 美国代表团成员喜气洋洋地接受了中国烹调培训“结业证书”。

↑ 美国小朋友席地而坐，有滋有味地吃我教他们烧的中国蛋炒饭，尽管我忘了放盐，他们还是说“好吃”。

形的空心小干点，用面粉、鸡蛋、菜油加糖水和香料制成。打开元宝肚子，你会得到一张传递“佳音”的小纸条，读后必定喜气洋洋。小纸条上写的，有好话，也有格言或忠告，如：“时来运转，好事就在前头”，“好消息正在等着你”，“你寻觅已久的好时机即将来临”，“你的才华终将使你赢得成功”，“你将有一个舒适而富有的晚年”，“你的计划暂时应予保密”，“记住，漠然置之从来不能解决你面临的难题”等等。有一次我与一位女士共进午餐，她得到的“佳音”是：“你的经济状况将越来越好”；而当时因旅行和交际弄得劳累不堪的我得到的小纸条上写道：“如果事情不是很紧迫，请放松些，随便些。”尽管我们两人都不迷信，却都被这种“一箭中的”的妙语逗得哈哈大笑。但我总在想一个问题：我们中国人在中国本土上的餐馆里从未见过这种“好运果”，那么它们是从哪里传下来的呢？“考证”了一番，未得结果。后来发现，我得到的不少“好运果”都是从旧金山、洛杉矶、芝加哥一些大公司制造出来的。不管怎么样，只有在中餐馆里就餐时才能得到这种“好运果”，就是说，吃中国菜就能带来好运气。

教美国孩子做“蛋炒饭”

我发现，中国菜在美国人心目中的地位早在他们的孩童时代就树立起来了。我在一所幼儿园里问5岁的孩子：“对中国，你们知道些什么？”他们争先恐后举手，回答出来的竟是不约而同：“中国菜好吃！”我在一所学校向小学生提了一个问题：“你们能说出几样中国人吃的食品吗？”结果教室里像炸开了锅，他们报出了：米饭、青菜、蘑菇、鱼、猪肉、鸡翅膀、春卷……还问我：中国人怎样煮米饭，吃的面条是什么样子的，你如何烧鸡翅膀等等。有一天，我被请去为幼儿园孩子讲中国。那里的老师摸透了孩子的心思，设计前半课是“看图解义”(照中国画片讲中国)，后半课让我教孩子们动手烧中国蛋炒饭。我先教孩子们学会用筷子，然后指导他们切鸡块和青葱，再把事先煮熟的米饭倒进电锅，最后把打碎的鸡蛋倒进锅里……不一会，发着诱人香味的蛋炒饭做成了。我一尝，糟糕，忙乱中忘了放盐。但回头一看，孩子们和大人们已经迫不及待地席地而坐，大吃起来。我问味道如何，他们大声应答：“好吃极了！”不少美国人和孩子就这样从品尝中国菜开始了他们对中国的关注和了解。

↑ 1987年，美国南加州大学中国留学生举办的中餐聚会吸引了350位美国人参与，盛况空前。

↑ 聚餐会即将结束时，《今日中国》演讲会开始，让许多先前对中国菜感兴趣的美国人真正走进了当代中国。

中国菜的魔力

身在国外，你会感到中国菜不仅深受欢迎，而且应该说有一股吸引人的魔力。五月里的一天，我去美国南加州大学戴维斯分校参加了一个规模盛大的《今日中国》讨论会。我注意到，除了这个讨论会本身非常成功之外，还有一个激动人心的高潮——350人参加的聚餐会。节目组织者——该校国际活动中心，事先向校内外出售“中国晚餐”的就餐券，学生优惠价，每张7美元，校内其他人员12美元，校外来客15美元。“中国晚餐”像磁铁一样把人们从四面八方聚拢来，大厅里人头济济，热气腾腾。我问坐在我对面的一些美国人对中国有何见解，有几位说，从未云过中国，但吃中国菜已有很长历史。他们表示，对中国极感兴趣，十分向往，希望不久能实现访问中国的梦。聚餐会上有10道菜，都是家常菜，人们都吃得津津有味，交口称赞，看得出来，人们特别兴奋，因为他们今天吃的是出自中国人之手的地地道道的中国菜。原来，今天烧菜、端菜的全是南加州大学的中国留学生和学者。聚餐会将近结束时，《今日中国》讨论会第一位主讲人在热烈的掌声中开始讲话。作为中国人，我为祖国的灿烂文化及其重要组成部分——中国美食感到无比自豪。

我给美国小学生上课

在美国印第安那州旅行时，一天，我的美国朋友陪我到他儿子读书的一所小学参观。校长热烈欢迎我，并把我直接带到了六年级的教室里。在这以前，我参观过一些美国中、小学，常常看到教室里的学生被分成三四个小组展开讨论，老师也参加进去与学生面对面提问、谈话，气氛很活泼。可是那天，我走进教室，却是整整齐齐的一个班。孩子们一双双明亮的眼睛都盯着我，闪着好奇的光。原来，这是不同寻常的一堂课啊！

我走上讲台，首先介绍我从哪里来，干什么工作，为什么到美国来等，边讲边转身在黑板上用中、英文写上我的名字，还有“早”、“你好”、“中国”、“美国”、“友谊”等词。我发现，孩子们都把眼睛睁得大大的，一副惊奇的神情。教室里只有粉笔在黑板上移动的沙沙声。我告诉他们，“美国”在中文里的意思是“美丽的国家”。孩子们兴高采烈地嗡嗡议论开了。不一会，他们纷纷模仿我的发音，读起这些字来，教室里又热闹起来了。事后，老师对我说：“孩子们最喜欢看你在黑板上写字，他们对中国人能把那么复杂的方块字写得那么快感到不可思议。”

我介绍自己后，老师问学生：中国比美国大，还是小，还是一样大？中国人口比美国人多，还是少，还是一样多？教室里一下子安静下来。看来，知道的人很少。还有几个学生把握不定地举手示意中国比美国小。老师当即叫一个小男孩去学校图书馆去查阅资料。不一会，那个机灵的男孩子奔回来把中美两国的面积和人口数据写在黑板上，下面又是一阵嗡嗡声：“原来这样！……现在明白了！”

我提问：“你们是否听说过上海？知道上海些什么？”前后三个班级加起来只有几个孩子举手。一个学生说：“上海人很多，建筑是各式各样的。”我赞扬说，答得很好。又问：“从哪里知道？”那学生答：“从书和报纸，还有电视里看到。”我补充说，上海有一千一百多万人口，因此街上总是很挤。在旧时代，一百多年中，上海被外国瓜分成不同的租界，那些地方至今还留下不同风格的西方建筑，当然，上海也有许多中国式的房子或很矮的旧房子。

1987 年在美国中西部应邀为美国小学生上课。

1987年在亚特兰大跟孩子们讲中国的故事，受到热烈欢迎。

学生们不断举手向我发问：中国小学生有些什么课程？一天时间表如何安排？你学英语花了多长时间？中国字有多少个？是否一个字代表一个意思？中国什么时候开始修建长城，花了多少年建成等。校长和女教师也夹在孩子们当中一起发问。有一个问题是："中国有没有很多小汽车？"我说，不多。那位女教师又问我："中国人有自行车就像美国人有汽车一样多，是不是这样？"我说："自行车在中国相当普遍。"她马上对学生说："因此，我们不能从中国人没有很多小汽车说明他们生活得不好，他们有自己的自行车。"

他们还问我："你对美国印象如何？"我说："我看到美国有些城市，如芝加哥，很美丽，我很喜欢。"（女教师听到这里做了一个不以为然的表情）我接着说："我看到城市的某些地方非常繁华，我也看到一个很大的贫民窟。"女教师问："你对此吃惊吗？"我说："我确实对那种景象很难忘记。在旧时代的上海，也有不少那样的地区。每当冬天清晨，人们还会在街头看到冻、饿而死的人。现在，我们完全消灭了这种现象。"我还告诉他们，我很喜欢美国学校的校园，大而优美，学校设备都很好，我特别喜欢美国中、小学里的课堂气氛以及让学生在动手实践中学到知识的做法。

美国人唱京戏轰动上海

轰动上海艺坛的新鲜事

1986年8月上旬，上海人怀着极大的好奇心在谈论着一件新鲜事："美国人唱京戏。"8月6日、7日晚，美国夏威夷大学戏剧系访华团为上海2000名观众演出了两场京剧《凤还巢》。

这台全部由美国青年串演角色、司鼓、操琴的京剧，除了念的、唱的是英语以外，其唱腔身段，一板一眼，一招一式无不在京剧严格的规范之中。第一个出场的"山大王"用英语念定场诗虽然有些滑稽，但观众立刻情不自禁地为他那地道的架子花脸的功架和嗓门大声叫好。扮演主角"程雪娥"的美国演员，台步、水袖、嗓音、眼神处处显示了正宗梅派青衣的风采，令观众赞叹不已。那高鼻子琴师不时在唱段之间插进一些高难度的"花腔"过门，娴熟自如，完全是第一流京胡的气派，观众不由得惊喜叫绝。演出过程中，场内掌声雷动，喝彩如潮，盛况空前。人们啧啧叹道："太绝了！""真不容易啊！"演出结束后，美国女导演魏莉莎向上台祝贺的人们一再表示要虚心向中国同行学习。著名京剧表演艺术家李玉茹紧紧握着她的手激动地说："我们应该向你们学习，学习你们对中国艺术的热爱和刻苦追求的精神！"

中美文化交流的结晶

促成用英语演唱《凤还巢》这件事的是有"洋贵妃"之称的魏莉莎女士。这位35岁的夏威夷大学亚洲艺术中心副教授早在大学时期就对中国戏剧发生了兴趣。1979年至1981年她在南京大学学习期间，醉心于中国的京剧艺术，曾跟随京剧梅派传人沈小梅学习旦角表演艺术，并在南京舞台上演出了《贵妃醉酒》。她回国以后，仍不忘情于京剧。为了让更多的美国人懂得中国的京剧艺术，萌生了用英语演唱京剧的构想。她选定了剧情动人、角色齐全、唱腔优美、对话诙谐的梅派名剧《凤还巢》，花了十个月的功夫把剧本翻译成英文。1984年秋，夏威夷大学专请中国京剧院名演员杨秋玲等三位艺术家赴美教授《凤》剧的唱、念、做和音乐伴奏。演员和乐队全部由"夏大"戏剧系和音乐系学生或校友担任。1985年初，他们在檀香山首演《凤还巢》，历时一个月，场场满座，荣获夏威夷州最佳演出奖，魏莉莎获得最佳导演奖。此举成功，使中国古老的京剧瑰宝在异邦放出了光彩。

↑ 我国著名京剧表演艺术家李玉茹会见英语京剧《凤还巢》的导演魏莉莎(左二)和剧中程雪娥的扮演者玲·韦白(左一)。

充满友情的交流艺术

1986年7月，夏威夷大学戏剧系《凤还巢》剧组一行50人应中国国际友谊促进会之邀来到了京剧的故乡——中国，先后在北京和西安演出，受到热烈欢迎和高度评价。8月4日晚，他们抵达这次访华之行的最后一站——上海。在上海的10天中，他们演出了两场京剧《凤还巢》和两场美国戏剧，与上海文艺界人士，特别是京、昆界朋友广泛接触交流，生活在友谊的海洋里。

↑ 与扮演《凤还巢》中穆居易的美国男演员凯乐·角野合影。

在上海京剧院，李玉茹、张南云、李炳淑等著名梅派传人和优秀青年演员为客人演唱了梅派名剧《霸王别

↑ 中外四位绝色佳人同台亮相，左边两位为中国演员李炳淑和夏慧华，右边两位为美国演员玲·韦白(右二)和上野道子。

姬》、《凤还巢》、《天女散花》等。在上海昆剧团，客人们欣赏了华文漪、岳美缇的《游园惊梦》和王芝泉、陈同申的《挡马》，为昆剧的优美和典雅深深地陶醉。他们还观看了上海戏曲学校学生的演出，对京剧界年轻接班人的绝招和风采钦慕不已。

← 夏威夷京剧团的演员容寿添旦角装扮与我合影。

8月11日，上海戏曲界人士与美国《凤还巢》剧组全体人员在上海电视台聚会。魏莉莎女士用中文担任联欢会的主持人。许多著名的京剧、昆剧、越剧、淮剧、沪剧演员和专程从南京赶来的魏莉莎的第一位京剧老师沈小梅等都演唱了拿手好戏。客人们也即兴表演了夏威夷民间舞蹈、现代芭蕾等。突然，人们眼前一亮，演播大厅里出现了四位中国古代绝色佳人，原来，她们是两位美国"程雪娥"——玲·韦白和上野道子以及两位中国"程雪娥"——李炳淑和夏慧华。她们在"夏大"乐队伴奏下接口联唱了一段《凤还巢》，博得满堂喝彩。不一会，两位美国"穆居易"——凯乐·角野和容寿添分别同两位中国"程雪娥"合演了"洞房"的片断。当这两对"凤凰"笑吟吟飞去时，人们不禁赞叹："真是珠联璧合啊！"上海市人民对外友好协会副会长、著名越剧表演艺术家袁雪芬在为代表团饯行时，热烈祝贺夏威夷大学《凤还巢》剧组访华演出成功，高度赞扬他们为栽培中美文化的友谊之花作出了努力和贡献。美国朋友们则表示不久将再来中国，再来上海，把美国戏剧和文化带来，把中国的艺术和友谊带回美国去！

美国人看京戏如痴如醉

1992年4月中旬，我陪同9位美国女心理学家去北京访问。应其要求，在前门饭店的“梨园剧场”看了一次京剧。这是一次别开生面的京剧演出，外国人空前投入，赞不绝口，我也感到耳目一新，欣喜非凡。

走进前门饭店，在通向剧场的过道上，陈列了许多京剧人物脸谱和取材于京剧的国画、泥塑、面具、T恤衫……剧场内，生、旦、净、末、丑的彩色头像高挂四壁，古代人物的木雕以及各种戏文故事的图画装饰在墙上……古老京剧的独特艺术气氛使老外们怦然心动，坐立不安。我带的那几位美国客人一坐到自己的位子上就问我还有多长时间开场，我说还有十分钟，她们便一窝蜂地走出场外，一头扎进那个五彩缤纷的小商场。几分钟之后，一个个捧着大包小包地回到座位上来，说演出结束后再去买。

剧场的前排为外宾特设了专座。我们四五个人围着一张八仙桌而坐，桌

↑ 酷爱中国文化的美国女心理学家代表团的朋友们看懂了京剧《探阴山》，对包拯十分敬仰。

↑ 《十八罗汉斗悟空》中武艺超群的美猴王倾倒了美国观众。

↑ 代表团对京剧如痴如醉，尽管清装与京剧无关，但她们在参观故宫时穿上清装，过一下“京剧”瘾。

↑ 1992年，我与醉心于中国文化的美国女心理学家代表团在上海合影。

上摆着六小碟北京小吃。那些身穿古色古香戏服的服务人员送上一杯杯香飘四溢的盖碗茶。我们边嘬茶边品味着那些细巧的“老式”点心，舒舒服服地、定定心心地等待着看戏。大幕一拉开，天幕上色彩鲜艳的飞龙舞凤和铿锵嘹亮的鼓乐之声把人们送进了古老而神奇的京剧戏文之中。

当晚演出的剧目有两个，前一个是净角戏《探阴山》，第二个是武打戏《十八罗汉斗悟空》。外国人看过译成英文的说明书后，对复杂的情节有了大致的了解，便全神贯注地欣赏起舞台上发生的一切。她们看见身披黑纱进入阴曹地府的黑脸包拯，看见操着怪腔怪调的阴山小鬼和白纱缠身的屈死冤魂柳金蝉……这一切使美国人一个个好奇地睁大了眼睛，净角响亮而韵味十足的唱腔使她们渐渐地入了迷，旁边墙上打出的有关唱词的英文译文帮助她们很快“入”了戏，不时点头晃脑，显出一副其味无穷的神态。第一出戏的片段结束时，我一看表，仅花了20分钟。全场报以热烈的掌声，显示出外国人对京剧唱段的欣赏能力。

第二出《十八罗汉斗悟空》一开场似乎就掀起了高潮。那些光怪陆离的神怪们和武艺超群的美猴王使外国人犹如进入了梦幻的境地。孙猴子藐视权威，勇敢机智和幽默乐观的艺术形象在短短几分钟内就活灵活现地出现在舞台上，可谓满台生辉。外宾当中发出的掌声、笑声、赞叹声此起彼落。正当人们的情绪处于高潮的时候，演出结束。我看了一下表约45分钟。

当晚的演出前后总共只有一小时十几分钟，外宾从中得到了娱乐，见识了什么叫京剧，而且由于剧目场景、唱段、服装都经过精心选择，加上英文翻译，使外国人一下子接受了京剧的精粹，并深深地为其强大的艺术魅力所吸引，从而加深了对中国古老文明和优秀文化传统的认识。

散场后，我的外宾们兴冲冲地拉着我再次进入小商场，选购京剧工艺品。她们一面听我讲唐僧、美猴王西天取经的故事，一面嚷着要买英译本的《西游记》。她们说："我们喜欢京剧，喜欢Monkey King，喜欢这种剧场安排，还喜欢在这里买东西！"

这种"梨园剧场"按照外国人欣赏京剧的特点和难点，对剧目选择和观剧样式作了精心改革和组织，成为一种"外向型"的京剧。对外宾来说，这是一种很好的娱乐和艺术享受，也是一种有关中国文化的生动展示；对我们来说，丰富了外宾文娱生活，扩大了工艺品销售，更重要的是达到了生动形象地宣传祖国优秀文化的目的。这是一种高明的宣传，艺术的宣传，有效的宣传。

音乐为媒，艺术传情

接待好外国演出团是一件要求很高、意义很深的工作。此项工作不仅是一种专业交流，更是一种思想交流。也就是说，要做好被艺术带到中国来的人的工作。

实践告诉我们，保证演出成功，是搞好文化交流和做艺术家心灵工作的前提。对此，我们紧紧抓住四个环节：舞台工作、观众组织、生活接待和专业交流。美国华盛顿芭蕾舞团1985年5月来上海访问之前，因为在外地演出时对我方舞美工作不满，担心在上海碰到同样问题，加之上海饭店客房紧张、团员疲劳等因素，一开始情绪低落。我们把该团的情况及时告诉宾馆，取得他们的配合，使代表团一到上海就吃到可口的饭菜，团员情绪顿时上升；事先我们派出舞美工作的行家去外地打前站，并与美方人员紧密配合，明确分工，显示了很高的工作效率。尽管当时上海舞台设备陈旧，仍做出了第一流的舞台工作，确保演出顺利进行，受到美方人员的高度评价；上海观众中专业人员多，反应热烈，报刊写出了高质量的评价文章。这一切使代表团情绪一天比一天高，临别时全团依依不舍。

↑ 米德兰市交响乐团董事长顿巴在1985年访华后积极投身对华友好工作。图为1987年我在美国与顿巴重逢。

驰名世界的意大利斯卡拉歌剧院弦乐队来沪演出时，原来十分傲慢，被全程陪同称为“姑奶奶”的女高音歌唱家雷恰瑞莉因上海观众欣赏水平高而情绪高涨。她破例两次亲赴上海交响乐团和上海音乐学院参加专业交流，在现场热情对我方人员进行辅导，并邀请他们访意。

如前所说，演出成功并不是我们工作的全部目的。我们工作的落脚点还在于做好这些被艺术带到中国来的人的工作。

1985年，我们接待了美国米德兰索维尼尔弦乐四重奏团。该团的演奏员只有4人，随团来华访问观光的却有19人，其中有一些是米德兰地区政治、文化、商界的头面人物，均系首次访华。一度，我们觉得接待这样的艺术团是件麻烦事，因为它既有专业要求，又有比专业广泛得多的其他要求，还带有浓厚的旅游色彩，因此接待这种团，起码要花双倍的功夫。可是，我渐渐地发现，他们中的不少人是以音乐为媒介，来看一看他们向往已久的中国，他们的兴趣远远超出音乐，我们做工作的意义当然也远远大于接待一个艺术团。为此，索维尼尔弦乐四重奏团在上海作短暂的访问期间，我们在帮助他们演出成功之外还满腔热忱地回答他们的各种问题，不厌其烦地陪同他们参观、逛街、购物。我们的工作加深了他们对中国的了解。临别时，该团的第一小提琴手尤金深情地说，他幼年时就向往有一把小提琴，今天，这把小提琴不仅使他得以访问世界上的许多国家，最重要的是，小提琴把他带到了中国——他幼时梦寐以求的地方。米德兰市交响乐团董事长顿巴说："六个月之前，中国对我们还是另一个世界，既陌生，又神秘；现在，中国对我们来说，已成为美国之外世界上最亲近的国家。我们这次带来的是音乐，带回去的是你们人民的友谊，我们要把这种友谊带给我们的朋友和亲属，使他们像我们一样热爱中国，访问中国！"另一位团员也激动地说："我们两国在政治、制度、观念等方面虽然有很多不同之处，但通过这次旅行，我深感我们人民之间的感情是相通的。"这些人回美以后积极参与对华友好活动。由于他们的筹划和工作，在一年之中，作为美国石油中心的米德兰市选择与中国胜利油田的新兴石油城山东省东营市结为友好城市。1986年6月，米德兰市市长率团访华，与东营市正式签署建立友好城市协议书。他们路经上海，念念不忘上海在接待四重奏团时对增进他们对中国的了解和友谊方面所做的工作。其中还有一些人以后不断率团访华并来上海投资建造宾馆。

↑ 我和顿巴等美国朋友在美国快餐店吃美式"大饼油条"。

↑ 顿巴再次率团来访，图为我与该团成员商讨在沪投资事宜。

为国际艺术节喝彩

2000年12月，第二届中国上海国际艺术节落下了帷幕。犹如一幅光彩夺目的画卷，一段震撼人心的乐章，艺术节令人瞩目，令人回味，令人难忘，令人深思。

人民大众的节日

恢宏的气势，全新的创意，万众的参与，广泛的国际影响成为本届国际艺术节的鲜明特色和成功的标志。一个月内，艺术节上演的中外一流水平的节目54台，观众30万人；举办各类艺术展览7个，观众10万；三百余名海内外人士参加了艺术交易会，签约44个；三千三百余名专业和业余演员，450位外国演员，2万名观众冒雨参加了在世纪公园举行的大型音乐焰火晚会；有3000人参演、8万人观看的大型景观歌剧《阿依达》创下了吉尼斯世界纪录；各类精品专场、名家会演火爆申城；老城厢和多伦路的民俗海派风情展示、外国艺术家下社区、国际艺术节知识大赛等群众文化活动搞得热火朝天。艺术节成为了一个盛大的节日，它不仅是上海人的节日，也不仅是艺术家的节日，而是中国乃至世界的艺术家和人民大众的节日。

展示中国的舞台

国际艺术节是一次大规模的、高层次的、成功的中外文化交流。它的作用和影响远远超出了文化和艺术的范畴。实际上，艺术节是一次声势浩大、影响深远的对外宣传，它是多姿多彩、动人心弦的宣传；它是立足上海、走向世界的宣传；它是通过文化，树立中国形象的宣传。参加本届艺术节的国外人士达一千六百余人，其中有外国高层文化官员、著名艺术家、艺术节组织者和经纪人等。许多人为艺术节而来，也为看看中国和上海而来。结果，无一不为他们的所见所闻而震惊。奥地利文化部长说，这次艺术节是向世界展示中国的机会，是中国对外开放和经济腾飞的象征，通过艺术节，我们找到了加强与中国交流的机会。白俄罗斯文化部副部长说，此行中看到中国政府如何保护传统文化，如何在经济建设和文化事业中发挥主导作用，透过文化看社会，中国的路对世界各国都有借鉴的意义。美国国立歌剧院艺术经理说，她来上海之前，在《纽约时报》看到了整整六大版介绍中国文化，特别是上海的国际艺术节。很难想象，《人民日报》会拿出六大版来介绍美国的文化活动，可见中国上海在世界上的影响力！

高素质的专业队伍

国际艺术节的巨大成功再一次证明，文化艺术在对外工作中的特殊作用和重要地位，它常常成为超越国界的、较少敏感的、独具魅力的工作载体，可以起到展示中国形象、争取世界人心的作用；它是我们国家的对外交往，也是我们地方外事的重要组成部分，并且是最为生动感人、最具活力的组成部分，我们应当十分重视。要做好对外文化交流的工作，关键是建立一支高素质的队伍。这支队伍应当具有崇高的事业心，扎实的

↑ 国际艺术节的意义远远超过艺术本身。白俄罗斯文化部副部长说“透过文化看社会，中国的路对世界各国都有借鉴意义”。图为2001年艺术节期间我与该部长合影。

↑ 2000年，第二届国际艺术节献演大型景观歌剧《阿依达》。

↑ 2004年，第六届中国上海国际艺术节暨第四届上海宝山国际民间艺术节开幕活动。

↑ 2007年，第九届中国上海国际艺术节闭幕式。

↑ 向参加艺术节演出的澳大利亚墨尔本交响乐团团长颁发纪念品。

↑ 与参加艺术节演出的德国巴伐利亚广播交响乐团团长合影。

↑ 参加艺术节的外国贵宾十分欣赏虹口区社区群众的旗袍秀。

基本功以及深厚的知识底蕴。从搞好艺术节的具体工作来说，他们起码要有几个“熟悉”：熟悉艺术，熟悉上海，熟悉接待，熟悉基层，熟悉外宾；而从进一步搞好对外文化交流的更大的目标来说，这支队伍应当懂文化、懂外事、懂公关、懂外语等，总之，他们应具备较高的文化素养、文化专业知识和开展对外工作的能力。

异国之行的所见所闻是一堂堂课，一幅幅画，一段段情。在国外接受安全“教育”，参加友人聚会，与人促膝谈心，率团访问演出，参观旅游景点，欣赏自然风光……让人犹如进入了多元文化的大课堂，从中了解异国的文化习俗，历史传统，风土人情，社情民意以及当地民众的中国情结，从而了解了世界，开拓了视野。

在美国上第一堂安全教育课

1982年12月，到波士顿的第三天，这里的美国朋友们专门花了一个上午跟我谈了安全问题和注意事项，其内容大致如下：

一、外出要关闭门窗，即使你只离开屋子几分钟。

二、入夜，要放下窗帘。不要在窗前穿衣；不要把贵重物品放在靠近窗口的地方。

三、不要在门上贴上说明自己不在屋内的留言。

四、不要在电话里回答有关私人情况的问题，不要承认只有自己一个人在家。

五、接到有淫猥语言的电话立即挂上。如你经常接到此类电话，可请电话公司替你更换电话号码。

六、如有陌生人请求使用你的电话，即使有紧急的事，也不要让他进入你的屋内。你可代他打电话。

七、有人敲门，要问明是谁才能开门。如穿制服，自称是电工的人要进屋，需先打电话去有关单位证实确有其人才能开门。

八、晚上，屋内所有的人离开屋子前要开一盏灯。

九、不要随身带较多的钱和贵重的东西，如带钱包，应放在贴身之处。屋子里也不要放很多现钞和贵重物品，以免被人撬窃。

十、学校里偷书和偷其他东西的风很盛，要注意随身携带自己的包、书和笔记等物。

十一、外出活动，特别是晚上，要两三人结伴同行，谨防有人躲在树丛的后面。

十二、在路上逗留时，要呆在灯光照明较好的地方，不要靠近冷清的小巷处。晚上，不要为了抄近路穿过公园、空地和荒凉之处。如必须走过暗的空旷之处，要在路中间行走。

十三、路遇一群在街上游荡的青少年，最好避开。他们虽然不一定有害，但有时

↑ 美国朋友给我上了“安全教育”课后，出行更谨慎。图为离开波士顿住所去上课。

↑ 在波士顿经常乘坐地铁。

会惹出一些麻烦来。

十四、到家或到别人家开门前先要看看背后是否有人跟踪，如有怀疑，可到附近地方向屋内打电话，叫人出来或开门。

十五、乘坐地铁，晚上上车时要进靠近驾驶员一端的车厢，不要上乘客不多，冷清的一端。如感到有人碰撞你，要注意检查你的钱包。注意，扒手经常采用的方法是，先在车厢里制造混乱，转移你的注意力，然后行窃。

十六、晚上回家，路上冷清，要叫出租汽车，不管价钱如何。

十七、东北大学附近和唐人街都属不安全地带，即使白天也要防止出事。要随时注意周围有无可疑人物。

十八、如有可疑人物在你周围或陌生人在街上向你讨钱，你不要搭理，只管走路。

十九、如遇有人手持凶器，强索钱财，应该给他钱，以保安全，你不是这些人的对手。

二十、唐人街有妓女。如遇，不予理睬，只管走路。

波士顿移民局奇遇记

1983年的一天上午，黛安带我们去波士顿移民局办理延长签证两周的手续。这次我在那里遇到了一些麻烦。

据接待我们的一位女官员说，我和与我同行的一位同事不能获准延长签证，因为在我的护照上有一个代表“共产党员”身份的特殊号码（我的那位同事同样如此），有此号码的人在美旅行是要受到限制的。在我的护照上还有一行字，我的理解是“从纽约入境”，但据移民局人员解释，这是美国务院内的“行话”，意思是：此人在美期间只能逗留在纽约一地。这一着真把我气呆了，“轰”的一声，怒火在胸中往上窜，我暗暗叫自己冷静。那位女官员问我在上海时，美国领馆是否有人找我谈过话？我说没有。与我同去的那位同事说，美驻广州领馆的领事跟他进行过一场谈笑风生的“友好”谈话，说我们这次要去的许多美国城市连他都没去过。我们向那位女官员严正指出，我们在申请护照和签证时都写明了所有要访问的美国城市，为什么美方当面友好，发了护照，背后搞这一手?！那位女官员有点尴尬，避而不答，转向与黛安轻轻地说着什么。

从办公室出来以后，黛安告诉我们说，他们（美领馆人员）就是通过“友好”谈话来“相面”，判定对方是否共产党员。奇怪的是我连“相面”都未“相”过，也就被打上了“共产党员”的特殊号码，真是荒谬绝伦！当天下午和晚上，美中友协的领导人和许多朋友纷纷来到我们住所谴责移民局的无理限制，同时劝慰我们说，中国人民对外友好协会不仅在美中友协，而且在其他方面的美国人中都有广泛的影响。如果移民局一意孤行，坚持不发签证，是要动众怒的；另一方面，在美中友协内外都有不少关系可以用来帮助解决这一问题，还有一些朋友本人是移民法律师，如有必要可以告到法院去。当然，目前还未到必须把事情弄大的地步。

我有点激动地对美国朋友们说，每个国家都会采取措施维护本国的主权和安全，这完全可以理解，但是怎么可以对那些为增进人民友谊而来，对你们国家的人民确实怀有友好感情的人无缘无故地加以“限制”？这实在令人费解。我说，过去我曾接待过许多美国访问者，其中包括美国官方人员，从来没有因为他们是哪个党派而影响其参观访问，美国当局有什么权利这样对待我们?！看来，这是真正的美国的“民主”和“自由”！我们说，下次去移民局，如他们再坚持这种无理的做法，我们要把美国驻上海和广州总领馆办签证的经过情况告诉大家，跟移民局公开辩论！

三天以后，四位美国朋友陪同我们再次去移民局。他们都那样的严肃认真，看得出来，他们是准备着去进行一场辩论的。等了不久，一位上次未见过面的女官员来接待我们。我们的证件交给她不到十分钟，她就发给了我们延长两周的签证。随后，她脸上毫无表情，一言不发地转身走了。按规定，办理签证时每人要交5美元手续费。现在不知她是忘记了，还是想赶快躲开我们，竟没向我们收取。

事情解决得那样快，女官员甚至连一句话也没有说，在场的那四个美国朋友，连同我们两个中国人，起先是完全出乎意料地呆住了，随后都一起哄笑起来。我们分析，可能是有些朋友已通过他们在美国务院和马州州政府的关系向移民局进行了交涉；也可能是移民局自知理亏，害怕事态扩大后下不了台，对他们非常不利。

一位美国州议长的龙虾宴

1983年2月，我在波士顿见到了马萨诸塞州参议院议长威廉·布尔杰。他49岁，任职已四年半，是一位保守而精干的政客。因马州与我广东省正在建立友好省州关系，他于去年秋天率团第一次访华，与我同作访美旅行的广东省友协的那位同志曾参与接待。当代表团访问上海时，我也在锦江饭店见过议长一面。此次，我们初到波市，在参观州政府办公大楼时正好碰上议长，他立刻把我们请到州参议院一个例会上，向大家作了介绍并邀请我们讲了话。

过了一阵，议长来信邀请我们共进晚餐。那天晚上，议长夫妇，还有参议员布伦南夫妇（布与议长一起访华）与我们在一起，给我留下了有意思的记忆。

一个紧跟议长的少壮派政客

今晚布伦南参议员和他夫人是议长请来作陪的。他非常年轻，只有37岁，26岁上就被选入州议会。他活跃机灵，善于交际，有他在场，令人感到轻松自在。据我观察，他还是一个精力充沛，政治敏感，善于博取上级欢心，雄心勃勃的人。他与议长本人都是律师，关系十分密切。为了帮助议长扩大政治影响，争取选民，每周四下午4至6时，他陪同议长去马州立大学法学院讲课。他随同议长一起访华，因此对我们十分亲热，不时照料我吃菜，回答我的各种问题。当我谈到议长颇受人欢迎时，他赶紧要我跟议长说他如何受欢迎。在离开餐馆时，他建议我们在养龙虾的池旁手拿活龙虾与议长一起照相，为此他把袖子都弄湿了。议长说，他是一个帅气、能干很有前途的年轻人，说不定可能当州长。

Authony's Pier 4高级餐馆

"安东尼四号码头"是当地一家第一流的高级餐馆。它是平房，濒临波士顿海湾，人们可以边吃边观赏海湾景色。在入口处的走廊和客厅里有许多雕塑和带历史遗迹色彩的装饰，墙上陈列着不少显要人物，如尼克松、肯尼迪、州长和议长等人在此所摄的照片。

我们坐下不久，餐馆的老板夫妇就来到我们桌边。他五十多岁，清瘦，风度很好。当主人介绍说我们是来自中国的，老板除了讲一些表示欢迎和客套的话以外，还专门加上一句："愿中美友好像长江和密西西比河那样长流不息！"这是一种生意人一般不讲的政治色彩很浓的语言，足见他做生意的与众不同之处。参议员告诉我，该老板与议长关系很密切。他是一个阿尔巴尼亚人，来美国时身无分文，与人合开了一个小餐馆，经过数十年的苦心经营，现在他拥有五个上等餐馆。这一个是十五年前开始经营的，现在成为波士顿最高级的餐馆之一，此老板也跻身于百万富翁之列。

吃了不少好菜以后，侍者替我和另一个中国同事系上了一条画着大红对虾的围脖，不一会儿，一盘热气腾腾的大对虾端到了我们的面前，鲜红闪亮，十分诱人。而主人们的面前却端上了别的菜。我正纳闷，布伦南参议员笑着帮我剥起虾壳来。他告诉我，龙虾名贵，主人只招待客人。

餐桌上的谈话

大家不约而同地谈到了议长一行去年秋天的访华之行。议长谈得最多的是他和布伦南参议员两人在上海时清晨六时起床，外出跑步，结果迷了路。一路上看见大群人集体打太极拳，经过拥挤的菜市场，后来遇到一位略懂英语的大学生引路，但先走了反方向，等问清是"锦江饭店"以后才走上正路。他们说，迷路、问讯是他们在中国最难忘的经历之一。议长津津乐道的另一个"伟大"经历是在外滩被几十人包围，有不少青年人用英语与他攀谈。他得意地说，有一百多人听他"演讲"。他深有感触地对我说：过去听说中国政府做了不少反美宣传，但我所见到的中国人对待美国人的态度是那样的友好、热情，好像他们根本没有受任何政治宣传的影响。

我们向议长等介绍了许多中国的游览胜地，建议他们下次访华除了游览观光，还应去看看中国的农村、城市的住宅区，访问居民和农民的家庭，更多地了解中国的社会生活。我说，议长和参议员都是搞政治和法律的，还可了解一下中国的法制，看看中国的法庭，甚至看看如何审理离婚案的。

↑ 美国马萨诸塞州参议院议长威廉·布尔杰（右一）盛情款待，专为我点了大龙虾。

这些建议引起他们很大兴趣，两位夫人忙着问中国有无离婚，几岁结婚等等。她们希望下次能跟着丈夫一起访华。

他们问我们访美观感。我对美国人的友善和礼貌表达赞赏。我举例说，一次乘地铁时向一位司机问讯，他不厌其烦地回答了三次。而现在中国有些服务人员对顾客的态度较冷淡。在讨论这些现象时，我们谈到“吃大锅饭”、“铁饭碗”，思想教育与物质鼓励脱节等等问题，宣传了现行的有关经济政策和改革。议长很注意地听，参议员说，非常有兴趣，这些也是议长在大学里与人讨论的一些问题。他们又问到中国失业的情况，我们解释了青年待业的问题和允许自谋职业、个体经营的政策。

我针对议长等人是律师的情况，主动提起我看了以律师为主角的美国电影《裁决》的感想并问了两个问题：陪审团的权力是否大于法官？陪审团是如何产生的？参议员很热心地解答了这些问题。

议长的家庭

晚餐后，议长兴高采烈地邀请我们去他家会一会他的孩子们。议长是爱尔兰人，有喜欢大家庭的传统。他家有九个孩子，最大的21岁，最小的9岁。我的印象是：议长家没有豪华的装饰，孩子们穿着极不讲究，但有礼貌，很友好，与我以前见到的有些傲气十足、华而不实的美国青年有些不同。议长的女儿特地换上一件印有“北京”字样的衣服与我合影，我手里捧着一个小花篮，大家看着都高兴地说：这是友谊之花！

↓ 龙虾名贵，主人只招待客人。因此只有我带着有龙虾图案的围脖独享龙虾。

深夜，议长亲自驾车同他夫人一起送我们回住所。路上，他告诉我，他家里没有一架电视机。我问为什么？他说，电视里有不少消极的东西：酗酒、开快车、武斗等等，对孩子不会有好影响。他本人不喜欢电视。我说，孩子难

← 议长的孩子特别热爱中国，他女儿专门换上有“北京”字样的T恤与我合影。

道不提“抗议”吗？他说，有时他们也会暗示说：“现在是科学技术发达的新时代了！”有时，他们也去同学家看电视，但回来时抱怨说：“今天浪费了两小时！”我说：“你不怕别人说你保守吗？”他说：“我承认在某些方面，如家庭观念问题，我是一个保守的人。”这确实使我吃惊：一位美国州参议院议长家里竟然没有一架电视机，却有九个孩子！

最深的一点感受

我理解，议长等人之所以对我们热情相待当然不是对我们个人感兴趣，而是由于不久前他在中国受到了友好接待，留下了好印象的缘故。有些美国朋友告诉我，议长不仅“保守”而且“反动”。我不知道议长的全部政治观点，但是我深信，他被中国之行征服了，他对中国人确实产生了友好之情。“友好”可以使我们与不同政治观点的人求同存异，可以帮助我们争取世界上更多的人。而我们的友好接待，我们的人民对外宾的友好态度是民间外交中争取各种人的最关键、最有效的因素之一，在不少情况下显然比政治色彩浓厚的宣传有更强的感染力。

美国的民间便餐会

在美访问期间，我多次应邀参加一种联谊活动，美国朋友称之为“Pot Luck Dinner”，我们姑且译为民间便餐会。

这是一种不拘礼节的自由聚会，较大型的多达二三十人，通常在一位住宅宽敞的朋友家里举行。这位主人要负责安排布置桌椅、餐具、饮料和招呼来客。参加者都必须带来一两样自制的拿手菜肴或点心之类的食品。

民间便餐会的实质性内容，除了品尝各式各样的食品外，最主要的是通过聊天结识朋友。当陆续到会的人们互相介绍、致意后，便各自选择一种喜欢的饮料，手持杯子，走来走去，自找交谈对象，海阔天空地聊开了。待出席者基本到齐后，大家才开始取盘盛菜，边吃边谈。

我在第一次访美期间，访问过14座城市，参加这种民间便餐会竟达25次之多！我的一些美国朋友就是在这种便餐会上结识的。

由于我是访美的客人，因此在便餐会上成了“中心”人物。有时便餐会在我的房东家里举行，我虽然有半个主人之谊，但人们到齐之后，大家还是把我当客人看待，参加者一个又一个来同我握手结识，随即无拘无束地畅谈起来。

为欢迎中国人举行的便餐会的中心话题，自然是中国。当杯盘狼藉、酒酣耳热时，餐会的主人便把我再次正式介绍给大家，我在众人期待的目光中简短致辞。积若干次经验后，我彻底摒弃了那些程式化的空泛客套话，而是简要谈一谈本人情况和旅美经历，使那些陌生的朋友对我有个最基本的了解。这时，许多人已迫不及待地争着向我发问了。

由于他们对中国的了解有多有少，所以问题也五花八门，深浅不一，涉及面甚广。记得在印第安那州首府印第安那波利斯的一次便餐会上，与会者提到的问题有：

← 访美期间，美国朋友常以他们称为“Pot Luck Dinner”的家庭便餐会形式欢迎我。

中国的人口政策是什么，限制生育是否是强制性的？

中国城市里有无污染问题？

中国有无通货膨胀？

在美国旅行中，有哪些见闻出乎意料使你吃惊？

在中国，离婚要办理哪些手续？

中国现在有无麻疹等传染病？

中国有无律师？

中国是否有为生理、特别是智力缺陷的人设立的专门机构？

中国大学录取考生的情况如何？竞争是否很激烈？

想去西藏旅行，怎么走法？

“文革”中知识分子和宗教徒的遭遇如何？

中国如何解决企业之间的纠纷？律师在这方面起什么作用？

什么样的人可以加入中国共产党；要履行哪些手续？成了党员有何好处和特权？你是否是党员？

中国人民政治协商会议是怎么一回事？

中国人是否享有民主、自由权利？

中国主要有哪些宗教？

十二生肖是怎么一回事？

中国有哪些节日，有无圣诞节？

中国人吃饭前是否做祈祷，感谢上帝？

“文化大革命”会不会重来？

→ 便餐会上边吃边谈，宽松自如，但由于我的出现，中心话题自然是中国，我要回答各式各样有关中国的问题。

中国与日本关系如何？

中国与苏联关系今后将会如何发展？

这样一来，便餐会变成了“记者招待会”。当然，与会者毕竟不是记者，而我更不是政府发言人。但我深知这种场合是沟通思想、交流感情的绝好机会，只要避开宣传性语言和外交辞令，掌握住政策和分寸，就可以收到很好的效果。我的回答常常是基于个人经验，用的是自己的语言，对有些问题我坦率说明回答不出。当时，我也向他们提一些有关美国的问题。我发现美国人喜欢这样一种比较自然、朴素的交谈。常常在散会后还有许多人围着我签名、留地址或继续谈话。

不难想象，尽管便餐会上谈笑风生，但我的内心绝不轻松，特别是面对许多思想性、政策性和知识性很强的问题，有时，紧张得汗湿透了内衣。为此，每次便餐会后，我都要花费相当多的时间来回忆、整理、研究他们的提问和我的回答。至今，从这些便餐会上积累的大小上百个问题，成为督促我研究提高对外宣传能力和讲话艺术的动力。

美国独具特色的博物馆

美国是个年轻而活跃的国家，美国人民性格开朗好动，崇尚实践，较少保守，连他们办博物馆的方式似乎也体现了这种特点。上世纪80年代初，我参观过不少美国的博物馆，且举两例如下。

复活了的古老村庄

一座复活了的古老村庄，坐落在印第安纳州的首府印第安纳波利斯的近郊，这就是有名的历史遗迹博物馆。

我先被引进这座村落的一个小屋子。只见一位身穿宽大衣袍，戴着眼镜，手执羽毛笔的年轻“老头”坐在一排排的黑板旁，他身边的炉火映红了他的脸。参观者进去在长板凳上坐定后，他就口若悬河般地上起课来。教学内容很古老，还唱了两首文字游戏式的英文歌。黑板边上排列着许多蜡烛。这一切把参观者带到了一百多年前美国乡村小学的课堂里。

离开学校后又来到一个打铁铺子里。只见一个衣衫褴褛的年轻汉子在卖力地打制农具，他的脸上、身上油污不堪，但却毫不在意，似乎打铁真是他养家糊口的营生。之后，参观者又被带到这个庄园主的住宅。只见穿着长裙的老老少少的女佣、厨子正在做糕点，烤火鸡。熊熊的炉火把棕色的大火鸡烤得滋滋流油，散发出阵阵诱人的香味。她们说：“今天是1836年感恩节前夕，我们正在为主人准备家宴。”

我很想同这些“教师”、“铁匠”、“女佣”谈谈话，问问他们自己的生活和工作，他们为何在这里干活等等。不料他们都用1836年的口气来回答。结果竟然使我糊里糊涂，恍然觉得真的进入了一百多年前的古老村庄。最后，我们来到了一个农户家里访

↑ 我在印第安纳州历史遗迹博物馆内看到1836年居民在家中为感恩节作准备的场景。

问。只见一位年轻的农家妇女头戴帽子，身穿长裙在料理家务，旁边还有各式古老的家庭用具，包括简陋的织布机。不知怎么一来，这位“村妇”从我们发表的议论中听出我们是来自中国的参观者。她立刻返璞归真，除下大帽子，急切地同我们攀谈起来。在谈话中，得知她是某大学政治系的学生，在这里做兼职讲解员。她说，她对中国很感兴趣，希望有一天能访问中国……她的一番话终于使我“清醒”过来，意识到：现在是20世纪80年代，这里是一个历史遗迹博物馆，这些“村民”是来自各行各业的专职或兼职的讲解员。

原来，1836年时，有一个名叫威廉·康纳的白人来到当时还是印第安人聚居的这块土地上定居。他建造了住房，生儿育女，开设了学校、商店、药房、铁铺等等各种营生。现在，这座村落的一切都按照原样保留着，再雇佣一批对历史感兴趣或自愿参加社会活动的人扮成当时当地的农人在此表演、讲解，让参观者知道一百多年前的村舍是什么样子。一百多年的遗址对于世界上一些古老的民族来说算不了什么，但对于美国这个年轻的国家来说却称得起“古迹”，予以保存和陈列起来。

巨大的知识迷宫

芝加哥科学技术博物馆的几千个展出项目都是实物、电影、图像和各种现代化的操纵装置的完美结合。在那里你几乎能接触到天文地理、文化艺术、生理卫生、宇宙航行……任何一个领域的知识。我感受到它的最独特之处就是让参观者亲临其境，亲自动手，从中获得感性知识。

我进入博物馆以后，乘电梯下到几米深的地下——一个真实的挖煤矿井！穿过坑道走到掘煤机旁，看到机器正在操作，墙上的反射镜让你更清楚地看到机器的某些部位。有一台机器是上世纪三四十年代的产品，每天采煤量50吨；还有一台是现在正在使用的，每天采煤量100吨。在这里，你还可以看到操作检查瓦斯灯是否安全的方法。

接着，我踏上了一艘长75.8米，排水量1232吨的德国U-505型潜艇。这是美国海军在第二次世界大战中于1944年6月4日俘获的一艘德国潜艇的实体。进入潜艇后，可以看到当时缴获的最主要的战利品——密码本和航海图、德国潜艇分布图，还有德军俘虏的照片、军服、武器等物。导游告诉我们，当时的潜艇不像现在可以潜入深海三五个月，最长只能在水下呆24小时，然后就得浮上海面。当时的美国海军作了周密的部署，在该潜艇浮出水面时冲上潜艇进入内舱，使艇内德军来不及开动下沉装置，活捉了59名德国兵，另一人在战斗中受伤死亡。因潜艇体积小，很低矮，据说被俘的德国兵都是矮个子。艇内还有22枚鱼雷。我参观了瞭望台、艇长室等船体的各个部分。走出潜艇后，在一个大厅里还可以看到记录当时俘获潜艇全过程的电影。

↑ 芝加哥科学技术博物馆外景。

↑ 在芝加哥科学技术博物馆参观时，进入到1944年被美军俘获的德国U-505型潜艇实体内。

蒂弗尼 (Tiffany) 是美国人引以为豪的艺术家。据说他制作的许多精美的玻璃器皿、首饰、家具、装饰品还受到过中国和日本艺术的影响。这些艺术珍品吸引了许多参观者，但更令我赞赏的是在这个展区旁边剧场里可以看到的历时20分钟的彩色宽银幕立体幻灯片。它由16架幻灯机同时放映，画面和声音的立体感特别强，配以模拟蒂弗尼本人声音的解说。当他讲述他制作艺术品的过程时，观众可以听到用刀子裁划，用钳子修剪和用其他工具磨光玻璃时发出的逼真的音响，使人感到这位艺术家就在离你不远处工作着。这部幻灯片本身也是一种精美的艺术品，为这部分展品增色不少。

在人体生理卫生馆内，我走进一个16英尺高的巨大心脏模型的一端，穿过一片复杂的心房和血管结构，然后从另一端走出。这对正在学习生理常识课的中学生来说是最好的直观教学。另一边是一块映有一只巨大手掌的屏幕。你拿起旁边的电话机，按一下电钮，立刻听到话筒里传出讲解员清晰的声音，这时屏幕上的大手上随着讲解内容自动显出红、绿色的线条和图像。原来，此处是向你介绍关节类疾病的起因和发展过程。这真是声图并茂的形象化展览。同样，这里还展出关于癌症的形成和人体生育全过程。

从以上几“滴”水中，也许人们可以想象这个知识海洋的规模之大。男女老少都喜欢到这里来开阔眼界、充实自己。当然，这里对青少年的吸引力也许更大。我看见许多老师带领一队队小学生来此参观，点燃他们的求知欲。无疑，这里也是一个形象化教学的大课堂。

在美国观看《侏罗纪公园》

近来，恐龙在美国颇为走红。恐龙玩具，恐龙T恤衫，印有恐龙形象的帽子、茶杯等各种用品很抢手。在各大城市的街头，你都会看到那种桔红底色，映衬着黑色恐龙图案的广告牌。电影院门口排起一字长蛇阵，一问才知道，人们都在买一部名叫《Jurassic Park》(有人译为《侏罗纪公园》)的电影的票子，片中的主角是恐龙，美国的"恐龙热"就是源出于此。

这部融古生物学和遗体工程学于一体的科幻片，说的是有一位富有的苏格兰企业家用从地下挖掘出来的6500万年之前的化石中的DNA，在位于科斯塔利卡的一个小岛上的"侏罗纪公园"里培育出几种活的恐龙，此后在这座小岛上发生的一系列有关恐龙的奇特、惊险的故事。这部电影一经公演便对美国的各阶层男女老少产生了强大的吸引力，朋友之间见面后第一句话常常就是："你看过《Jurassic Park》吗？"有一次我们在餐馆就餐，一个小伙子侍应生一面为我们端菜服务，一面抽空与我们"侃"起这部电影来。

↑ 轰动一时的美国电影《侏罗纪公园》海报，电影在美国掀起了一阵恐龙热。

它的吸引力来自何方？有人说，主要是因为它充斥了"恐怖"和"暴力"的内容，迎合了美国人的口味。我看了电影后却得出了不同的结论。我想，它的巨大吸引力首先来自制作者以杰出的特技效果让那些“复活”的恐龙逼真到难以置信的程度，从而满足了公众对这种神秘的远古动物的好奇心，以至观众明知它们是假的，仍觉得它们是真的；第二，影片描述恐龙与人争斗中派生出一系列十分紧张和惊险的情节与悬念，从而满足了人们对娱乐片的需求。片中有恐龙发怒，追人、咬人甚至吃人的镜头，但此类“武力”显然与谋杀、枪战所形成的“恐怖”片不是一回事。

该片受到美国公众欢迎的另一个原因是它自始至终显示了美国人所喜欢的幽默感和乐观精神。如恐龙虽然很“像”，但却被人格化了，它们会开启门锁，与人智斗或表现出“喜怒哀乐”。在一段故事里，两个孩子受到恐龙的追扑，躲进厨房，藏身于碗柜、锅台之间，而恐龙们却像一些追捕人犯的警探，或聆听声音判断猎物的方向，或跳上高台，逐片搜查。银幕上多次映出恐龙的巨爪和孩子们趴在地上或窜进跳出时手和脚的动作。这些镜头除了让人因担心孩子的命运而紧张以外，还情不自禁地逗人发笑，因为你会觉得恐龙与那精明强悍的警探们是何等相像啊！

实事求是地说，我认为电影对青少年还是很有教育意义的，它除了会让“年轻人中燃起科学求知之火”这一点之外，更能鼓励人们勇敢无畏、患难与共、临危不惧。当恐龙逞凶，使公园里的人们，特别是两个孩子的处境非常危急时，影片里的考古专家都不顾个人安危，排除万难，一次次救了他们，保护他们；而当其他人处于险境时，两个孩子也急中生智，利用自己掌握的电脑知识救了大人们。有一个情节是说两个刚刚从恐龙的追杀下被解救出来，惊魂未定的孩子躲在一棵大树的枝干上喘气，不料，忽见一只恐

← 电影里的恐龙声像逼真，紧张刺激却不乏幽默搞笑。

→ 2002年9月在环球影城冒险岛再见恐龙的尊容。

龙的长颈伸到他们旁边的树枝上，一口口摘着树叶充饥，此刻，这些暴烈的庞然大物竟显得如此安详、悠闲，孩子们被深深地吸引了，竟然情不自禁地伸手去抚摸恐龙的头，脸上绽出天真、可爱的笑容，观众既为之担心，也与之共鸣。人类无畏、乐观的精神在此得到了展现和赞扬。

令我吃惊的是，这部地地道道的美国电影里似乎还有点传统中国文化中的“因果报应”的哲理成分，迎合了观众“扬善惩恶”的常情，使人看完以后很痛快。故事里那个临危脱逃，把同伴和两个孩子抛在一边，只身躲到公园的小屋子里，坐在抽水马桶上避难的律师和那个为了金钱偷走恐龙胚胎的电脑专家最终都死于恐龙之口，受到了命运的惩罚。

影片在全美2400家影院同时上映后，立即引起轰动效应，一周之内票房价值高达一亿美元。此片导演是大名鼎鼎的史蒂文·斯皮尔伯格。十年前，他创造了另一个轰动全美以至全世界的科幻形象——外星人E·T。比较起来，恐龙似乎更具吸引力和感染力。尽管有些美国朋友指责影片“荒唐”，认为在美国经济衰退、社会危机深重的今天，花费巨资去制作此类影片很不合时宜，但我却像大多数美国公众一样很喜欢它，认为作为一部科幻片和娱乐片，它确实是一部构思奇特、想象丰富、制作精良、技巧高超的佳作。为此，有的评论家称它是“一座真正的电影里程碑”。

拉斯维加斯游记

从洛杉矶乘飞机仅仅一小时就来到了位于美国西南部大沙漠之中的驰名世界的大赌城——拉斯维加斯。

宾馆赌场

驱车从机场去市区的路上，高楼、宾馆目不暇接。据友人柯克先生介绍，拉市仅有85万人口，却有三百多家宾馆，10.5万个房间，客房率常年高达98%左右，最低的情况下也达70—80%。他指着远处那栋巨型的建筑说，那是今年（1993年）年终或明年年初即将开张的“MGM”宾馆，有5000间客房，这将是目前世界上最大的宾馆。拉市现在最豪华的“米拉杰”饭店（Mirage Hotel）有3500间客房。

↑ 拉斯维加斯老城区顶部精彩绝伦的天幕灯光秀令人难忘。

我们下榻的“凯撒宫”（Caesar's Palace）也是一流饭店。一进宾馆大厅，就是一座人头攒动的大赌场。柯克先生说，这是一种附设在宾馆内

↑ 美丽湖酒店门口的音乐喷泉配合优雅的音乐水柱翩翩起舞，是每天吸引游客最多的地方。

的赌场，市内还有许多专门的大赌场(casino)。他说，拉市所在的内华达州的税务收入40%来自赌博，36%是从与赌有关的游客消费中来的。赌博及旅游在内华达州的政治、经济和社会生活中占有举足轻重的地位。

璀灿明珠

拉斯维加斯的闹市区之繁华、奇特、艳丽可称世界之最。入夜，其灯火辉煌足以使之成为沙漠中的一颗明珠。市中心那座正在兴建的大楼顶端高高竖着一颗巨大的白色骷髅，下面一行字为Treasure Island。原来，这里正在建造一座取名为“珍宝岛”的大饭店。它外围的院落里装置了一组表现海岛风光下海盗出没的场面，千奇百怪，趣味无穷。名声显赫的“米拉杰”饭店门前有一座树林茂密的山岩，一束银白色的飞瀑奔泻而下。正当我在欣赏飞瀑的美景时，突然，听得“轰”的一声巨响，随之山岩顶端喷出一股浓烟，火光冲天，烟雾弥漫，隆隆之声，不绝于耳。原来，埋藏在这里的是一座“大火山”，它每隔半小时喷发一次。这时，身临其境的人们都会被这威力无比的“大自然”奇观震撼得激动不已。当“火山”渐渐平息后，许多游人仍不愿离去，他们情愿再等半小时，再过一次“火山”瘾。

走进“米拉杰”大饭店的前厅，你会发现自己已置身于一片幽深莫测的绿色丛林之中，参天大树和奇花异草，让人流连忘返。丛林尽头是一片深邃无垠的蓝色汪洋，各种海洋生物，还有鲨鱼在其中自由遨游……“凯撒宫”内有一片数千平方米的大赌场和大商场。这里有“活”的古罗马斗士和希腊神话里的女王、酒神等等，他们与你合影会使你感到身价百倍；更妙的是大厅中央那些庄严肃穆的大理石塑像，每隔一小时会随着激光彩灯和音乐渐渐苏醒过来，面向人群，手舞足蹈，又说又笑。

大厅之外是高楼林立的街市，抬头望天空，时而蓝澄澄的一片，点缀着朵朵白云；时而阴霾灰暗，顷刻间，电闪雷鸣，风雨大作。尽管整座城市现正在华氏100度以上的高温下烧烤，可在这里漫步，你会感到清风拂面，阵阵凉意。原来，这里的天空、白云、雷电、风景全是现代高科技在连成一片的特制“天花板”上显示的奇迹，事实上，整座“露天”城区都被置于现代化的空调之中。

文化奇观

与这里的都市奇观相匹配的文化奇观是由两位德国驯兽魔术师领衔主演的集马戏、魔术、歌舞于一体的巨型演出。椭圆形的大舞台和1500名观众都被笼罩在星光闪烁的深蓝色天幕之下，令人产生一种飘然上天的幻觉。开演前，不时有一些戴着面具的“巫婆”、“巫师”飘然而至，在你桌上撒下一些五彩缤纷的神纸，熠熠发光，象征着好运来临，他们往往在男士身上贴上一只“小白虎”，在女士的脸颊上贴一颗小小的闪光“红心”，这些都使剧场笼罩着一层神秘的色彩。此时，有一位装束时髦的女摄影师来到你的桌前，用非常礼貌和令人愉快的声调询问你是否要照相，很多人在这种场合都会因“挡不住诱惑”而欣然同意拍照留念。演出结束后，你就可以拿到一张包装精美的大幅彩照，每张16美元。虽然这是一笔额外支出，但看来，大家都认为值得，因为那彩照将不时引起你对这个不同寻常的夜晚和见闻的美好回忆。

罗伊和齐格弗里德这两位极负盛名的德国驯兽师带领10头白虎，还有大象、蟒蛇等动物和众多魔术师、舞蹈家及特技演员在使用最先进的现代化设施制造出来的由光电、音响、动作的色彩组合成的奇特空间里进行近三小时的精彩表演。人与猛兽的良好合作，现代科技与高难度技

↑ 米拉杰大饭店门口的“活火山”每半小时喷发一次，届时拉斯维加斯大道人山人海，为之震撼。

↑ 罗伊和齐格弗里德两位德国艺术家表演的大型动物魔术，在拥有椭圆形大舞台、能容纳1500名观众的剧场演出，场场爆满，其中几十只白虎成为驰名世界的动物明星。

↑ 1993年，我和中外朋友兴高采烈地在剧场观看罗伊和白虎们的表演。右一为我的美国好朋友柯克。

巧的结合，台上演员与台下观众的沟通使演出在规模、内容、场面和观众反应等方面足以列入世界之“最”的行列，并成为来拉市旅游观光的“must”节目（必看节目），以后人们一提到拉斯维加斯，就会同时提到这些白虎和大象们，它们无疑为赌城带来了巨大的财富。我被告知，虽然票价昂贵（每张78美元）。但每晚盛况空前，长年不衰，这两位德国驯兽师现在的年薪是130万美元（美国总统20万美元），他们已为其演出投资了5000万美元。他们与从印度引进的白虎群和其他动物同住在豪华的住宅里，迄今在拉斯维加斯落户已有15年。

世外桃源

一日，我们驱车从市中心往西南行驶，约半个小时后，便进入了一个世外桃源式的新天地。车水马龙，喧闹繁华的都市景象不见了，代之以开阔的土地，清新的空气，幽静的环境。放眼望去，只见远山、白云、芳草、绿荫；一栋栋、一行行乳白色或浅红色，构造新颖，装饰别致，色彩雅致的住宅群在树木环抱之中亭亭玉立，犹如初春的鲜花和豆蔻少女那样引人注目，显示了这座沙漠城市的另一种迷人风姿。

友人告诉我，在经济衰退阴影笼罩下的美国和西方国家，像拉斯维加斯这样以旅游和服务业为主要生计的城市所受到影响相对较小，加之近年来美国地价猛涨二三十年前在旧金山以5万美元买下的房子，如今可以30万美元或40万美元的高价售出。于是许多人从在经济萧条中受打击最严重的加州等地搬迁到生活指数相对较低的拉斯维加斯，以便宜的价格在此买下房屋。其中有很多富人，也有相当多的已经退休的工薪阶层人士，他们准备在此安度晚年，于是这些世外桃源式的住宅区如雨后春笋般地出现。预计今后还将有大批人口涌入拉市，这无疑将给拉市带来新的生机和活力，其前景是不可低估的。

↓ 位于拉斯维加斯附近的胡佛水坝建于1935年，被视为当时世界水利工程奇迹。

胡佛水坝

一个夏日炎炎的上午，我们乘坐一辆生活设施一应俱全的“RV”大巴士来到距拉市市中心约三四十公里处，位于内华达州和亚利桑那州之间的科罗拉多大峡谷。走出车厢里的阴凉世界，一股热浪扑面而来，犹如被投进了正在熊熊燃烧的火焰之中。我还未及好好体验这酷热的煎熬，立刻被眼前的一幅壮丽画卷深深地吸引住了——巍巍耸立的洛矶山下蓝宝石般晶莹透亮的科罗拉多河旁，站立着一位铁灰色的巨人——宏伟壮观的胡佛水坝 (Hoover Dam) 。

千百年来，科罗拉多河在由科罗拉多州的落基山脉至加利福尼亚湾的2250公里的流程中常年不断地刻琢着如同大峡谷那样的巨大豁口。为控制河水，使沿岸的土地免遭旱涝灾害之苦，美国政府决定修建水坝。工程始建于1931年，由于时值美国第31任总统胡佛任上，遂以他的名字命名，水坝于1936年建成竣工。水坝高221.4米，坝顶长379.2米。坝后是以时任美国开垦局局长米德命名、1924年至1936年修建的美国最大的人造水库——米德湖，水库总库容348.5亿立方米。据美国朋友介绍说，水库能为四千平方公里的美国土地和两千平方公里墨西哥土地提供灌溉，同时为一千四百万以上居民提供生活用水和工业用水。水流通过胡佛水坝的涡轮机，发出了廉价的电力，供内华达、亚利桑那及加利福尼亚州使用，每年发出约40亿千瓦小时的电力，足以供给50万个家庭使用。该工程于1955年被美国建筑工程师学会选为美国7大现代建筑工程奇迹之一。

参观水坝给我带来很多思考。自从来到拉斯维加斯，我经常被一个问题困扰：何以使美国人在大沙漠的腹地把他们的城市建造并发展得如此辉煌？如今，我得到一种启示：巨额财富的积累和高度物质文明的发展与美国人在高科技领域的成就和人民的创造性劳动是分不开的，眼前这座胡佛水坝不就是雄辩的例证和象征吗？

期盼交流

拉斯维加斯作为一座新兴的城市，它不像其他一些美国知名的大城市那样为中国人了解，它也不像其他美国城市那样与中国有那么多的交往。许多中国人只把它与“赌”连在一起，这不能不说具有很大的片面性。我在拉市短暂的逗留中不仅为许多闻所未闻、见所未见的奇观所吸引，而且还为拉市民间存在的对中国的兴趣和热情所感动。接待我们的友人内华达州前参议员柯克先生为我们的到访举行了一次烧烤晚会，一下子来了六十多位客人，他们当中有一些是从事美中友好工作多年的人员，但大多数是来自各行各业素不相识的新朋友，有搞专业的，有做生意的，也有政界人士。不少人主动走上前来与我招呼攀谈。有的谈到不久前去中国的经历，有的谈到不久后想去上海做生意，并详细告知其设想，希望得到咨询或信息。拥有5000间客房的世界最大饭店“MGM”筹建部总负责人Robert Maxey先生在我笔记本上留下了他的姓名和地址、电话。这位胖乎乎的总裁认真地说，一定要来上海看看，不知中国人对“赌城”来的人是否欢迎和接待。我说非常欢迎，我们还会安排你与你的同行们进行交流。看来，上海在中国改革开放后的腾飞已经开始对这座城市的人民产生了巨大的吸引力，这使我非常兴奋。

联邦德国风情录

1988年10月，我作为德中友好协会的客人首访联邦德国18天，这个闻名而遥远的国家在我心中留下了许多美好而亲切的回忆。

汉堡中国情

10月1日，我们抵达汉堡。入夜，市政大厦前面的广场上出现了奇景——一串串、一圈圈中国式的花卉鸟兽、十二生肖彩灯高悬夜空，大放异彩。在西洋建筑群的映衬下，这些具有东方情调的古色古香的中国灯笼显得风格独具，动人异常，吸引了大批汉堡市民和他们的中国朋友，其中有像我这样应邀来访的客人和中国留学生以及驻汉堡的中国领事馆人员等。原来，这些彩灯是上海献给汉堡"文化周"和"中国月"的礼物。晚上九时许，来自北京的第一朵金色礼花随着一声炮响飞上夜空，赢得了聚集在港区和街头的成千上万汉堡人的大声喝彩；随着无数五彩缤纷的水晶花的竞相争艳，人们进入了狂欢之夜。那一夜，交通管制了，人们在没有了车辆的街上自由闲游，到深夜还余兴未尽。爱尔勃河在我身边流过，我仿佛觉得自己是在黄浦江畔——我自己的城市里欢度国庆。

10月5日晚，我们再次来到汉堡市政大厦，正式签署上海市对外友协与汉堡市德中友协的合作协议书。上海和汉堡两市的高级官员，包括汉堡市议会议长和上海市代表团的团长，还有中国驻汉堡总领事以及汉堡商会、华侨等各界知名人士出席了签字仪式。在热烈而隆重的气氛中，汉堡友协分会主席和上海友协代表发表了热情洋溢的讲话。他们称两个友好城市里的两个友协组织签署合作协议是"亲上加亲"，预示着今后两地在各个领域里的友好交往将更加丰富、活跃。

汉堡与上海这一对友好城市的亲密与合作是众所周知的，但汉堡的中国气氛如此之浓是我始料未及的。我对联邦德国公众对中国的好感和兴趣感到高兴。

旧城风光美

联邦德国很美。那里看不尽的森林、教堂、古堡和江海，引起了我对这个国家历史和文化的巨大兴趣。许多自然和历史景观举世闻名，无与伦比：黑森林苍茫无比，科隆大教堂壮观无比，海德堡城墙丰姿无比，而莱茵河则生机无比……它们似乎组成了一曲瑰丽动人的交响曲，时时在我身边回荡。

引起我这个上海人特别兴趣的还有一种景观是普普通通的，甚至不太引人注目的，这就是我在联邦德国不少大、中、小城市里都见到的那种旧城区。那里没有车辆，只有行人；没有现代化的高楼，只有古老的建筑或遗迹；没有宽阔的马路，只有石子铺成的小街；没有大购物中心，却有许多小店家……这一切立刻使我想起了上海的南市区、城隍庙、九曲桥、湖心亭、豫园商场和几十家小吃店，这两种旧城的景象和气氛是何等相似啊！

清晨，你在不少旧城区里还可以看到一个繁忙的早市，大小摊位上的蔬菜、鱼肉、奶酪、鲜花、干货、土产、快餐、早点，应有尽有。这里人群熙攘，生意兴隆，一片繁荣。这不就是上海人喜欢的“自由市场”吗？德国朋友告诉我：“人们到这里来买东西不仅图个方便，更喜欢这里的气氛。”是啊，上海人、外地人和外国人喜欢逛城隍庙不也是这个道理吗？看来，无论是德国人还是中国人，都偏爱这些不太“现代化”的小市镇，它显示出两种历史和文化哺育下的人民在其生活情趣以及对历史的创造和怀念方面有着惊人的相似之处，这些旧城区使我对联邦德国产生了一种亲近感。

葡萄酒味浓

我发现，中国人喜欢以茶待客，德国人则常以酒待客。在汉堡，我第一次见到房东时已近深夜，女主人细声细气地问：“你想喝点酒吗？”于是，我们面对面坐下，她呷着一小杯葡萄酒，我吃着水果，聊开了。到了南方黑森林，我发现那里的人们不仅喜欢喝酒，而且喜欢酿酒。

一个周末下午，朋友把我们带去参加一个小小的“品酒会”。那是一户四口之家办的酿酒作坊，生意兴隆，在当地颇有点名气。进入他们的酒

↑ 1988年，访问联邦德国与小房东和他的大花猫合影。

↑ 在联邦德国朋友家聚会、交流。

↑ 游览汉堡老城区街景。

吧时，早已有几十位酒客兴高采烈地坐在那里等候，主人及其家人里外忙碌，为大家斟酒并端上一盆盆下酒的面包和奶酪。据说，有了这些，人们可以避免喝多醉倒。在热烈的气氛中，一位老太太站起来大声讲话，不时逗得人们开怀大笑。又过了一会，一位矮老头站起来指挥大家唱起歌来。令我惊奇的是，虽然这些酒客上了年纪，但音色嘹亮，感情充沛，颇为动听。我想：也许是因为饮酒歌里寄托着饮酒人的情趣和欢乐吧，所以连我这个外国人也被深深感染了。

主人的儿子带着几只杯子陪同我们去楼下酿酒作坊参观，他把从投入葡萄到制成美酒的过程作了详尽介绍。我们就在一个个圆形的大酒桶旁边品尝着那晶莹透亮的红色和浅黄色酒液，醇香异常。这个年轻人告诉我们，他家里每年生产的20万瓶葡萄酒，通过个人和批发商或酒吧堂饮进行销售。他本人已继承父业，并在大学里接受了酿酒的专业培训，成为他家第一代有科学知识的酿酒技师。他们全家对我们表示热烈欢迎，并拿出两张名片来，我们一看，竟是中国杭州酒厂的两位行家来此参观时留下的。我高兴地说，希望有一天，联邦德国的酿酒“专业户”能去中国尝尝我们的葡萄酒，或许能去上海洽谈合资办个酒厂，将来，让更多的中国人能尝到联邦德国风味的葡萄酒。主人一家听后笑逐颜开，连连点头，说他们盼望这一天。我想，联邦德国是我们主要的贸易伙伴，德国葡萄酒和酿酒人受到中国人青睐的那一天一定会来到的。

友情似火红

18天里走了8个城市，结识了不少萍水相逢而一见如故的德国人，这是我联邦德国之行的最美好经历。

我和汉堡房东克拉蒂娅在一起的时间仅有3个清晨和3个深夜。其间，我们交谈的题目却涉及妇女地位、家庭婚姻、“文革”悲剧、改革开放和学生闹事等。这位貌不惊人、也从未到过中国的女教师对中国的兴趣、热情和知识给我留下了深刻的印象。每当我深夜回家，她的7岁儿子早已熟睡，但他亲手放在我枕头上的那颗巧克力糖，还有那只守候在我床边的大花猫都向我表达出，这位总是笑眯眯的小房东是多么喜欢我这个中国客人。临别那天早晨，小房东忙着帮我搬箱子，看着我身上的黑底白花衬衫和红外套说：“你真像一只有白点点的红蘑菇！”这一对母子家里没有豪华的陈设和丰盛的食品，但充满着温馨的人情。

黑森林的小城瓦特克什给我的印象是：风景美、人情更美。素昧平生的市长莱宾厄先生待我们如贵宾和挚友，原因只为一个：我们是中国人，他到过中国，他喜欢中国。他透露，若干年后当他退职之后要到中国来住一阵，把多年管理城市的经验和知识贡献给中国的市长同行们。我很喜欢科隆女画家齐玛那些色彩优美、意境高雅的水彩画和抽象画，更为她的质朴人品和对中国的向往而感动。我们相约为在不久的将来实现她来中国访问和办画展的夙愿而共同努力。在卡尔斯鲁厄，我们结识了4位对中国极端热忱、多年从事德中友好工作的青年，共同的志向和感情使我们不仅一见如故，而且很快成为亲密的同事。我们彻夜长谈，交流信息，计划未来，互相鼓舞。在行将结束这次旅行时，我们结识的第一位德国朋友舍特勃女士和她丈夫不远千里，从汉堡驾车赶到黑森林的威斯巴登，并把我们送到最后一站法兰克福，依依惜别。

在我短暂的访德之行中，经历的种种人和事使我坚信，在联邦德国，中德友好的土壤是深厚而坚实的。

难忘以色列

耶路撒冷之神圣、死海之奇妙、哭墙之壮观堪称世上绝无仅有，魅力无穷。我在访问以色列期间，参观游览了这些具有奇特风光、古老的历史和浓重的宗教氛围的地方。

神圣的哭墙

具有三千年历史的耶路撒冷是世界上最古老的城市之一。犹太人视之为民族复兴的中心；在基督徒心目中，它是耶稣受难和升天的地方；而穆斯林则认为耶路撒冷是先知穆罕默德神秘夜行的目的地和伊斯兰教最庄严的圣地之一。因此，耶路撒冷是世界上集三教圣地于一身的唯一城市。

耶路撒冷是一座山城，位于约旦河西岸犹地亚山巅。其东部的老城区是三教圣地的荟萃之处。东边的锡安山峰顶之上，萨赫莱清真寺的大圆顶在阳光之下金碧辉煌。被称为伊斯兰第三圣寺的阿克萨清真寺在苍松翠柏的掩映下显得气势恢宏。峰顶之下有一堵长约50米、高18米的残墙。它用一方方巨石砌成，在石方上濡染着一片片枯黄的苔痕，石缝中衍生着一丛丛碧绿的草木。这堵断垣残墙便是驰名世界的“哭墙”。

“哭墙”原名西墙。公元前961年，以色列国王所罗门决定在耶路撒冷的锡安山上修建神庙，以存放国家的圣物诺亚方舟，并为犹太人提供一个祈祷的场所。公元前586年，该庙被攻占耶城的巴比伦人付之一炬。公元前538年，犹太人重建圣殿。历经沧桑后于公元前20年希律国王又对圣殿重建和扩建，历时40年完工。不久爆发了犹太人反抗罗马帝国统治的大起义。罗马帝国大将狄托一怒之下于公元70年将这座象征犹太民族精神的雄伟建筑夷为平地，并迫使许多犹太人流散到世界各地，从此圣殿再也没有修复。在圣殿的遗址上残留下来的只有庭院两边的一段围墙，史称西墙。犹太人将此墙奉为故国不灭、民族长存的象征。从圣殿坍毁之日起，许多犹太人就经常不约而同地聚集到西墙之下，集体朗读经文，乞求上帝赐福，嚎啕大哭，宣泄心中的亡国之痛。西墙附近经常是哭声不断，因而又被称为“哭墙”。世界各地的犹太人梦寐以求的是到圣城耶路撒冷朝觐，到西墙下为民族痛哭一扬。每年来此朝觐的犹太人多达六十多万人。

我来到“哭墙”的这一日，天高云淡，阳光灿烂。头戴黑礼帽，身穿黑礼服，蓄着一脸大胡子的“黑衣人”和像他们一样装束的孩子们列队在去“哭墙”的路上行进。在巍峨壮观的墙脚下，此时挤满了来自世界各地的男女朝拜者。他们有的围着一张张方桌在做宗教仪式；有的端坐在条条长凳上念诵经文；有的面壁肃立，默默祈祷；有的长跪在地，悲戚地啜泣。

我未听到犹太教对男女信徒有“区别对待”的说法，但事实上在“哭墙”祈祷时，男士和女士是在规定的两处分开进行的。男士必须头戴犹太教徒的小圆帽，女士被要求用头巾把头发包裹起来。犹太朋友指点说，祈祷时可以把自己的愿望写在一张小纸条上，折叠成小方块，塞进方墙的缝隙之中，神灵便会保佑你实现自己的愿望。当我走近这堵灰白色的巨墙时，内心顿时涌起一种庄严神圣的感情，竟然情不自禁地怀着宗教徒般的虔诚在小纸片上写下了自己的期待和愿望，小心翼翼地折叠起来，郑重其事地塞进一

↑ 以色列首都耶路撒冷，具有三千年历史，是集犹太教、基督教、伊斯兰教三教于一处的圣地。

↑ 人们在朝圣哭墙。

↑ 神秘莫测的死海。

条石缝之中，内心不知不觉洋溢着一种“梦想成真”的渴求。我想，这是因为受到“哭墙”四周浓重的宗教气氛的感染之故吧！

神秘的死海

从耶路撒冷市中心驱车向东行驶30公里，映入眼帘的是连片的沙漠和翠绿的棕榈。汽车在进入一片开阔地后戛然停住。公路的右侧赫然竖着一块石碑——“海平线”。我们下车，站在飞沙走石、苍凉荒漠的土地上，依着石碑照了一张相，证明我们已经来到了地球上海拔最低的湖泊——驰名世界的“死海”。

这里距地中海90多公里，原来是地中海的一部分。相传30万年前，非洲和中东地壳发生大裂变，3000年前开始形成了这个南北长75公里、东西宽5—16公里，面积1006平方公里的内陆湖泊。举目远眺，湖水碧翠，广漠无垠，艳阳高照。但湖面上既无海鸟，也无白帆，连汹涌的波涛也没有，宁静得让人产生一种神秘莫测之感。

地理学家们说，死海的有趣和独特之处在于它的四个“400”：第一，它的湖面低于海平面400米，是世界上海拔最低的湖泊；第二，它的水最深处是400米；第三，据估算，死海中所含的各种矿物质达400亿吨；第四，据说，死海底有大约400米厚的盐积层。由于湖水盐度比重大，人浮在水上不会下沉，从未游过泳的人尽可放心地仰卧水面，放开四肢，随波漂流，甚至可以在水面上仰面读书。我不敢到湖水中去飘浮，就在死海附近的温泉中浸泡了半小时。人进入池水后就有一种轻轻被托起的感觉，反手拉住池边的栏杆，全身完全漂浮在水面上。过了一些时候，我不安分起来，把手从栏杆上放开，想体验一下在“无依无靠”的状况下躺在“死海”水面之上的感受。不料，由于心慌意乱，紧张失调，一下子“翻了船”，脸朝下，呛了一口池水，那咸得苦涩的滋味令我对死海的神奇感立刻消失殆尽，一种望而生畏之感代之而起。

传说，死海底像一个漏筛，大量的矿物质从底部喷射而出。饱含矿物质的湖水具有良好的治病功能。现在，用死海之水制造出来的护肤用品广受世界各国游人的青睐。

安息日晚餐

访以期间，有幸去一位名叫艾比的以色列朋友家度“安息日”。这是

↑ 在犹太朋友家里度“安息日”。

犹太教每周一天的“圣日”。希伯来文shabbat 一词的意思为“休息”。据《创世记》载，上帝在六天内创造宇宙万物，第七天完工休息。犹太人以日落算作一天的开始，“第七天”指的是星期五日落到星期六日落。犹太教规定，该日停止一切工作，不生火做饭，不外出旅游，不乘车，不打电话等，专事敬拜上帝。为此，每周五傍晚六时之前，家庭女主人们忙于烧煮菜肴，准备面包、美酒……每个人必须梳洗干净穿上节日的盛装。

我随艾比先生一家先去教堂。男士们戴帽进入堂内诵经做祈祷，我和其他女士在外间等候。我问为什么妇女不同时进教堂？他们解释说，犹太教并不歧视妇女，只是妇女与男子分工不同，女性是每个家庭的主管，体现出她们的地位之重要。他们还说，在有些地方，妇女也进教堂参加宗教仪式。

从教堂回家后，主人点上蜡烛，我们开始了安息日晚餐。节日的菜肴似不如中国人家宴那样丰盛，但主人待客之盛情与中国人一样感人。为招待中国客人，艾比的妻子，这位虽已步入中年，却依然身材苗条、笑容可掬的漂亮主妇早在三天之前就开始准备这顿晚餐：首先饮酒，是一种她家自制的红葡萄酒。第一道菜是鱼肉做成的片状菜点和番茄片拼成的小冷盆；接着是鸡块、蔬菜等混合烧煮的杂烩，外加酸味泡菜。主食是松软的略带甜味的面包，十分可口。然后是一道鸡汤，内加几片胡萝卜和一只牛肉馅的“云吞”，真有点别出心裁。以我们中国人的口味来评论，要比一般的西餐中的汤鲜美得多。最后上甜点和水果。“安息日”晚餐与中国人的节日宴请最大的不同在于它充满浓重的宗教色彩。从主客入席时起，宗教仪式便不时穿插其间。进餐前，男主人领头诵经、唱歌；进餐过程中又不断唱圣歌、颂诗；结束时再做祈祷、唱诗……这恐怕是我一生中所经历的宗教气氛最浓的一顿晚餐，也是我对犹太人独特文化传统的一次体验。

在澳大利亚看剪羊毛

澳洲羊毛，世界闻名。澳洲拥有全球羊只总数的四分之一，羊毛生产量达全球总产量的四分之三；澳洲的羊毛毯、羊毛衣、羊毛脂和毛皮大衣……令人爱不释手。但，可能是出于职业的原因，我对澳大利亚人如何把他们的绵羊开发成独特的旅游资源，创汇生财产生了更大的兴趣。

一个炎热的午后，我在昆士兰州布里斯班的一个叫“Wool-shed”的牧场里，观赏了一次趣味盎然的剪羊毛表演。一位年轻的驯羊手跳上舞台，向在场的观众致简短欢迎辞之后，便一一介绍即将登台亮相的8只种羊的名字和特征。随即，这些绵羊明星们依次踩着不同的步态，走上、奔上或跳上舞台，熟门熟路地径直站到了自己的位置上去。四只一排，分列两侧，虽然谈不上威风凛凛，但它们那肥大的身躯、厚密的毛层、卷曲的羊角着实令全体观众大开眼界，赞叹不已。台下几十架照相机在不断的闪光之中发出了“嚓嚓嚓”的声音，摄下了这些羊模特儿的风姿。

我发现台上的种羊们虽属“本色演员”，不像马戏团里的动物明星那样乖巧、时髦，但也不同于它们那些整天逗留在羊圈里的同伴们。显然，它们受过良好的训练，并拥有丰富的舞台经验。每只种羊进场、登台时的步伐和风度迥然不同；它们的体态、毛质和优势也各有千秋。第一只是名叫Max的麦利诺的种羊，它有一身30磅重细长稠密的羊毛，可以制成15件羊毛外衣；第二只是叫Bruce的肉食种羊，它上台之后急不可耐地把头伸向食盆，大吃大嚼一通，然后把碗一脚踢开；第三只是名叫Cobber的既供羊毛又供羊肉的双重用途的绵羊；第四只名叫Digger的种羊，据说视力欠佳，但喜欢快步跑进表演场的坡道，有一次一脚踏空，从此有一段时间失去信心，因此对它的训练颇为困难。这一天，它显得很谨慎，在跑道上把头稍稍垂下，以便清楚地看见坡道的起端；第五只是名叫Bluey的混种公羊，由黑到白，它的一副羊毛通常有6—10种颜色；第六只是身体肥大、供应肥羊肉的肉食绵羊；第七只名叫Larry，是世界上历史最悠久的绵羊品种，其羊毛脂含量很多，因此羊毛很重，且长有一头漂亮的发型；第八只种羊名叫Tom，其羊毛生长速度比其他羊只差不多快一倍，并特别适合用来制作地毯。

紧接着，剪羊毛工人带着一头示范绵羊上了台。比起台上那些雍容富态、潇洒自如的羊明星来，那只10个月大的、用以示范的绵羊完全是另一种处境和形象。它虽然以前也被剪过羊毛，但当时它仍极不愿意出台表演，从后台传出的嘶叫声和幕布后面羊足蹬地挣扎的样子看出，它是被强行拖到台前来的。音乐声起，那位剪羊毛的小伙子把绵羊夹在双腿之间，在“Click Goes The Shears”的轻快优美乐曲声中，他用一把电动刨子在十几分钟之内，在绵羊身上从上到下、从前到后地剃了一遍，最后捧起一大堆雪白的羊毛朝台下一摔，不偏不倚，正落在观众面前的一只圆形铁架上，散落下来，竟然是一张完整无缺的羊皮。那小伙子动作之利索和敏捷，显示了澳洲剪羊毛工人的熟练技能，令人赞叹。

剪羊毛刚结束，一头毛色黑白相间的狗神气活现地跳上舞台，表演它的“管理”才能。原来，它是一头叫Luke、属Border Collie品种的牧羊犬。这位“老资格”的演员，其智商显然大大高于绵羊们，还颇通人性，甚至摸透了观众的心理。因此它的表演远比绵羊们灵活出色。它在8只种羊明星之间跳来窜去，突然在Bluey种羊的背上停下不动，面朝台下观众，摆出一副上镜头的姿势，定格，果然引得观众们纷纷对准它拍照。几分钟之后，Luke又出现在场外的牧场里，统帅着几十只绵羊进行集体表演。它在羊群四周狂奔乱跳，吆五喝六，大发威风，可怜的绵羊们在它的指挥之下忽右忽左，赶前退后，忙得不亦乐乎。对比绵羊的温顺善良，Luke越发显得凶神恶煞。但我们无法否认它干活卖力，是主人的得力助手和忠实朋友。

不知什么时候，忽然觉得脚下有什么东西磕磕碰碰的，低头一看，竟然有好几只雪白的、胖乎乎的小绵羊在脚边绕来绕去。有几位牧场工人手拿奶瓶站在一旁照料，显然是为我们准备的。于是，我接过一只奶瓶，俯下身子。立刻，几只小东西欢奔过来。其中有一只出生5周，名叫“贝利”的小羊羔一马当先，一口咬住了奶嘴，有节奏地一口一口吸将起来。它力气真大，随着它的吸吮，我手里的奶瓶也慢慢地被拖了过去，不一会，一瓶奶只剩下半瓶。我移开了奶瓶，小贝利紧紧盯住，连蹦带跳地追赶过来，再次咬住奶嘴，又狼吞虎咽地吸起奶来，很快，剩下的半瓶奶吸光了，小贝利这才松开了嘴。但这个贪婪的小东西还嫌不够，它昂起了头看着我，不时地在我脚边转来兜去，显然想讨得另一瓶奶……“给小羊羔喂奶”是牧场为来此观光的人们设计的一个精彩节目，人们得以亲自动手，喂养这些纯洁可爱的小羊羔，无不兴高采烈，并留下了强烈的美感。我不知道饲养员们对小贝利们的奶水是如何控制的。它们食欲如此旺盛，每天来此观光的游人成百上千，要做到既满足游人们的喂奶兴致，又对小贝利们的奶水进行科学定量，真不容易。否则，牧场要亏本，小羊羔们也会因“暴食暴饮”而病倒，后果

↑ 1995年，在昆士兰州布里斯班观赏趣味盎然的剪羊毛表演，8只种羊代表登台亮相。

↑ 在优美的乐曲声中，剪羊毛的工人在绵羊身上从上到下，从前到后都剃了一遍。

真是不堪设想。

走出绵羊们的家，我们信步走到一片宽阔的草地上。几只高大健壮的袋鼠妈妈胸前装着她们的小宝宝正在跳跃游戏，对不断有人紧挨着它们合影留念，袋鼠们显然已习以为常，并给以良好的合作。可笑的是每当我们摆好姿势，面带微笑，对准镜头时，总有两只长颈翘尾的鸵鸟不紧不慢地踱着方步，挤进镜头“轧闹猛”。它们昂头伸颈，痴痴呆呆地望着你，让人情不自禁地哈哈大笑起来。这时忽见一只孔雀，拖着长长的彩色的羽毛尾巴在我身边散步。尽管我数次走到它的前方，希望自己身上那套黄、绿、白三色相拼的T恤衫能进入它的视线，但它是那样高傲而持重，对我和周围的人们始终“不屑一顾”，终于没有开屏。

在牧场另一角的一个静悄悄的院落里，整整齐齐排列着十几棵枝叶青翠的褐色树干。只见每根树干的半中央，栖着一只躯体矮胖、毛色深灰的小动物。它们像杂技演员爬杆那样，“手”脚紧抱树干，侧过头来，一动不动，目不转睛地注视着观众。那黑幽幽的大鼻子，亮晶晶的小眼睛，呆头呆脑的神情，真是既可笑，又可爱。它们就是大名鼎鼎的澳洲“考拉”——树袋熊。像大熊猫之于中国一样，考拉和袋鼠常常被视为澳大利亚的象征，因而受到世人的宠爱。

总之，我们在“Wool-shed”牧场里逗留了一小时，得以一睹澳大利亚动物世界里最有代表性的“精英”们的风采，并有机会与它们近距离地接触交往，合影留念，既了解了澳大利亚的风土人情，又增添了独特的生活情

← 喂袋鼠。

趣，留下了难以忘怀的美好记忆。

看得出来，其他观光者也像我们一样高兴而来，满意而归。这个旅游景点名扬四海，大受欢迎是理所当然的。我注意了一下，这里的门票是成人11澳元，老人、学生8澳元，幼儿5澳元；牧场内还开设了酒吧、餐厅，吸引了大批食客。牧场的收入，在扣除用以饲养动物之外，创汇赢利部分当然十分可观。为此，“Wool-shed”牧场荣获布里斯班旅游胜地杰出成就奖、昆士兰州旅游业奖，被誉为澳大利亚名牌旅游景点之一。

这是澳大利亚以本国的动物作为一种资源，加以开发利用，为发展澳旅游业服务而获巨大成功的一例。他们的观念、构思和做法很值得我们学习借鉴。

“小红帽”风靡奥地利

1994年金秋时节，上海市小红帽艺术团远涉重洋飞到欧洲腹地的音乐之乡奥地利，进行为期半个月的访问演出。孩子们的足迹遍及多瑙河畔的山山水水，为下奥地利州的人民演出了22场，以动人的琴声、歌声、笑声和优美的舞姿向人们展示中国传统文化的魅力，传递中国人民的友好信息，在奥民间、官方和新闻传媒中引起热烈反响和高度重视，有关的市长、州长和奥地利总统都给予亲切接见。“小红帽”们在这次多姿多彩而富有教益的欧洲之行中为上海、为中国争了光，也在他们成长的旅途中留下了难忘的一幅幅画，一段段情。

远涉重洋　旅途艰辛

从上海到欧洲的旅程是漫长而艰辛的，对从未远离家门的6岁至13岁的孩子们来说无疑是一次锻炼和考验。令人惊喜的是，他们所表现出来的除了天真、稚气外，竟还有点沉着和“老练”。

9月14日，“小红帽”一行乘“东航”飞机经过16个小时的长途飞行抵达比利时首都布鲁塞尔时，受到奥方主人委托的奥地利朋友彼得的照料。他首先把孩子们领到一个陈列儿童图书的“卡通中心”参观，但那里既无导游讲解，又看不懂法文说明，人们在几分钟之内就兴趣索然了。但“小红帽”们却个个兴致勃勃，上下奔跑、拍照、做游戏，寂静的大楼顿时充满了欢笑和生机。那位彼得叔叔说：“真可惜，我看不到你们在奥地利的演出了！”几个六七岁的小女孩听说后大眼睛一转，马上说：“别愁，我们现在就单独为你表演！”于是她们立刻在楼梯口排好队形，合着老师和小伙伴哼出来的曲子，有板有眼地手舞足蹈起来，虽然动作不太整齐，但劲头十足，味道很浓，引得楼梯上下围满了外国人，他们惊喜地看着中国小姑娘们，热烈鼓掌。

↑ 1994年9月，上海“小红帽”艺术团访问奥地利。

中午，在快餐厅以汉堡包充饥后，随着其他顾客不断进入餐厅，全团只得撤出温暖的店堂，来到大街上，等候彼得叔叔安排下午的活动。9月的布鲁塞尔已是阴冷、寒风来临的初冬气候了。街上车水马龙，行人匆匆，有的竖起了羽绒衫的高领，令我们这些衣衫单薄的上海来客颇为羡慕。但我们既无法从集中托运的行李中取出衣物，又不可能找到一个避寒的地方，只能在宽阔的人行道上“流浪”，全团似乎陷入了困境。此时，“小红帽”们在老师们的引导下跳起集体舞，做起游戏来了。红帽子，红外套，被冷风吹得红彤彤的小脸，黑头发，黑裙子在街头闪动，伴着欢快的笑声，活像一群无忧无虑的快乐小天使，组合成一幅少见的动人街景，令不少行人驻足不前，有的上前打听：“小朋友们是从哪里来的？”当他们得知这是来自中国上海的“小红帽”时，不住点头微笑，赞许说：“太好了！”

入夜，东去的列车载着疲惫不堪的孩子们，在德国境内通宵行驶了13个小时之后，于9月16日上午终于抵达目的地——下奥地利州克雷姆斯-施泰因市。火车站上，以市长为首的市政官员、接待单位的负责人、我驻奥使馆的文化官员、市民代表、新闻记者以及十多位房东先生和太太带着鲜花、饼干和一颗颗火热的心迎上前来。身穿民族服装，帽子上插着“野鸡毛”的当地儿童把一束束五彩缤纷的鲜花献给每一位“小红帽”。隆重而亲切的欢迎使孩子们在长途旅行中积聚的劳累消失殆尽，兴高采烈地走进了一个洒满阳光的温暖世界。

演出动人　展示中国

小红帽艺术团在奥地利从未被安排在豪华的剧场里演出，小演员们把中国的艺术带到学校、教堂、农庄、广场和养老院……成为最贴近普通的奥地利人、受到各界人士广泛欢迎的中国文化小使者。

梅尔克的数百名中学生看演出时如痴如醉；魏特拉养老院的老人们看演出时热泪盈眶；凡格拉的农民们扶老携幼，聚集村头，席地而坐或爬到树上，为演出呐喊叫好；在埃格湖畔的收获节上，在萨尔茨堡的莫扎特广场，“小红帽”表演的中国民乐和舞蹈为节日的聚会增添了喜庆的气氛和独特的东方情调，引起观众的浓厚兴趣……

12岁的小姑娘芮美和13岁的小男孩高纯华分别举办了钢琴和笛子的独奏音乐会。数百名奥地利听众像出席世界著名音乐家的音乐会那样郑重其事，盛装而来，屏息端坐几小时，沉醉在超越语言障碍的感情交流之中。这两位中国少年在弹奏、吹奏舒伯特的《即兴曲》、萧邦的《回旋曲》、中国的《江河水》、《鹧鸪飞》等中西名曲时表现的艺术修养和娴熟技巧，使颇具音乐素养的奥地利听众为之倾倒和震惊，许多人在音乐会结束后走到台前对中国朋友说，他们一生中从未听到过如此美妙的音乐，从未见过如此有天赋的孩子。奥地利人民从“小红帽”的演出中进一步认识了中国和她的光明未来。

与能歌善舞的奥地利人同台献艺，共娱共乐是“小红帽”开展中外文化交流的又一精彩片断。一天下午，公爵堡的农民阿鲁斯·多乐先生热情安排“小红帽”们参观了他的肉猪饲养场，在客人们饱餐了他自制的油炸猪排和香肠之后，又邀请全团出席由他主持的一场别开生面的民间舞蹈晚会。晚会由5位乐手演奏吉他、黑管、手风琴、乐鼓等乐器开场。嘹亮动听、节奏欢快的乡村音乐令人精神大振。当一群中国“黎族小丫丫”在以大森林、小木屋为背景的木板搭建的舞台上一出现，她们独特的服装、可爱的形象和浓郁的东方情调引起观众的轰动。由多乐先生领头的公爵堡舞蹈队也大显身手，特别是那个节奏性强、动作粗犷、充满阳刚之美的“男子舞”最受欢迎。舞蹈在脚下不断发出“踢踏”之声，还不时做出与对手摔打的动作，生动地反映了奥地利农民在劳动和生活中的情趣和幽默，令全场观众热血沸腾，欢声如潮。受此鼓动，小红帽艺术团的成员也跳上舞台，入围起舞，使晚会气氛达到了高潮。在狂欢之中，只听见“噼啪”两声巨响，原来舞台上的地板被舞蹈者踩断，但主人却兴高采烈地说：“按奥地利风俗，这是一种吉利的好兆头！”

“小红帽”艺术团在克雷姆斯地区收获节上表演。

异国文化
大开眼界

奥地利以其秀美山水、古老建筑、文化遗迹、葡萄美酒展现了欧洲文化的精粹和动人的异国风情，使“小红帽”这样的中国少年增长了知识，大开了眼界。

在奥方主人的安排下，"小红帽"们多次徒步旅行，领略了驰名世界的多瑙河和维也纳森林的旖旎风光，游览了隐匿于青山绿水之间的众多教堂和古堡。位于下奥州东部的中世纪著名古迹"玫瑰堡"是建于12世纪至17世纪之间的一座贵族庄园，内有祈祷室、骑士厅、武器室、鸟屋、绿色沙龙、红色沙龙、会议厅、大理石厅、图书馆等。室内陈列的家具和饰品，都十分精美、有趣。其中有一种"谈话椅"，两椅相连，当双方谈得非常投机时，可把横在当中的扶手拆去。还有一种特别狭小的座椅，据说是为贵族妇女在坐下时使其穿着的长裙保持挺括而特地设计的。红色沙龙四周糊墙的纸是用动物兽皮制成的，上面有金、银箔相嵌，配以手工绘画，显得非常华丽……"小红帽"们在"玫瑰堡"中第一次亲眼看到了欧洲中世纪贵族的生活内容和场景。

在"玫瑰堡"庄园的室外，"小红帽"还看到了有趣的驯鹰表演。参加表演的有猎鹰、猫头鹰、湖鹰、皇帝鹰、修士鹰等各式各样的鹰。它们对驯鹰师的驯服态度以及展翅高飞的优美姿态，激起人们很大的兴趣和美感，成为孩子们特别喜爱的一个游览节目。他们问为什么来到奥地利以后不断听人谈到鹰、看到鹰？奥地利朋友说，鹰飞得快，目光敏锐。高空飞翔的鹰象征着自由，因此奥地利人钟爱鹰，意味着他们热爱自由。

"小红帽"访奥期间"安家落户"的地方克雷姆斯-施泰因是一个仅有2.5万人口，但却有一千年历史的古城，它是奥地利著名的文化之城、旅游之城、葡萄酒之城。细石子铺成的步行街上，人群熙攘，阳光和煦；攀登82级石阶以后，可见一座有九百多年历史的巴洛克式的教堂，圣殿内金碧辉煌，四周墙上饰有250年以上历史的名画原件，大管风琴不仅用于每周的宗教仪式，还用于市内每月一次的音乐会。古朴与新潮，宁静与热闹相结合，使这座千年古城显露出一种独特的风韵。该市四周还有33公顷种植葡萄的土地，七百二十多个种植园。这里的沙质土壤，适合优质葡萄生长，早在13世纪，这里就开始生产质量上乘的葡萄酒。中国的"小红帽"来到此地，城内的酿酒商们闻风而动，多次与代表团接触，探讨如何让奥地利的葡萄酒尽快地进入中国市场的问题。

民间交往　中奥情深

23位"小红帽"分别被安顿在19个奥地利人的家庭里。房东先生和太太们管吃管住，问寒问暖。清晨，他们护送孩子们到出发地集中；晚上，他们聚集在施泰因广场，当"小红帽"乘坐的大巴士一到，这些奥地利爸爸、妈妈、爷爷、奶奶、哥哥、妹妹们都拥到车旁，把孩子们搀着抱着，领回家去。即使是深夜、凌晨，或刮风、下雨，他们总是等着，不见不散。团内一位小朋友病倒了，一位叫弗利蒂的太太把小病人接到自己家里，陪同她看医生，照料她吃药，帮她洗澡、洗衣，还把许多点心、玩具放在床边，像亲妈妈那样日夜守候在小病人身边。4天后，小朋友病愈归队，全团的演出和活动未受一点影响。这位

↑ 9月28日，奥地利总统克莱斯蒂尔会见小红帽艺术团。

房东太太的善良、真挚使“小红帽”们深受感动。告别那天清晨，全体房东和小红帽艺术团的成员最后一次聚集在施泰因广场，每个人都热泪盈眶，依依不舍。孩子们说：“在奥地利不仅看到优美的风光，还从房东们身上学到了做人的道理！”他们一致盼望，不久的将来克雷姆斯所有的房东组成一个访华团，来上海和中国作客！

奥官方人士也对“小红帽”，进而对中国表现了很大的好感、兴趣和向往。克雷姆斯市市长格拉普那先生说，三十年前，他第一次喝到中国的汤，非常鲜美，从此爱上了中国菜。他亲自热情接待“小红帽”并积极支持各方面加强与中国的交往，特别希望克市的葡萄酒能通过“小红帽”的关系进入中国市场。下奥地利州州长波尔先生在收获节的盛典上接见了“小红帽”的全体成员，饶有兴趣地指认了胡琴、琵琶、笛子、扬琴等各种中国民族乐器，兴致勃勃地把“小红帽”纪念饰品佩戴在胸前，欣然与全体小朋友合影，并说希望1995年他能实现首次访华。9月28日，奥地利总统克莱斯蒂尔在维也纳总统府接见了“小红帽”全体成员，观看了小演员们的即席表演。他感谢艺术团在奥各地的精彩演出，认为两国青少年的交流很有意义。

“小红帽”也成了奥地利新闻媒介的宠儿。下奥地利州地方报刊在艺术团访奥前后都作了大量报道，奥国家广播电视台（ORF）在“小红帽”的告别演出盛会上，还对小演员们进行了现场拍摄和采访，孩子们天真烂漫，却也不乏小小“外交家”的风度，对记者的各种问题有问必答。如问：你们不懂德语，怎么跟房东讲话？答：打手势呗！（边做个吃饭的动作为例）问：你对奥地利最喜欢什么？答：山和水，多瑙河，但更喜欢奥地利人。问：你是不是很想家？答：很想，很想。昨天晚上我写了一封信，请我房东代我寄回家，但到现在还没有寄出去。问：现在你们即将要回国了，是否感到很高兴？答：很高兴。问：为什么？答：因为很快可以看到妈妈了。她一定在想我，我不想让她再等很长时间了，她会哭的……

外交

外事人员应是政治强、业务精、素质高的复合型人才。要按照周总理“站稳立场、掌握政策、熟悉业务、严守纪律”的十六字要求，忠于国家利益，把握外交政策，精通各项外事业务，具备跨文化交流的意识和能力，培养良好的个人修养，博学多才，以适应地方外事工作政治性、专业性、综合性的特点。

我的人生“关键词”

一、座右铭。周总理对外事人员提出十六字的要求：站稳立场，掌握政策，熟悉业务，严守纪律。

二、国家利益，高于一切。爱国精神是外事人员政治素质的核心，由此派生出工作的动力、激情和强烈的事业心，使自己的人生历程和对事业的追求与国家命运、国际风云紧紧相连，息息相关。

三、立足本职，融入全局。我在本职岗位上，维护国家利益，服务总体外交，怀揣两个目标："让世界了解中国"，"为祖国争取人心"，为此奋斗一生，让我在外交全局中找到了自己的位置。我感到自己很渺小，但不可缺少；自己很平凡，但工作很崇高。因此，长年累月，激情投入，不断追求，充满美感，乐在其中。

四、学习理论，掌握政策。主要内容有：认知世界格局，国际关系；中央的战略决策，外交外事方针；中国外交的原则、理念、风格和艺术；不同于传统外交的公共外交；地方外事中的政策、法规等。

↑ 著名外交家、社会活动家李储文同志（中）对我的教诲终身受用。

五、钻研业务，"行家里手"。包括外事接待，外事管理、对外宣传、外事综合、外事翻译等，懂得这些工作的深刻内涵、有关政策、专业知识，具备从事这些工作的能力和基本功。

六、对外宣传，善于交流。地

方外事根据总体外交的要求，以地方视角和资源，向国际社会做宣传中国、争取民心的工作。这是地方外事的职责和特长。实施这项重大任务的过程就是跨文化交流的过程。外事人员必须学会与外国人交谈、交往、交际、交友、谈判等。

七、夯实基础，练基本功。① 通晓外语：是对外沟通和交流的工具和桥梁，不可或缺。② 综合文字：是进行外事管理的重要手段，通过简报、总结、调研、专报、讲稿、邀请、信件等形式进行内外联络，上通下达、指导工作；综合文字也是对工作深化思考，实现从感性认识提高到理性认识的过程。③ 外事礼宾：是一项外交职能，直接体现国与国之间的关系和政府的外交政策。地方外事中主要体现在涉外典礼的仪式、对外活动中的礼宾程序和人员位次的安排、外交人员的特权豁免、国际交往中的礼仪礼节等。

八、知识积淀，"杂家""通才"。很少有一门职业像外事工作那样与各行各业有如此紧密的关联。外事人员要努力使自己成为知识结构多元化的"杂家"和"通才"。

九、注重礼仪，塑造形象。外事人员的形象在某种程度上代表了一个城市和国家的形象。实践证明，仪表端庄，举止文明，谈吐高雅，诚信友好，善于交际，不亢不卑，个性幽默的人是受外国人欢迎的。

十、实践磨炼，成才之道。我视上海的外事工作为一所大学校；视繁忙的工作任务为向我提供的多种课程；视参与外事活动的领导、群众和外国人为我的老师。持之以恒是我的原则；实践——总结——提高——积累是我的学习模式；外文、中文是两种不可或缺的交流工具；"多干"、"多思"、"多写"是我每天的必修课。

↑ 1982年，赴美学习考察。

↑ 上世纪90年代我活跃在对外工作第一线。图为1994年陪同徐匡迪市长和印度副总统纳亚亚南参观杨浦大桥。

↑ 1999年，在俄罗斯符拉迪沃斯托克出席国际会议。

与美国教授讨论民主自由

我在波士顿一所大学听课行将结束时，教授在课堂里表示想问我和与我同去美国访问的一位同事一两个问题。他说："今天我想问一个可能使你们感到为难的问题。如果现在有人对你们说，你们可以带着家属移居美国，你们愿不愿意？"我说："这个问题有什么为难？我可以立刻回答你。我在美国生活了几个月，感到你们的国家辽阔、富饶、美丽，你们的人民对中国很友好。如有可能，我愿意在这里呆更长的时间，以便更好地了解美国的社会和文化，更好地学习英语。但是，我永远不会申请加入美国籍。道理很简单，因为我是中国人，我像绝大多数中国人一样热爱我的祖国，眷恋我的故乡，思念我的家庭和亲友。我来美国一些时候以后，这种感情变得越发强烈了。"

教授进而问道："人们都说中国的社会制度是不自由、不民主的，你们对此有什么看法？如果你们最亲密的家庭成员，如你们的配偶，为获得民主、自由而想移居美国，你们是选择你们的社会制度还是自己的亲人？"我说："我要选择我的国家和社会制度，我不会随同亲人离开中国。"我说："我承认，在过去一些年代里，特别是在'文化大革命'中，我们在实践民主制度方面存在一些问题。但我们已经认识到这一点，并正在努力健全我们的制度，我们确已有了很大的改进，这是事实。我的祖国有几千年的文明，灿烂的文化，优秀的传统，我为这一切而自豪，我不能离开这一切而活着，我还要为继承和发扬这一切而贡献自己的力量，我怎么能够离开自己的祖国呢？"

教授说："你把自己的感情表达得很美。不过，我还想问一个问题：在美国，我们当中的任何一个人可以站到广场上去发表演说，批评政府和总统，说自己不同意，不支持他等。在中国，人们可以这样做吗？"

我说："我们中国人表达自己见解的方式可能同你说的那种不一样，如我本人就不会站到广场上去发表演说。但是，我们可以在开会时发言，找领导谈心，或写信给上级，

← 1983年在美国波士顿东北大学学习，与美国教授讨论中美不同的社会制度。

甚至给中央一级，发表自己的意见。现在，我们正在认真地健全民主与法制，人民完全可以这样做，法律对此有充分的保障。这是问题的一面。问题的另一面是，虽然美国人民确实可以这样发表言论，甚至批评政府，但这些言论又将产生什么作用呢？就我所见所闻，我想并不是所有美国人都能享受这种权利。有些持有与政府政策不同见解的人遭到联邦调查局的盯梢或上了黑名单。我还感到，相信共产主义哲学的人，在这个社会里就不那么自由，他们会受到严密的监视和限制。”

讲到这里，课堂里的一位美国学生表示支持我的观点，他说：“如果有人在广场上宣传共产主义的观点，5分钟后就有可能进监狱。”这位学生还说：“在这个社会里，黑人永远是二等公民。”最后，我对这位教授说：“因此，我相信，世界上确实不存在抽象的、绝对的自由与民主。我在这里几个月生活的实际感受告诉我，这个国家的民主和自由是与人们的种族肤色、经济地位和政治观点密切相关的。”这位教授对此无言以对。我们的讨论也就此暂告结束。

浅谈外事写作

“写作”对于我当然不是“文学创作”，而是指在大量外事实践的基础上进行思考、综合、研讨、总结而得到提高的过程。

我坦言：我惧怕写作。在进入外事部门的第一年，我接到的第一个工作任务是写一份有关某外国航空公司开通与上海直航的情况报告。那时因为不懂外事，不会调研，便不会写作。以后数年间，在老同志的指导下，我一直处于“写——改——再写——再改……”的循环之中。那种不得要领、不得入门的痛苦和艰辛至今记忆犹新。由此，我弄懂了一个简单而又明白的道理：要学会外事写作，首先要实践外事工作。

在多年的外事实践中，我又悟出了这样的道理：干一些外事工作，并不等于你真正懂得外事，更不等于你已经成了外事工作的行家里手。关键是要边工作，边思考，把实践中的感性认识提升为理性认识，从而掌握外事工作的本质、特征和规律。而“写作”在很大程度上帮助了我实现这种由感性向理性的转化和升华。我体会，写作的实质是思考，动笔的实质是动脑，我“惧怕写作”的实质就是“惧怕思考”，“惧怕艰辛”。诚然，写作很苦。起早摸黑，甚至通宵达旦似乎是家常便饭；思绪纷乱，陷入“难产”更是苦不堪言。但为了使自己真正理解并掌握我的工作和事业，我决心挑战惰性，迎战艰辛，把“惧怕写作”变为“不怕写作”，逼着自己“天天写作”。几十年坚持不懈，得益匪浅。从写作的内容和方式来归纳，我的写作大致有六种类别。

写日记——对实践的积累

每天自己在大量纷繁的外事活动中所得的经历、信息、印象等通过写日记得以“自我消化”，成为“原始积累”。所谓的“消化”，指的是一种自己与自己的“研讨”。常常

↑《上海外事》系由上海市人民政府外事办公室于1981年创办的刊物，为全市外事人员提供了学习交流的平台。我多年为该杂志撰稿，尝到写作的艰辛，也得到诸多收益。图为1996年《上海外事》杂志纪念出版300期，我和同事们与主管外事的赵启正副市长合影留念。

写作时周围已是夜深人静，但脑子里的“研讨会”却开得热火朝天。

由于“日记”跟着工作走，每天“日记”的主题和标题呈“五花八门”状，读来有趣。如：1999年4月23日：“学会与外国人闲聊——在法领馆与法国议员共进晚餐”；1999年8月31日：“与《亚洲华尔街日报》记者谈我对外宣传问题”；2000年5月19日：“外国领馆人员为何喜欢上海——听智利总领事在上海领团舞会上致辞”；2000年6月27日：“读外交部新闻司《外国记者情况》第17期有感”；2000年8月30日：“走友城渠道，树上海形象——从罗马去法兰克福途中思考‘瑞典上海周’成果”；2000年11月24日：“西摩会堂问题——与以色列、美国总领事及上海犹太人社团主席谈话纪要”；2000年12月18日：“各种难题，从容应对，坚持原则，灵活宽松——与美国总领事在新年午餐会上交谈实录”；2001年6月21日：“向拉美、加勒比地区青年外交官讲习班成员介绍上海的新思路”；2001年6月23日：“随和、健谈、幽默、礼貌——马尔代夫外长贾米尔印象”……

如今，这样的“日记”字数逾百万。它们从不用作对外发表，而是我自己编撰的“自学读本”和“工作历程”。

写案例——对工作的总结

我常在工作中发现许多“闪光点”：一次成功的接待，一次效果显著的参观，一场别开生面的聚会，一位可以交流思想的外宾……我对它们“闪光”的原因更感兴趣，于是选择其中有典型意义的案例进行聚焦、剖析和探究。如果说，“日记”是有感而发、信手写就的“粗加工”作品的话，那么“案例”则是经过深思熟虑、综合提炼的“精加工”作品。

《傲慢而别扭的美国歌唱家》讲的是做对中国很陌生的外国人工作时"以诚待人"、"以情动人"很有效。《接待美国知名人士陈香梅女士》总结了在1989年政治形势异常严峻的情况下做好接待工作的成功经验——淡化政治色彩，可以强化政治影响。《四位美国夫人在上海》记述在接待四位喜欢自行观察中国社会的美国上层妇女时既"放手"又"引导"的做法，取得良好效果。《"排球外交"的魅力》记述率上海男排出访比利时，球队以良好的素质和形象，征服欧洲观众，为国争光的事迹，说明在对外交往中文明、礼仪的重要作用。《宴请外宾甘苦谈》总结在餐桌上对各类外宾做宣传工作的体会。《原则性、灵活性、艺术性的完美结合》、《认真钻研，创作更多外宣"精品"》、《听徐匡迪市长与外宾谈话》等文章是学习中央和上海市领导做外宣工作的心得。

写"特写"——对外事"精粹"的实录

如《丝绸之路，情深意长》(记与十五位美国博物馆专家在西北之旅中交友的故事)，《采访两位演中国京剧的美国人》(采访英语京剧《凤还巢》中扮演"程氏姐妹"的美国姑娘)，《福伯斯游艇访沪趣事录》(美国出版巨子的上海之行)，《美国宗教领袖在上海》，《西班牙贵宾逛街购物记》，《舒尔茨再访上海有新意》，《"夫人外交"的趣闻和启迪》，《密西西比的女儿，中国人民的挚友》(记美国黑人女市长尤尼塔·布莱克韦尔)，《"小红帽艺术团"在奥地利》，《'94犹太人上海团聚特写》，《相聚在北京，友谊传四方》(第四次世界妇女大会专稿四篇)等。

写"专论"——对重要课题的论述

"专论"是在许多"案例"的基础上对诸如"民间外交"、"对外宣传"、"涉外礼仪"、"文化交流"、"上海介绍"、"区县外事"、"领事工作"、"新闻工作"、"外事为经济服务"等地方外事中带全局性、基础性的一些重要课题作宏观的理性的思考和论述。

如《发挥民间外交特色和优势，做好争取世界人心的工作》、《论外事活动中的对外宣传》、《必须重视研究新形势下的对外宣传》、《小议涉外商店的"软件"建设》、《提高"含金量"，尚须挖潜力》、《既要引进资金技术，还要开拓海外市场》、《引进人才，引进智力》(上述三篇均为外事为经济服务的论述)、《重视区县外事，加大管理力度》、《面向新世纪，思考新问题——有关领事工作的议论二则》、《怎样介绍上海值得探究》、《为国际艺术节喝彩》等。

写"调研"——对事物的深入了解和认识

我体会，"调研"是做好各项工作，包括外事工作的"必须"和"先行"。如，要实施"外事管理”，必须了解外事工作在新形势下面临哪些新问题；要搞好队伍建设，必须了解外事干部的现状和问题；要从事接待工作，必须掌握外宾的基本情况和思想倾向；要做好本职工作，必须学习国内外形势和外国的国情、文化。

我视每次出访为了解出访国国情的好机会，总是带着题目或在访问中选出题目，开展调研。20世纪80年代，我两次赴美考察，设定的调研总题目是“了解美国”。通过各类参观访问活动以及与房东、友人、官员、记者、教师、学生、导游、司机，甚至偶然相遇的陌生人的面对面接触交谈，在近一年时间里记录了八十多万字的工作日记，在此基础上写出了《美国青年的精神主宰》、《从芝加哥黑人区谈起》、《美国儿童饱尝家庭解体的苦果》、《同美国人讨论民主和自由》、《有关中国的最热门话题之一——计划生育》、《美国的“第三世界”印象》、《拉斯维加斯与美国的“兴赌救困”论》等调研报告，大大加深了对美国社会和美国人的了解，对我从事有关美国的工作，产生了积极的作用。20世纪90年代，我出访以色列、联邦德国和澳大利亚等国时，先后写出有关以色列社区工作、两德统一后的社会现状、澳大利亚的远程教育等问题的调研报告13篇。

写“回忆”——对事业和人生的思考

《我的英语自学甘苦谈》、《做一个忠诚祖国、自强不息、事业有成的女性》、《我是一颗螺丝钉——从事地方外事卅年的回忆和断想》等文章主要涉及对地方外事人员综合素质、自我修养和成才之路的论述。

应该指出，有实践经验，有思想观点，并不等于能出写作成果。写作是表达思想的一种创造性的劳动，它有自己的规律和要求。我们在写作中起码会遇到“构思立意”、“遣词造句”和“文字技巧”等问题，需要下功夫学，并通过写作来练。

我体会：写作是工作，写作是学习，写作是提高。通过写作，可以提高自己的工作水平和综合素质。能坚持写作，至少要具备这样四项要素：① 认真工作实践；② 勤于思考学习；③ 加强文字修养；④ 不怕吃苦受累。

↓ 综合写作是我在实践中提高工作水平和综合素质的重要途径，数十年中，实践不断，笔耕不止。图为2013年在家中忙于整理资料，撰写论文。

多下苦功夫，学写短文章

2002年3月，我们成功接待了国际展览局为中国申办上海2010年世博会一事派出的考察团一行7人。之后，我写了一篇题为《国展局考察团在上海的日子里》的文章，记叙这次接待过程和成功之处，有二千三百余字。数月以后，市里召开一个弘扬“申博精神”的会议，我被要求作介绍这次接待的发言，时间限定在5分钟之内。我面临的难题是，发言稿必须有充实的内容和深刻的内涵，还要让听的人受到感染，但是又须篇幅短小，越短越好！经过一番浓缩、提炼，我把原先二千三百余字的长文改写成一千五百余字的短文，作了题为《突出优势　体现个性　展示魅力》的发言，基本达到了目标要求。

写短文很难，写短的总结更难。以上述申博短文为例，我在以下三个方面下功夫：

一、构思立意

构思立意指确定文章的主旨、撰写的角度和重点，即写什么，从什么角度写，重点在那里等。这项工作是写文章的核心和灵魂。做好了构思立意，就使你落笔有方向，详略有依据，表述有深度，最后使你的文章主题鲜明，内涵深刻。

以这篇申博的短文而言，我要写的是一次外事接待如何成功，为什么成功，而接待的核心内容是对外宣传上海这座城市。也就是说，这篇短文是一次外事接待的小结，主旨是宣传上海的成功经验。原先写的那篇记叙文中大量有关接待过程的文字应当精简。

二、框架结构

框架结构指思维的逻辑，文章的层次，行文的条理。通俗地说就是先写什么，后写什么，上下层的关系和链接等。框架结构实际上是构思立意的重要组成部分。我们经常说的一句话叫“纲举目张”，“立意”和“框架”的关系就是“纲”和“目”的关系。只有架构清晰，层次分明的文章才能把主题思想诠释得有条不紊，层层深入，让读者顺理成章地接受这个主题。

从申博短文的情况来说，我的构架是：开场、结尾；当中写了三层意思，即三条经验：第一层写领导正确的决策是成功的关键；第二层写群众参与是成功的保证；第三层写地方外事的特色增添了接待、外宣的魅力。

三、文字表达

文字表达指处理素材、记述事物、论证观点、诠释主题等方面，包括遣词造句在内的能力和技巧。有了这方面的技能，文章的主题才能表达得到位，具有说服力和感染力，文章才能有可读性、生动性。文字表达有以下重要环节：

（一）开场结尾

有的文章开场“点题”，结尾引起人们的“回味”。本文就是如此。开场很短，但概括了全文的主旨和结论：“这是一次最成功、最精彩、最令人难忘的外事接待”；外宣成效用四个排比句来表达：使外宾“认识上海、认可上海、感受上海、热爱上海”，前两句是理性的，后两句是感性的，更富有感情色彩；最后用外宾的一句“上海万岁”来说明反

↑ 要写好短文，需在三方面下功夫。

↑ 构思立意是灵魂。

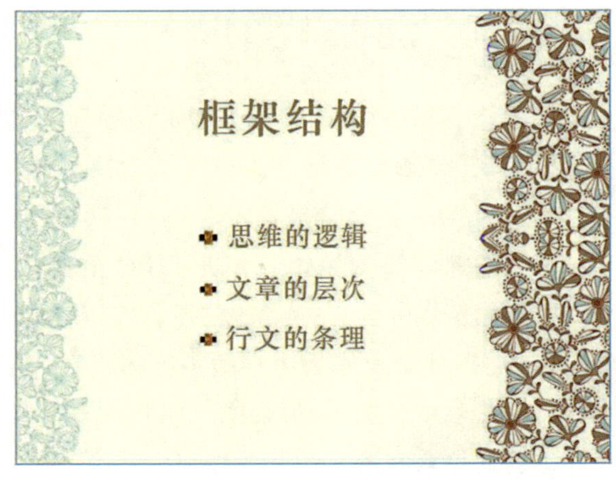

↑ 框架结构有层次。

↑ 文字表达要讲究。

响之强烈、接待成功的程度。读了这个开场，人们一定很想读下去，了解这些成效是如何取得的。下一段以“成功来之不易”一句转入对接待工作经验的论述。这6个字起承上启下的作用。

文章的最后一段是外宾最有分量的反应的浓缩，再次强化了这次接待的成功，是令人回味的结束语。

（二）选材得当

材料是大量的、丰富的，要把文章写得短，写得精，关键的举措是大刀阔斧地取舍素材。根据文章的主旨、重点和角度对大量素材进行筛选，决定取舍和使用时的主次。在本文当中把代表团如何了解上海今昔；如何看科技馆、步行街、进才中学；如何参加植树活动，游览黄浦江等精彩材料都忍痛舍弃，或化繁为简，作了改写。精选了代表团亲临世博选址现场、在新天地接触中外人士和受到人性化服务这三项材料，重点展开，说明三条经验，达到了紧扣主题、精简文字的目的。

（三）标题醒目

全文的重点用三条醒目的标题来表述。

第一条肯定领导。写得比较朴素，但实在、贴切：“领导的决策和指挥充分体现了政治和外交的智慧，是成功的关键”。其中“智慧”一词是听其他同志谈话中用到的，我立即采用，因为我觉得非常准确地评价了领导决策的正确。以往大多数总结文章都写到“领导重视”之类的话来肯定领导的作用，几乎已成为到处可用的套话。现在的表达令我满意，因为它写出了领导真正发挥作用的地方。市领导说“看，是我们的优势所在”，“参观是最好的陈述”，为接待指明了方略，奠定了成功的基础。

第二条经验是肯定群众（包括中外人士）：“广大市民和各界人士的热情参与是成功的保证”。对植树节和进才中学的群众场面作简略描写：“同心协力、美化城市”的“壮观景象”和学生“当家做主”，“看得生动，谈得活跃”……重点笔墨用于描写新天地境外、国外企业家为考察团举行的晚宴，包括瑞安集团董事长罗康瑞的“游说”，在新天地接触中外商户、群众的气氛和代表团成员的强烈反应。生动有力地说明了中外人士、普通群众在外宣中起的作用。

第三条经验是肯定外事接待的特色和艺术：“个性化的服务在接待工作中显示了独特的魅力”。为做好这次为期三天的接待，外办及有关方面准备了近两个月，拟出多种接待方案，策划各个环节，落实各个细节，工作极其繁杂。文内集中写了“个性化服务”这一点，原因是它体现了上海地方外事的特色和魅力，可谓“精彩”、“动人”。这一层描述之后再加上一小段“点评”：“这些人性化、个性化的服务均在见缝插针之中无声无息地进行，但却成为上海与考察团乃至国展局亲密关系的粘合剂，起到了一般的政治宣传起不到的作用。”当然，这样的经验并非此次首创和独创，而是我们在地方外事，特别是外宣工作中长期实践积累的经验之谈。

“标题”在外事写作和一切写作中都至关重要。我们努力使标题深刻、贴切、醒目，成为全文的“点睛之笔”。要做到这一点并不容易，写好标题常常需要深思熟虑，反复推敲，是对主题思想认识的深化、诠释的手段。

（四）用词精准

“正确”、“精准”是外事写作用词的基本要求；“精炼”、“精美”是更高要求；“文采”和“情感”是用词的另一类要求，在外事文件中似不常见，也不特别要求。

用词精准并不是说要辞藻花哨和堆砌，而是指用词无误、贴切甚至精彩，也意味着文内无虚空之词、不实之词、重复之词。其结果使文章表达到位，简洁明了，行文流畅。我们在用词遣句方面的功夫也是浓缩提炼，化繁为简，写出高质量短文的重要条件。

附：《突出优势 体现个性 展示魅力》

突出优势　体现个性　展示魅力

2002年3月，国际展览局派出了一个由7位成员组成的精干代表团来到上海对我们的城市申博工作进行评估考察。结果是鼓舞人心的：这是一次最成功、最精彩、最令人难忘的外事接待。四天中，考察组不仅认识上海、认可上海，而且感受上海、热爱上海。团长塞雯在告别上海的欢送晚宴上喊出了“上海万岁”，表达她内心的激情和全团的心声。

成功来之不易。我们最深刻的感受有三点：

一．领导的决策和指挥充分体现了政治和外交的智慧，是成功的关键。

考察组来沪之前和抵沪之初一再强调，此行的主要活动是听陈述，其他参观活动可以减少甚至取消。市领导在准备工作过程中多次强调：看，是我们的优势所在；参观，是最好的陈述。据此，我们精心策划，巧妙安排，把这一理念贯穿接待的全过程，使考察团在三天多的时间里不仅确保有16个小时听取陈述，进行工作研讨，而且还得以自然动感地看到上海的风采，感受到上海人对世博会的巨大热情。

为了直观、深刻地阐述“城市，让生活更美好”这个主题，我们把有关专题的陈述搬到浦江游船上、选址的现场和城市规划展示馆。团长塞雯说，到了现场，我们才真正理解为什么上海人民对申博如此支持；看到今天的陆家嘴，我们坚信2010年上海举办世博会的规划一定会成为现实。考察团盛赞城展馆内有关世博会历史的展示办得非常好，认为其资料比国展局掌握的还要丰富，上海已经出色地做好了国展局一直想做而没有做到的事。他们私下议论要把这个展示搬到国展局在巴黎的总部去。

二. 广大市民和各界人士的热情参与是成功的保证。

3月12日是植树节，考察团应邀参加植树活动时，数千群众同心协力、美化城市的壮观景象给他们留下了难忘的印象。进才中学在接待考察团时，全部由学生"当家做主"，在短短一小时内，考察团看得生动，谈得活跃，上海青少年对世博会的了解与渴望，获得外宾一致好评。

境外人士也为这次接待作出了很大的贡献。3月14日晚上，在新天地有一场别开生面的申博晚宴。操办、参与的全部是在沪的国外、境外企业家。他们从各自的经历出发，用自己的语言告诉考察团对上海的感受和对申博的支持。香港瑞安集团董事长罗康瑞说，他对中国上海申博的看法基于两点，一是这里有巨大的商机；二是出于对这片土地的热爱。考察团在新天地街头漫步时，不断有外国人和中国人上前与他们打招呼和简短交谈，表示希望上海申博成功。这种情景使考察团深为感动。黎巴嫩代表胡拉维说：我们在上海所见到的没有哪个国家能做到，这里的男女老少、各行各业，中国人、外国人都是一条心地干，这样事情就办成了。我们亲眼看到中国和上海发生的一切都是真实的。德国代表说：每天在会议室里听陈述感觉不到城市的脉搏，今天在这里看到上海人真正的生活和城市的活力，真舍不得离开上海。

三. 个性化的服务在接待工作中显示了独特的魅力。

我们的接待策略之一就是发挥上海地方外事的特色，以小见大，待之以礼，动之以情，在人性化服务上多下功夫。当了解到考察团对传统的中国文化、服饰、中医中药和工艺品等很有兴趣时，我们请来了服装师、著名中医"上门服务"，为他们量制唐装、号脉咨询，并为每个人刻制了中国印章。礼品的选择完全"个性化"了，当他们看到中国刺绣把自己的肖像勾画得如此惟妙惟肖时，每个人都拍案叫绝，兴奋之极。这些人性化、个性化的服务均在见缝插针之中无声无息地进行，但却成为上海与考察团乃至国展局亲密关系的粘合剂，同时生动地传播了中国文化，展示了上海形象，起到了一般的政治宣传起不到的作用。

考察团称上海这座城市"充满活力，积极向上"，说他们在上海的活动"一天一个惊喜"，评价上海的接待工作"完美无缺"。古巴代表说，上海不仅有经济实力，而且有人格魅力，一定会成功。秘书长洛塞泰斯表示对上海申博持乐观态度，他说，我们会用自己的语言和方式把上海的信息向88个成员国传递，希望通过中国上海申办成功来振兴世博会本身。

时代需要演讲，演讲大有学问

对于演讲，我是一个并无深刻研究，但实际上有过很多实践的人。

1995年，我应邀作演讲达三十多次，这些演讲的内容、听众和场合各不相同。我曾多次在市委党校的讲台上为外事干部培训班的学员讲授对外工作和国际公关的问题；在市妇联、浦东新区和宝钢等处为上千名妇女干部作过有关第四次世界妇女大会的报告；为海关的官员、法院的法官们讲过国际形势和涉外礼仪的问题；为上海的武警战士做过介绍对外工作形势和特点的讲话；我还为小学生讲过“如何学好英语”这一课……

记得有一次，闸北区的同志要我为他们的涉外人员做有关对外交往礼仪等问题的讲话。到了会场一看，听众竟然是几百位戴着红领巾和绿领巾的小朋友——他们将在闸北区主办的国际“茶文化节”中担任小接待员。这一下子，我的心情骤然紧张起来。因为，谁都知道，听众年龄越小，对演讲人的要求越高。讲话时间稍长，用词稍深都会使台下小听众兴趣索然，而后“蠢蠢欲动”，直到满场噪声大作，不可收拾。我心里暗暗责备报告会的组织者事先不讲清情况，这无异于对我搞“突然袭击”。但时间不允许我多想别的，我利用走上讲台前的几分钟把原来要讲的内容来了一个“优化组合”；并当机立断，改变以往对成人讲话的模式，改为“启发式”，在大量“对话”中用简短生动的语言讲述道理。孩子们对此非常欢迎，他们全神贯注，开动脑筋，踊跃举手，积极应答。在近两小时的演讲过程中，全场气氛活跃，兴趣盎然。最后，小听众们报以热烈的掌声。

还有一次，我被一个经常接待外宾的街道邀请为500名基层接待人员作国际形势和“世妇会”的报告。听众中有不少是拎着菜篮子的老妈妈和夹着报纸的老伯伯。他们关心时事，见多识广，也接待过不少外宾，但他们显然不是研究国际问题的专家。我的讲话从内容、结构到语言、表达都必须与对大学生的讲话不同。既要有思想性，又要

2002年出访日本时在长崎发表演讲。

2004年，给外事人员做培训报告。

2011年4月，在著名画家徐元章先生的画展上发表演说。

特别重视通俗性和生动性。为此，我先对原来的讲稿进行"精加工"，"上台"之前还进行了一次"排练"。结果，这些老资格的听众从早上八点半，听到十点半，情绪高涨，反响热烈。

从以上实践，我至少有三点体会：

一、时代需要演讲。在改革开放的热潮中，人们需要获取更多的知识、信息，要求进行更多的沟通和交流。在各条战线，各个领域的日常工作中都需要许多高质量的演讲，以达到宣传大众，教育人民，传播信息，开展交流的目的；从对外工作的角度来说，更需要有高水平的对外宣传，让世界了解中国，让外宾了解上海。外宣的形式多种多样，也包括对外宾发表演讲，或集中阐述某些外方关心的问题。

二、演讲需要研究。演讲是一门综合性的学问，要求具备思想性、逻辑性和艺术性。演讲是"讲"出来的文章，不仅要有精巧的构思立意和准确的选词用语，而且要针对不同层次的听众，有良好的视觉和听觉效应。因此，演讲者要注意个人形象、表达方式、语言技巧和表情动作等，以求达到演讲具有说服力、感染力和吸引力。

三、研究需要支持。研究工作是否能取得成效，除了需要建立"研究会"这样的组织之外，更重要的是每个成员的积极参与和贡献。通过写论文、开研讨会、学习中外演讲名作、进行群众性的演讲实践和专业培训等各种活动，把上海地区的演讲水平提升到一个新的高度。

即席演讲要出彩

演讲和写作有非常密切的关系，二者都有一个深度思考、理清思路、精彩表达的问题。演讲的重点是口头表达，写作是笔头表达。听众的听觉感受较之阅读感受在声音、层次、用词、造句等方面的要求有些特殊性，如演讲要求朗朗上口，明快流畅，同时要表述简明，容易理解，便于记忆。

即席演讲是我感兴趣的一个课题。原因是我的生活和工作中不时地需要即席演讲。虽然这种演讲与那种正式的、有很多听众的、已定下明确题目的演讲有所不同，但二者必须具备的基本要素相同。在多数情况下，即席演讲事先并没有做过充分准备。我做即席演讲或讲话的场合较多的是：主持会议的开场白、结束语和串联词；外事宴请上的祝酒；涉外活动中致辞；一些会议上的即席发言等。

我的感受是，正式或即席演讲必须具备以下要素：

内容（包括各种素材、实例）；观点（围绕明确的主题，综合分析材料后形成的见解）；框架（围绕某主题所作的阐述程序和观点排列）；语言（阐述观点和主题时的选词造句、修辞文采）；情感（包括语音、语调、表情、动作等）。如果演讲或讲话能达到主题鲜明、材料翔实、层次清晰、观点深刻、表述生动、音调动听、篇幅适中，那么演讲一定会深深地把听众吸引住，这样的演讲一定是成功的。

在很多情况下，我们被邀请的讲话是一种即席的，也就是事先并未安排的，时间较短的讲话。虽然由于准备不甚充分，阐述主题的深度和完整性方面可能及不上正式演讲，但是成功的即席演讲一定能产生极好的效果，甚至会起到长篇演讲所起不到的作用。有时，这种即席演讲以其集中、简练对观众产生强大的吸引力和震撼力，令人津津乐道，难以忘怀。这种即席演讲的特点和难点在于，一是出手快，构思立意、语言表达均在几分钟内完成；二是篇幅短，紧扣主题，简洁明了；三是内容精，需紧密联系场景，还常常有一些精彩的“妙言警句”让人听而不忘。下面试举几例。

在领馆夫人时装秀上致辞

2003年3月，为欢度“三八”妇女节，市外办会同东华大学为上海领馆女官员和领事夫人举行名为《女性之美，服装之魅》的服饰展示和走秀活动。我代表市外办在会上致辞。

女士们，朋友们：

有人说，女性到这个世界上来就是贡献美。事实确实如此，我们喜爱美，追求美，为人类奉献美。

今天，上海市人民政府外事办公室和东华大学邀请各国驻上海总领馆的女性朋友们共同举办“女性之美，服饰之魅”的沙龙，为的是：一欢庆我们的节日；二加深我们的友谊；三展示女性的服饰和风采。

我要对出席今天聚会的男士们表示热烈欢迎！

让我们祝愿今天的活动圆满成功，祝愿在场所有的妇女和来宾越来越美！

在以色列总领馆电影放映式上致辞

2001年12月16日下午，以色列驻上海总领馆假著名犹太人亚可布·沙逊于1920年建成的西摩会堂，放映二战时期记录犹太难民在虹口生活的电影《最后的港湾》。这是一部我感兴趣和喜欢的电影，主要原因是：① 它有丰富而真实的史料；② 有许多那时的上海城市和上海市民生活的镜头；③ 编辑手段有特点，以四个犹太人的家庭来上海避难为主线，把那时犹太难民在上海生活的方方面面的图景活生生地展现在人们面前。

当日天下大雨，阴冷潮湿，但还是有相当多的中外人士出席电影招待会，不少是外国总领馆的总领事们，说明犹太人在上

↑ 1997年，在虹口区与“犹太人分配委员会”的朋友们讨论合作开展社区工作时即席发言。

海避难之事很受关注。

放映电影之前，以色列、美国总领事和我三人简短致辞。我讲话的内容是：

上海在中犹关系史上占有一席之地。二战时期，上海敞开大门，接纳和救助了二三万受到纳粹法西斯迫害的犹太人。犹太人和中国人在患难之中结下了深厚的友谊。

今天下午，我们将有机会重温这一段历史。将会看到处于困难中的犹太人是如何的不屈和坚强，他们与同样处于困难中的中国人是如何团结和互助的。

让我们一如既往，在新世纪里携手同行，为和平和友谊努力！

为瑞典食品节祝酒

1999年12月，应瑞典总领馆邀请，我出席了在希尔顿酒店举办的瑞典食品节。这已是我第三次出席瑞典食品节活动，但对新上任的总领事Eskil Lundberg（龙德伯）来说是第一次。他较为谨慎，在简短的开幕式及晚宴上都作了讲话。我即席致答辞，内容为：

我从未去过瑞典，但对这个国家仍有一些深刻的印象，如发达的高科技、绿色的环保、热情的人民，对中国的深厚友谊，上海与哥德堡建立了友好城市关系等。中瑞关系还明显地体现在我们的市长身上，他总是以极大的热情来接待每一个来访的瑞典重要代表团，以至引起有些外宾产生了"妒忌"之心。（众笑）我特别想提到的是，瑞典有优秀的外交官，总领事先生就是其中的一位代表。

今晚，我们又品尝到了瑞典的美酒佳肴。让我们举杯祝愿瑞典与中国、哥得堡与上海之间的友好关系取得更大的发展！斯高！

此短短的祝酒活跃了现场的气氛，使瑞方人员，特别是总领事和在场的中国来宾都很高兴！

↑ 2000年，在欢迎香港公务员代表团的宴会上起立祝酒，即席讲话。

在英国文化领事告别会上致辞

英领馆与上海在文化教育方面的交流活动一直比较活跃。四年前，其文化教育处在福州路开设了专门的办事处，场地大了，与中方人员的交往也越来越多。开设新的办公机构是乔安娜(Joanna)来上海任文化领事后主办的第一项活动。此后，文化处举办的活动不仅数量多，而且质量较高，能真正让我们与西方文化接触交往，如举办Herry Moor的雕塑展，英国的话剧演出等等。在教育方面，比以前更活跃，涉及学生、教师，长期、短期的各种交流，当然留学生是更大的一个热点。

现在乔安娜要离任了。英领馆于2003年6月25日为她举行了一个告别晚会，邀请上海和领区有关人员出席，来宾很多，气氛很好。英领馆文化处的郑文洁事前给我打电话，说希望我代表市外办在送别会上作个讲话。其他致辞者还有副总领事康德和工作人员代表。我在欢送会上作了如下讲话：

副总领事康德先生，女士们，先生们：

乔安娜在上海工作已有整整四年。在此期间，英领馆文化教育处的工作大有起色：中英之间的教育交流搞得热火朝天；众多来自英国的高质量的艺术展示让上海的观众大开眼界，其中Herry Moor的雕塑展更是产生了轰动效应；负有盛名的英国皇家莎士比亚剧团的演出使上海人民得以欣赏到西方文化中的艺术精品……这一切都凝聚着乔安娜的心血和智慧，得到上海各界和上海市外事办公室的积极评价。乔安娜已成为我和我的同事们最好的合作伙伴和朋友。

乔安娜将离任使我们深感留恋。同时，我们为她的美好未来而感到高兴。我们衷心希望乔安娜把上海永远留在记忆里，方便时能够“回家看看”，希望乔安娜继续支持中英文化交流事业。我们当然会一如既往地对新任英国文化领事Jeff Streeter先生和英领馆文化教育处的工作予以积极配合和大力的支持！

其中“回家看看”一说激起全场笑声，我相信，对乔安娜本人，这句话一定使她感到温暖并有成就感。

在领事夫人捐赠仪式上致辞

2002年秋天，我应上海领事配偶团要求为其联系并陪同她们去安徽宣城、黄山等地进行社会考察。之后，夫人们对当地聋哑人学校等单位做了慈善捐赠。数月后，安徽省有关领导亲临上海致谢。在捐赠仪式上，我代表上海外事办公室作简短讲话：

安徽省各位领导，上海领团夫人协会的朋友们，在这个隆重而热烈的仪式上，我想表达三层意思。

(一)高兴

安徽省的宣城、黄山和桐城三地得到上海领事配偶团39.5万元的慈善捐赠，这不仅使三地的残疾青少年和困难群体得到帮助，而且对安徽的经济和社会发展，以及扩大对外交往将会产生积极的影响。

（二）感谢

上海领团夫人协会的朋友们怀着对中国人民的深情厚谊对困难地区人民作出她们的贡献，奉献她们的爱心。为此项目，她们不辞辛劳，亲赴安徽，作实地考察，做了大量工作，我代表上海市人民政府外事办公室向上海领团夫人协会表达我们的敬意和感谢。

↑ 2001年在摩纳哥驻沪名誉领事馆开馆仪式上致辞。

（三）期盼

希望在今后的日子里，上海领团的朋友们、夫人们与安徽省有更多的往来和交流，让安徽省跨出更大步伐走向世界，让世界更多地了解安徽。为这个目标，上海外办一定会积极参与，与我们的兄弟省市安徽省和上海领团的朋友们携手共进！

在新春帮困会上即席讲话

2005年1月25日，上海市慈善基金会、红十字会、市妇联等单位举行了新春帮困会，以事先筹募的15万元帮助700名特困的癌症病人，每人只能拿到200元。我想，对因重病致贫的家庭来说，这个小小的数目无异于杯水车薪。因此，精神上的关爱和支撑会起到特别重要的作用。

会场里，坐满了来领取救助款的人。每位上台发言的代表都讲了他们血泪交织的家庭悲剧，也表达了他们对社会关爱的感激之情，朴实而真挚，令我震惊和感动。我从心底里同情这些倍受病痛和贫困折磨的人，随即构思了自己想讲的一段话。

各位领导，各位病友，各区县的代表：

今天这个新春帮困会，实际上是新春团聚的会，也是我们倾诉衷肠的会，对我来说，这是一个特殊的会，深受教育的会。

从大家的发言中，我了解到你们饱受病痛和不幸的折磨，你们的遭遇使我的心在流泪！大家的经历还告诉我：是社会大家庭的关爱，支撑着你们勇敢地活下去，更好地活下去！（鼓掌）我与癌症俱乐部的朋友们接触了一段时间，听到你们口口声声地

↑ 2010年7月，在恒源祥公司慈善捐赠仪式上作即席演讲。

说，你们是弱势群体，但我的感受是：这是一个充满活力，充满爱心的群体，你们是生活的强者，是社会上勇敢的群体！（鼓掌）

今天的会议使我更深地感受到慈善事业是崇高的事业，我是这个队伍里的新人、志愿者。我从事对外工作40年，如今更坚定了我献身慈善事业的决心，我在上海市慈善基金会的主要工作是从事对外联络，不仅要发动中国人，也要发动更多的本市和国际上的外国友人来参加我们的慈善工作！（鼓掌）

现在是冰雪严寒的季节，但我们分明感到人间真情给我们带来浓浓的春意；病痛折磨着我们的身体，但社会大家庭温暖着我们的心！（鼓掌）

困难是巨大的，捐赠是有限的，但我们的信心是无限的，前景是光明的！（鼓掌）

我谨代表上海市慈善基金会给大家带来新春的祝福，祝愿你们在鸡年身体康复，全家欢乐，希望你们热爱社会，热爱生活，充满信心，走向未来！（鼓掌）

讲话时，我自己也热泪盈眶，在场的人更是激动万分，不时热烈鼓掌。说明这篇讲话起到了鼓舞人、激励人的作用。

为什么能达到这样的效果？哪些因素使演讲取得成功？

1. 真情实意：我的心在流泪；社会大家庭的关爱支撑着你们勇敢地活下去，更好地活下去；癌症俱乐部弱势不弱，精神力量巨大；慈善事业是崇高的事业……这些都是现场的真实感受。

2. 遣词造句：冰雪严寒——浓浓春意；病痛折磨着身体——社会温暖着人心；困难巨大，捐赠有限——信心无限，前景光明……既对仗，又排比，起到激励人的效应。“热爱社会，热爱生活，充满信心，走向未来”，朗朗上口，是有力的结束语。

3. 开头结尾：一开头从这个会的名字说起，团聚的会，倾诉的会，特殊的会，教育人的会，使听众的注意力一下子集中到这个会的深层含义上去，更关注演讲者在下面的陈述。结尾那朗朗上口的四个短句铿锵有力，鼓动人心。

4. 层次安排：开场从“会”说起，引出下文；第二层是听了会上发言的一些感受；第三层是鼓励人的克服困难的警句；结尾是祝福和再次有力的鼓励人们勇敢面对生活。

试论妇女在外交工作中的地位和作用

在地方外事部门工作39年之后，作为一名妇女，以女性的视角审视妇女在这项工作中的地位和作用，我有以下四个观点。

一 外交是崇高的事业，在此领域内妇女以其出色的表现和发挥的重要作用而成为一股“强势”力量，顶了“半边天”。

外交工作关系到国家利益、国际格局、文化交融和世界和平。许多女性活跃在外交活动第一线，无所不干，无所不能，涌现出一大批女外交官、女发言人、女礼宾官、女高翻……在地方对外工作中同样有一支女性生力军，虽然我们头上没有“外交官”的桂冠，但是我们所做的一切确确实实与国家外交全局息息相关，融为一体。我就是这其中的一员，我的切身体验来自于30年前参与对美国乒乓球队和美国总统尼克松的接待，来自于数十年间与成千上万国外来宾的接触交流，来自于常年累月与派驻上海的外国领馆官员和外国媒体记者的合作交往。我称自己为一颗螺丝钉，是轰然运作中的国家外交大机器上的一颗螺丝钉。我们这些螺丝钉们默默无闻，但高速运转、发光发热，在外交队伍中占有一席之地。

二 外交是一项对人的职业素质和综合素质要求很高的职业。妇女以其固有的特点和奋发进取的精神在这一领域内显露出相当的优势。

1. 传统观念上的女性“柔弱”与优秀的女性外交人员无缘。她们的共同特点是对国家和事业的忠诚和执着，在任何情况下总是把国家利益置于至高无上的地位，时刻保持头脑的清醒、思维的敏锐和执行政策的坚定。她们中的许多人为了工作成年累月，夜以继日或远离家庭，驻守异国；还有很多人认定目标，持之以恒，奉献一生。

↑ 1999年在俄罗斯符拉迪沃斯托克开展公务活动中与俄罗斯女官员合影。

2. 细致缜密、智慧创新成为许多女性外交人员的独特风格。我曾在上海长期从事外事接待工作，我与许多女性同行面对每一项任务，都要反复领会国家的外交思想和政策，认真研究外宾的特点和要求，发掘上海的资源和特色，据此精心设计出最佳接待方案。结果我们的接待以新颖的构想，精彩的内容，严谨的安排，周详的服务给外宾留下了终生难忘的印象。上世纪80年代末，我们成功接待的美国基督教领袖贝利·葛雷厄姆（Graham）和出版巨子马尔科姆·福布斯（Forbes）就是这样的例子，他们同样令我们终生难忘。

3. 女性的交际能力和亲和力有助于她们在对外交往中获得成功。她们在各种外交场合以自己的个性、热情、语言、学识、坦诚、幽默和微笑向国外人士显示中国文化和中国人的本色与魅力，以赢得双方的沟通、理解、共识和友情。"让世界了解中国，为中国赢得朋友"已成为我这样的外交"螺丝钉"的重大使命和存在的价值。

4. 女性的语言天赋使她们中的许多人成为优秀的外语翻译人才。她们为了顺利开展外交工作，付出毕生精力，当了一辈子的"工具"和"桥梁"。她们在外交事业中默默无闻，但奉献终生，功不可没。

三 外交是一种与政治和社会因素密切相关的职业，因此虽然在这个领域里已有众多表现杰出的妇女，但由于众所周知的原因，妇女作为一个群体在外交领域内仍处于相对"弱势"的地位，也就是说，尚未达到她们应该达到的地位，她们的作用也没有发挥到她们可以充分发挥的程度。

就中国的情况而言，当前在高层外交人员和领导人员中，女性的比例很小；在地方外事工作中担任中层领导的女性比例正在逐年增加，但是在女性外事人员中从事辅助性的、局部性的和非领导性的工作人员仍占大多数。这一情况反映了妇女在外交中整体地位尚待提高。

← 在外事活动中与驻沪总领事及夫人们建立了良好的公务合作和友好关系。图为在招待会上与奥地利总领事（右一）及其他各国的领事夫人们合影。

四 妇女在外交工作中的地位和作用问题反映了长期历史形成的女性在政治和社会生活中的“弱势”地位尚未根本改变。

也就是说，女性要参政和进入各行各业主流地位，基础较弱，起点较低，因此要提高女性在外交领域内的地位，充分发挥她们的作用，必须从提高妇女在全社会的地位和作用做起。

同时，国家必须制定出在发现、使用、培养、提升等各个环节上对女性外交人员有利的政策和措施，使更多有能力有才华的女性进入外交工作的更高层次，发挥更大作用。要改变在培养女性外交人才方面无所作为、任其自生自灭的状况。

我们还希望国家为提高女性外交人员总体素质创造更多条件，包括帮助妇女在解决家庭与事业矛盾方面提供帮助，使她们克服困难，积淀知识，开阔眼界，自立自强，成就事业。

1995年9月我出席了第四次世界妇女大会。“世妇会”使我第一次用女性的眼光看世界，意识到当今全球妇女的地位还面临着许多问题。妇女问题仍将成为21世纪人类和平与发展中的一个主要问题。我热切地希望我们女性外交人员加强国际合作与交流，为推进妇女在外交工作中的作用和地位共同努力。

外国总领事谈外交人员的培养

为搞好外事人员的培训，我向几位外国总领事及外交部门的官员了解他们国家对外交官的培训体制和他们本人对外交官素质的见解。

土耳其总领事童翟·英卡亚（Mehmet Tuncay Inkaya）是位资深职业外交官。在此领域工作了28年，曾在英国、德国、法国、波兰及阿拉伯等国学习和工作，如今又到了中国。

他说，土耳其外交部选拔、任用和培训外交官的机制十分严格。土总统的儿子与他一起申请进外交部。结果未予录取。申请进入外交部都必须在外语、政治、经济和法律等方面具有一定的学历和知识，绝不仅仅是外语一门课，此外还需要在个人人品方面符合要求。被录用以后要在外交学院接受半年的培训，学习外交官的基本课程：包括何为外交，土耳其外交政策，与各国的关系，存在哪些问题等等。同时要在个人素质的其他方面进行学习培训，包括礼仪、服装、如何谈判、如何与人合作、如何进行人际交往等等。土外交部每年都对外交官进行考核，不合格者被要求离开或调动岗位。

我们还谈到个人形象和修养。我说，我对他印象最深的是他热情开朗的性格，总是满面笑容，使人愿意与他接触交往，建立友谊。这些性格帮助他成为一名成功的外交官，他是否在这方面接受过良好的训练？

他在谈到这方面问题时曾用到character building一词，引起我很大的兴趣。我的理解是培养适合做外交工作的性格和素质。他举例说，刚进入外交部时，他表现出紧张不安，待人处事不是从容不迫。以后在外交学院学习三个月，包括学习心理学，帮助你镇静。他谈到人际交往中的至关重要的一些因素，包括动作（conduct）、眼神（eye contact）、表情等等。他说在社交场合中与别人的接触时间短暂，在如此短暂的时间里要了解对方不太容易，因此要观察，特别是通过对方的眼神、表情和动作。他说，第一次见到我，留下了从容、自信、热情、真诚的印象。

他谈到外语对外交官极为重要，他在不同国家任职期间，曾先后学了英、德、法、阿拉伯和波兰等国的语言。现在到了中国，又要学习中文，因为中文不属于拉丁语系，因此比较困难。我提议从日常会话开始学习中文。如第一个单元可以学用中文作“自我介绍”，让别人了解你自己。

↑ 与芬兰总领事杜汉龙谈外交官的培训问题。

澳大利亚驻沪总领事郭森若 (Sam Robert Gerovich) 也是一位资深外交官，能讲流利的中文。我与他交流有关外交官的素质问题时他说，有些人认为外交官就是跳舞、喝香槟，发护照，事实不是。他认为外交官应特别重视做到以下几条：

1. 了解自己的国家并具有表达自己国家立场的能力，这种表达力求能被别人接受。

2. 分析对方，即了解外国的情况。这方面需要外交人员能写报告，写作能力很重要。

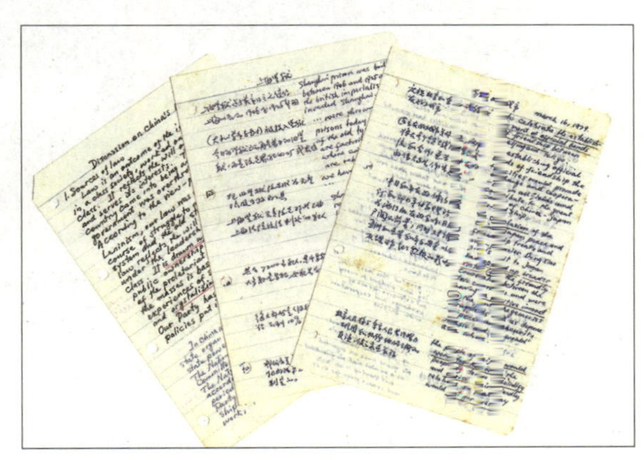

↑ 我早年学习英语的笔记。

3. 外语很重要，澳大利亚要求外交人员，除英语之外，还要重视对一些重要国家的语言的学习和掌握，如亚洲的中国、日本、印度、韩国等；阿拉伯语、西班牙语也很重要。

4. 除了解国际政治、国际法之外，懂经济也很重要。

5. 如有国内高层官员来访，要做好日程的安排。

6. 人品和智商 (EQ) 方面，个性要稳重，处于重大危急时刻，要镇静……（我概括为稳重、坚定，有应变能力和高度的责任感）。

7. 澳大利亚对外交官廉洁方面要求很严，每年要填写个人家庭收入情况的表格，收到礼物要向上级报告，个人电话支出也查得很仔细。

经加拿大驻上海总领事贝思德介绍，2003 年加拿大外交部培训学校校长德胡应邀来沪访问并与我方洽谈双方在外事培训方面的合作可能性。

访问期间，德胡介绍了加拿大培训外交官的理念和做法。他说，各国政府都很重视对外交人员的培养。加政府的观点是外交人员代表国家形象，需要高素质的人员。

↑ 2003年加拿大外交部培训学校校长德胡应邀来访介绍加培训外交官的做法和经验。图为我与德胡合影。

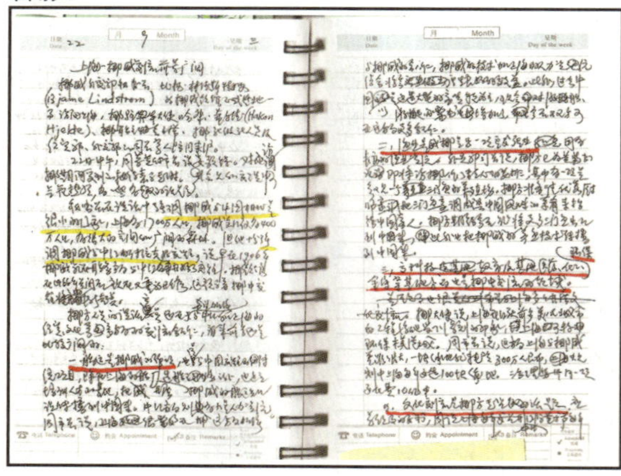

↑ 我的工作笔记。

因此，对各级外交官都进行培训。如外交官出国之前要经过60天的培训；新进人员要接受为期三周的培训，了解政府外交机构、外交政策的制定以及对外交往等等内容。他们被分配到地区司、新闻或外贸部门工作后，每月仍有两次的短期培训课程供其选择参加培训。这些课程大多在学校里没有学过，如外交政策的制定、发展与变化；对外交往方面有谈判技巧，介绍本国情况；还有跨文化的课程如外语、国际法、安全、与美国的关系等等。

德胡说，根据外交人员在职、很忙以及有些人已经具有丰富的工作经验和较高的身份等特点，他所设计的培训有两大特点：一是短期为主，两至三天，或者一至两周；二是灵活，具有很强的互动性，学员相互研讨，取长补短。举例说，关于如何处理外交上的突发事件，如地震、印尼巴厘岛的爆炸、美国"9·11"恐怖袭击等，就请当时经历过这些事件的大使们谈他们的做法。有一门培训课名为"战略领导"(strategic leadership)，培训的是各级领导，时间为三五天，他们离开办公室，来到了某地，类似休闲疗养地，通过相互交流，思考探讨一些问题，如下属对领导会产生哪些想法；如何与下属相处交往；如何为下属指明前进的方向等。

有关外事培训工作的思考

一、外事培训的紧迫性

上海已经较好地完成了一系列重大的外事任务，受到市、中央领导的肯定和好评。

但外事干部的队伍建设和素质提高仍是当务之急。一是由于形势的发展，上海的外事任务空前繁重，并将越来越繁重；二是由于上海涉外人员的队伍数量巨大，并将越来越壮大。

上海每年要接待成千上万外国代表团，近年来也已成为举办重要国际会议、元首高峰会和多边外交活动的地方，令世界瞩目。上海（每年）有上百万外国旅游者，近三万家中外合资或外资独资企业，一百六十余家外国金融机构，四十余家外国领馆，五十余对市、区级中外友城，上千名外国企业家和外籍教师、工程技术人员，数一万余名常住上海的外国人…… *

与这些与日俱增的外国机构和人员打交道的，除上海市外办等专职外事单位外，还有各行各业的外事接待单位、对外开放基层单位、在外国机构工作的中国员工，直至社区、街头的普通上海市民。

在这支涉外队伍中虽然不乏专业好、有经验的优秀外事干部，但大量的是缺乏对外交往经验和基础的新人，他们从未经过培训，常常一上岗自然而然成了涉外人员。在外企或外国领馆、外国新闻机构工作的人员较多地接受外方的业务培训；但作为从事涉外工作的中国人，他们很少有机会接受涉外人员需具备的精神和素质方面的教育和培训。

---

* 注：本文写于2001年7月，文中数据为当年调研所得。

上海的专职外事干部作为一个整体，与新世纪、新形势和新任务的要求尚有不少差距。如长期以来，外事部门以干代学的倾向较为普遍，特别在理论学习、基础工作、队伍建设和对提高工作水平的深入探索等方面相对薄弱。

为此，外事培训工作，特别是对专职外事干部的培训已成为刻不容缓的具有重要战略意义的一项工作。我们现阶段的目标应该是强化意识，加强学习，夯实基础，提高素质，使上海的外事工作和外事干部面对新世纪，干出新水平，树立新形象。

二、培训工作的理念和构想

从宏观角度看，外事培训的对象有三个层面：

(一) 全体上海公民。作为国际大都市的市民，上海人应有较高的文化和思想素养，包括了解世界的程度和对外交往的能力。国际形势的宣讲和涉外礼仪的教育是必不可少的。当然，这是一种普及型的教育培训。

(二) 涉外单位的干部。他们应接受爱国主义和外事纪律的教育，并不断学习外事工作的基本理论、方针政策和基本技能。他们应分期分批地接受专职外事干部的培训。

(三) 专职外事干部。其中市外办的干部是培训对象中的重中之重，因为他们的形象和素质关系到全市的外事骨干队伍的素质，从而对全市外事工作产生重大影响。

基于对外办工作和干部状况的了解（今后还需作专题调研），对外办人员的培训工作拟提出如下五种途径。

1. 岗位培训

以处室为单位，通过在实践中总结、研讨、交流、写论文等形式组织干部在本职岗位上有效地提高自己的业务能力和综合水平。处室组织的活动及研讨的成果与处室及个人的考核挂钩。

2. 境外培训

① 选送外语较好的人员出国进修语言或与外事有关的专业。目前，通过领馆渠道已开拓去英国、加拿大学习的项目。数年中办内已有8名干部通过英国Chevening Scholarships (奖学金) 去英国接受为期一年的培训。从2001年起，上海外办与加拿大皇后大学签订为期5年的协议，每年可选送一名干部去该大学，进行为期一年的学习，考试合格，可获得硕士学位，加方赞助部分费用。

② 选送业务骨干去国外作短期 (3—6个月) 工作考察，进修外语，熟悉去访国的社会和文化，增加对工作对象的了解，提高对外交往能力和整体素质。此种培训过去曾取得实效，现正在开拓新的渠道。

3. 自学培训

鼓励干部通过自学与业务有关的课程来提高自己的资历、学历和职级。参照外交部的做法，为干部开设礼宾、领事、国际关系、新中国外交史、近现代外交史、国际贸易、国际金融、西方财经、国际法等9门自修课程，通过自学考试者，予以奖励或与职级晋升挂钩。

4. 定向专业培训

自1989年以来，市外办共选送了12名具有较高水平的外语专业毕业生先后去北京外国语大学高级翻译学院接受为期两年的同声传译培训。这些同志现已成为上海高层次重要外事活动中的高翻，发挥了积极的作用，受到了广泛的好评。

5. 筹建外事培训中心，对干部进行系统、规范和高质量的培训

外办在若干年前曾办过为期数月或数周的培训班，取得过良好的效果。但总体上看，较为松散，闲时办，忙时不办；内容以专题报告或大学课程为主，与实际工作联系不够密切；业务骨干大多以忙为由，未去参加；培训工作与干部考核并未挂钩，显得可有可无。我们应在过去工作的基础上，把培训工作纳入新起点，高起点，办出高质量、高水平，重点应放在提高干部的工作水平、工作能力和综合素质上。为此，拟在今后的培训工作中特别注意以下三个方面的问题：

1. 针对性：首先要认真开展调查研究，摸清外事干部的实际状况，明确通过培训要解决的主要问题。根据外事系统的现状，建议在外交理论、外事接待和管理以及干部综合素

↑ 2003年9月，上海市人民政府外事办公室与复旦大学合作成立外事管理教学培训中心。

↑ 外事管理教学培训中心开设了英语交替传译强化培训班。由于在教材、教师和教法三方面有创新实践，受到上海一线翻译人员的热烈欢迎。

↑ 外事培训中心开设外交学硕士研究生班，六年中培养出一大批外事人才。

质这三方面作为培训的重点内容，引导外事干部按周总理提出的“站稳立场，掌握政策，熟悉业务，严守纪律”十六字方针，努力培养自己成为复合型的地方外事干部。

2. 实效性：① 教材编写：除部分课程选用大学教材和有关专著外，主要课程应根据外事工作和学员的实际情况，组织专门班子进行编写，理论联系实际，运用正反两方面的实际案例，让学员从中学到书本上找不到答案的内容，从而达到提高水平和能力的目的。② 教师队伍：组成以领导（包括外交部）、学者（包括教师、研究人员）和有经验的地方外事干部相结合的教师队伍，以兼职为主。③ 教学模式：突破以教师为主体，一言堂灌输的讲课模式，在讲课、研讨、示范、讲评、考察、调研、考核等各个环节上鼓励学员积极参与，达到学得积极，学有所得的目的。

3. 规范性：① 组织专门班子负责培训事宜，这些同志应熟悉外事业务，了解外事干部，并具有高度敬业精神。② 根据外事培训的总体指导思想定制出培训的总体规划和办班的实施计划。③ 制定各种规章制度和纪律。④ 建立奖惩和激励机制，把培训与干部任用、晋升结合起来，培训成绩可作干部晋升的依据用。

三、培训课程的初步设想

（一）外交理论

新中国外交史

邓小平外交思想

我国对外工作方针和外交风格

国际形势，对外关系

（二）接待工作

外国团组接待工作基本操作规范

大型外事活动的操作规范

国际会议的组织和操作规范

涉外节庆活动的礼宾安排

涉外开放基层建设

涉外礼宾礼仪综述

（三）外事管理

对外新闻工作综述

大型外事活动中的记者管理

对常驻外国记者的管理和宣传

外国记者团组的接待和宣传

外国领馆工作综述

外国领馆工作的主要内容

对外国领馆的管理、服务和利用

↑ 我经常应邀为涉外人员和高校学生做有关地方外事工作的讲座。图为2003年在复旦大学做有关地方外事中对外宣传的报告。

（四）对外宣传

外事工作中的对外宣传综述

对外社交艺术

如何向外宾介绍上海

地方外事中的公共外交和跨文化交流

（五）综合文字

外事简报

外事调研

讲话稿

工作总结

（六）综合素质

地方外事综述

地方外事干部的综合素质

举办各类专题讲座，扩大外事人员的知识面，内容包括：了解上海、中国入世、中国文化、中国经济、当代科技、中国司法、人权问题、西藏问题、人口问题、宗教问题、西部开发、外事翻译等。

分享与鸣谢

撰写《激情岁月》的过程是我回顾经历、升华认知、抒发情感的过程。当年遇到的许多人和事现在竟仍然那样鲜活和清晰地浮现在眼前：参与接待尼克松、历尽艰苦学外语、跨出国门开眼界、民间外交聚人心、中犹关系上海情、外国政要看中国、难忘95“世妇会”、外事管理人性化、世界关注上海城、历史机遇“世博会”、外事培训育人才、涉外慈善爱无疆……本书只是将其中的一些片段奉献给读者。

本书是工作实录，并非人物传记，但字里行间也显现出我的人生轨迹。生活与事业，平庸与才智，艰辛与幸福，传统与开放，平凡与精彩，漫长与瞬间，这些不同的，甚至“对立”的概念在我的生命中都融为了一体。

工作和事业是我人生的主旋律。敬业与勤奋激发了我的潜能与才智，这是我天赋平庸却没有碌碌无为的原因；虽然艰辛和劳累无时不在，但我在人生的每一个驿站都体验到追求目标、实现梦想的充实感和幸福感；我对外部世界的兴趣、接纳和包容是因为胸中永远搏动着一颗赤诚的中国心。没有轰轰烈烈，没有光环耀眼，但我强烈地感受到自己所做的一切，无论多么平凡，多么细微，却与国家命运、世界风云、时代脉动息息相关，紧密相连，我在大局中找到了自己的位置，以至于对自己的工作是那样忘我入迷，对自己的事业是那样激情满怀，永不疲倦；岁月流逝，青春远去，然而我纯真依旧，激情犹存，数十年就像一瞬间！

我的“别样”人生是一种默默无闻的平凡人生，挑战自我的艰辛人生，拥抱世界的精彩人生，不懈追梦的质感人生！她虽然平凡，仍属不易，我感恩于亲人的守望支撑，领导的指引教诲，同事的合作相助，国际友人的交流融通，藉此表达感激之情！

在“研讨”中，我读了不少书，其中有赵丕涛编著的《外事概论》，贾玉新著《跨文化交流学》、金正昆著《涉外礼仪教程》、张彦著《涉外礼仪》、黄金祺著《外交外事知识和技能》、陈志敏著《次国家政府与对外事务》和李天民、张敬如著《现代国际礼仪知识问答》等等。我不仅从中学到很多知识，而且在撰写书稿时，还引用了这些著作中的某些观点、文字和图示。我对上述著作的作者以及各位学者、专家深表谢意。

在书稿编撰和图片选配、资料打印过程中，我得到市外事办公室、上海外事译协众多同事以及各方朋友、专业人员和大学生志愿者的友情支持。书中选用的大量照片由吕毅民、许根顺、杨美娟、赵敏等同志拍摄或提供。我对所有这些同志的奉献和友情深表感激！

我要向本书序言作者，中共上海市委常委、统战部长沙海林同志致以特别的敬意。这位曾任中国驻爱尔兰大使的资深外交官作为市领导，在繁忙的公务中抽出时间和精力认真阅稿写序。他结合自己的外交经历谈到，对我书中的诸多观点，深有同感。从序言最后一段精辟的论述中，我理解，这位资深外交官既看到并经历了外交舞台中央的“风光无限”，也领略并赞美平凡外事人生“幕后的精彩”。当我拿到他亲笔撰写的序言稿并得知两天后他将进医院治疗时，禁不住热泪流淌。他回以短信：“你我人同此心，心同此理，故有共同语言，此乃同志也！”他对同志的尊重、理解和真诚，令我感动、感叹不已！这篇序对我是永远的鼓舞和激励！

夏永芳

2015年7月28日